婚恋，女人一生的修炼

肖宇冰 著

图书在版编目(CIP)数据

婚恋，女人一生的修炼/肖宇冰著. -武汉：武汉大学出版社，2012.1

ISBN 978-7-307-09276-1

Ⅰ.婚…

Ⅱ.肖…

Ⅲ.①爱情-女性读物 ②婚姻-女性读物

Ⅳ.C913.1-49

中国版本图书馆CIP数据核字(2011)第210456号

策划编辑： 菩 提

责任编辑： 党 宁

文字编辑： 5biao

审　　读： 代君明

责任印制： 人 弋

出　　版： 武汉大学出版社

发　　行： 武汉大学出版社北京图书策划中心

网　　址： www.wdpbook.com

电　　话： 010-63978987

传　　真： 010-63974946

印　　刷： 廊坊市华北石油华星印务有限公司

开　　本： 710×1000 1/16

印　　张： 15

字　　数： 270千字

版　　次： 2012年1月第1版

印　　次： 2012年1月第1次印刷

定　　价： 29.80元

序一　行到水穷处，坐看云起时

焦　阳

同样是谈情说爱，为什么有的女人越爱越快乐、饱满、不停成长，而有的女人却越爱越憔悴、困苦甚至蹉跎？为什么有的女人能把婚姻经营成快乐大本营，而有的女人踏进婚姻却举步维艰？其实道理很简单，善于破译情感心理密码的女人比被动服从情感的女人高明、善爱——只有修炼爱与被爱的能力，才能爱得其所。

这本《婚恋，女人一生的修炼》，作者是肖宇冰。她以其资深心理专家的专业视角，身为女性的敏锐感知，加上从文多年的细腻文风，从一个个真实案例着手，理性分析感性解读，动之以情晓之以理，给出最中肯的心理良方，帮助广大女性朋友爱得正果。

本书共分五个章节：恋情告急、我是剩女、婚姻之痒、小三来袭、离婚后遗症。肖宇冰从这五个方面阐述、剖析新新女性在情感阵营中的种种心理困惑和情感危机，并给出可行性建议。

所以，这本书，热恋的女人要看——未雨绸缪比临时抱佛脚更事半功倍；为情所困的女人要看——它是你的情感百宝囊；情感空窗期的女人要看——你不理情，情不理你；即便是叫嚣着把情感踩到脚下的女人也最好看一看——看了之后，你就能让情感为己所用，求得爱情上上签。

肖宇冰笔耕多年，凭着对文字的热爱，对女性情感问题的关注，以及对女性朋友心理症结的望闻问切，在诸多期刊频频发表作品。这本书是她多年的经验之谈，可谓呕心之作——字里行间倾注她对情感的尊重，对女性的呵护，对心理世界的探寻和超然解读。

肖宇冰曾用笔名雪落无痕、淡淡屐痕、夏栀等，喜欢《人生与伴侣》、《爱人》的读者朋友对她不会感到陌生。她人如其文，恬淡、幽雅、爱笑、爱美食，那么瘦小的身躯里积聚着惊人的能量与爆发力。

她说过一句话：行到水穷处，坐看云起时，人生最不可思议之处就在于你永远不知道下一秒会发生什么，但无论发生什么，我，不悔。她是这么说的，也是这么做的。活在当下，不负我心，一奇女子也。

话题扯远了。继续说《婚恋，女人一生的修炼》。肖宇冰写这本书，旨在从书中所列的在爱情与婚姻领域遭遇危机或挫败的典型案例中揭示出心理真相，让广大女性朋友从案例中引发自省、反思，学会睿智去爱，成为经营爱情与婚姻的强者，还原晴朗的情爱天空。肖宇冰说："如果爱，请潜心修行你爱自己、爱别人的能力。"

我突然又想起肖宇冰的那句话——行到水穷处，坐看云起时。书中境界如此，人生境界也如此。在生命历程中，不论是经营爱情、事业、生活，有阳光就会有风雨，风雨过后总会有彩虹，危机过后等着你的就是生机。我们学习、修炼要达到的正是这种超凡的高度和境界。

雪落（肖宇冰）——我还是习惯这么称呼她——我会读透这本书，带着你的哲思继续上路。

行到水穷处，坐看云起时。

共勉。

序二　爱是一种能力

风为裳

看电视，很多档情感倾诉类节目里，率先转身离去的多是男嘉宾；纠结于心不肯面对现实的，通常是女嘉宾。可否这样理解呢，在人类情爱的世界里，普遍意义上，女人用情更深，用情更专。

这背后，肯定有一定的社会因素、心理因素。雪落无痕便试图给众多女性读者解开这些密码。

翻开这本《婚恋，女人一生的修炼》，作者雪落无痕以其女性特有的细腻笔触，结合案例，细细剖析，鞭辟入里，带我们走入了女性的情感世界。

通常是不识庐山真面目，只缘身在此山中。身陷情网的女子，认为所爱的那个人便是天，是整个世界，是幸福的全部要义。却不知，如飞蛾扑火，最终只落得个伤心满地的残局。有人从此一蹶不振，伤害自己；有人走进死胡同，郁郁寡欢；更有人极端到害人害己。

雪落无痕通过"恋情告急"、"我是剩女"、"婚姻之痒""小三来袭"、"离婚后遗症"几方面来解读当代女性婚恋中的种种情感困惑。如果你在情感的漩涡里挣扎，那正好可以把这本书当成镜子——揽镜自照，或有启发与领悟；如果你尚在清风明月享受爱情的阶段，那也不妨引以为鉴——只有爱得明白，爱得透彻，才会爱得久长。

雪落说，爱的能力，需要潜心修行。的确如此。爱不是单凭荷尔蒙作祟就可以搞定。爱是一种能力。梁文道说，女人，要有独自过好生活的能力。这个很重要。女性的情感世界里，女人身陷泥淖，多是不能独立。自己拥有过好生活的能力，在经济上独立，在心理上独立，伤也只是伤一时。

通往幸福的路上，每个女人都要吻过多只青蛙才会遇到王子。所以，权当那些青蛙是你这部人生大戏里的大配角，主角在后面伸着手等着你。

我跟雪落认识了多久，已然记不清了。

网络是个神奇的所在。你不知道在这片网络的海洋里，会遇到谁，丢失谁。

我生活在北方，一年有大半年是冬天，雪落无痕生于从不下雪的南方。

她有另一个笔名：淡淡屐痕。

曾经问过，一个无痕，一个有痕，到底想怎样？她想了想，答：告诉这个世界我来过，至于留下什么，或者不那么重要。

慢慢了解，雪落是个淡雅、执著、懂得生活的女子。一个人，也要好好地做顿饭；一篇文章，总要反复斟酌。

这个世界变化得这么快，每个人都步履匆匆。唯有她，坚持着自己的原则，按照自己的方式与这个世界对话。

自序　爱的能力，需要潜心修行

青春年华正好，谁不渴望浪漫的爱情？当爱瓜熟蒂落，谁不憧憬美好的婚姻？感性的女子尤其如此。

我喜欢听别人与我分享他们幸福的感觉，也喜欢看到他们欣喜的笑容。

可是，幸福的人，是极少倾诉的，陷于痛苦之中的人，才会反复地讲述自己的心结，寻求打开它的那把钥匙。

爱情和婚姻，并不如我们想象中那样时时温馨甜蜜，相反，却在朝夕相处中趋于平淡，甚至出现各种各样的矛盾，有着这样那样的隐患。

有人问，再也过不下去了，为什么想维持一段长久的关系这么艰难？

有人说，你还算好的，有人可以爱，我却连爱都无能为力，也爱不起了。

有人感叹，我的爱情是不是生病了，无药可救了？为什么总是伤心比快乐多得多？

有人担忧，婚姻里的危机不知什么时候就会爆发，存在着争吵、冷战、误解之种种，谁知哪天婚姻会走向解体？

也有人纠结，若是离婚，要面对的问题太多太多……

没有尝试的时候，一切似乎都可以做得好，而一旦开始，你就会发现，情爱也是具有保鲜期的，若不用心去经营，便极易变质。

现今这个世界，外界的诱惑太多了，我们的心理压力也变大了，从外而内有太多干扰的因素，使我们的爱情与婚姻波折重重，甚至病入膏肓。

正因如此，我们需要爱的能力，使自己获得健康的爱情与婚姻。

爱的能力，既包括爱自己的能力，也包括爱别人的能力。

正因为对自己不够爱，才会在爱情和婚姻里不够自信，甚至缺乏爱的勇气；也可能因为太爱自己，才会挑剔另一半，太在乎别人给自己的感受。要拿捏好这个度，确实是不容易的事。

学会爱别人，在漫长的时间里互相扶持，相互容忍，积极沟通，找到相处的默契；既要深爱，也要学会放手，给对方自由的空间……

每一个人成长的经历不同，相爱和相处的人不一样，爱的方式也不一样，但智商和情商缺一不可。正是在不断摸索、总结反思的过程当中，你才能真正掌握最适合自己的爱的方式。

这本书里所讲的，是从恋爱到婚姻到离婚之后，女性当中出现的某些或特殊或普遍的案例故事，也许可以从反面给你以启发。文末的心理解码，揭示了问题的症结，给出了解决的方法。

诚然，要将问题彻底解决，仅仅靠他人的帮助、短时间的纠正是不够的，最重要的还是改变自我的认知，认识到自身的问题所在，还要有足够的耐心，才能循序渐进，摆脱情爱心理问题的困扰。

爱的故事，也许会追溯到童年时代。整个心理历程的演变，或许就由某个诱因而起。也许你会从故事中寻到自己或另一半的影子，反思自己的行为：真的学会爱了吗；真的有爱的能力吗；该如何去重新审视爱情与婚姻，修复与另一半的关系。

如果爱，请潜心修行爱自己、爱别人的能力，请用心经营你的爱情与婚姻。

目 录

第1章　恋情告急：我依然相信真爱无敌

有的人无法在爱情中收获美丽，反而尝到了无尽的痛苦。当在一段感情中迷失了方向，陷入了四面楚歌的境地，要找到一条通向成功的路，只有摆脱过去的阴影，改变爱的方式。

一、初恋是开在我婚恋路上的罂粟花

口述/方莺

最爱的人伤我最深

我最牵挂的，也是最令我心痛的人，是我的初恋情人刘协。21岁那年，我读大三，在超市里被人偷了钱包，是他挺身而出帮我报的案。虽然钱包没有寻回，但乐于助人的他还是给我留下了良好的印象。我们互留了联系方式，慢慢地熟悉起来。

对从未恋爱过的我来说，身为钢琴师的他是个相当有吸引力的男人，特别是一头及肩的黑发，富有艺术家的气质。周末，我有时在他常驻的咖啡厅里听他弹曲子，特别喜欢他沉迷在音乐中的样子。他也喜欢我的清秀和单纯，主动向我示爱，我欣喜地接受了。

最初的爱情很甜蜜，刘协教我弹琴，带我去郊外游玩，请我去他的出租屋做客。他的房间很乱，爱整洁的我常常替他收拾，还嘱咐他买菜，我替他做饭。两个人在一起吃饭，就有点像家的样子了。

刘协亲昵地叫我“小管家婆”，对我也很宠爱，逢特别的日子，就给我送贴心的礼物。这正是我憧憬的爱情的样子，我甚至想到了毕业后要嫁给他。

大四那年的五一节，我在刘协家吃了晚饭，打算回校时，他极力地挽留了我。那一夜，在他的请求下，我几经犹豫还是把第一次给了他，在疼痛中品尝到了快乐的滋味。

那几天晚上，我都和刘协在一起，觉得越来越离不开他了。假期结束，我在课堂上还是忍不住地回想起和他之间的点点滴滴，心里像灌了蜜一样。

没等到周末，我偷偷地溜出学校去找刘协。可是，在他的出租屋里，我却见到了一个漂亮成熟的女人和他亲密地在一起。他解释说那是他的同事，但我从他们的表情里看到了暧昧的成分，这让我很难过。

从那时起，我发现刘协并不是个对爱情专一的人——我曾撞见过他和不同的女人在一起，而且关系都不太正常。我不再相信他对爱的承诺，却怎么也下不了和他分手的决心。

快毕业时，我发现例假没来。他慌了，催我去医院检查，得知我怀孕后坚持要我把孩子做掉，因为以我们当时的经济条件，根本不可能为人父母。我说，我们可以先结婚，我生下孩子后去找工作，生活应该不成问题，可是他眼神闪烁，说还没有结婚的打算。

那晚，刘协一根接一根地抽烟，不停地哀求我。我只能无奈答应。可是，他没有陪我去医院，在我做完手术后，他托房东转交给我装着一千块钱和一张信笺的信封，向我提出了分手。

初恋在我身心受创的情形下结束，知趣的我没有再去找刘协，暗地里却多次垂泪，常在半夜里惊醒。我应该恨他，可却恨不起来，对他的思念反而越来越深。

刻意忘记，其实无法忘记

为了避免触景伤情，我毕业后马上回了在广州的家，远离了刘协和带给我伤痛的城市。家里很关心我的婚事，托人给我介绍过几个对象，但我总是不自觉地把他们和刘协比较，这个矮了，那个不够风趣，那个话太少……挑来挑去，我发现自己其实无法摆脱刘协在我心里刻下的印记。

为了忘记那段感情，我全身心地投入工作中，取得了令人瞩目的成绩，也得到了领导的肯定；工作才3年，就做到了主管的职位，并且吸引了和我们公司有业务来往的一个业务经理的注意。他叫卢林，名牌大学毕业，家境很好，我父母也认识他父母。

当卢林对我展开追求攻势，上门送花邀我吃饭之后，父母相当高兴，认为他是我不可错过的好男人。在他们的劝说下，我答应和他交往，因为，几年没有恋爱，我想刘协也该在我的心底退出了。

卢林对我很不错，上街的时候替我背包，吃饭时替我夹够不到的菜，邀请我去他的单身公寓做客，还亲手下厨做菜，不让我动手。

我喝着卢林替我磨的咖啡，看着他那整洁的房子，心里变得空空的。突然，又想起了刘协那凌乱的房间，想起我替他做饭收拾屋子的日子。原来，和刘协在一起后，我已经习惯了去照顾别人，而不是让别人照顾。

卢林是个好人，我却怎么也对他爱不起来。有一次我约他去听钢琴演奏，他虽然一脸欣喜，可我看得出来，他并不爱听，在听演奏的过程中竟多次走神。

因为刘协，我对钢琴有种痴迷，看不惯卢林的敷衍。

所以，当大学的室友跟我提起刘协的时候，我的心又一次揪了起来。我刻意忘记他，其实无法忘记。听说他还没结婚，我的心又浮起了希望：现在的我，收入不算低，已经足够和他一起生活，我可以原谅他的花心，只要他愿意跟我在一起。

于是，我开始疏远卢林，并在五一黄金周时，专程到刘协弹琴的咖啡厅找他。刘协见到我时吃了一惊，我告诉他，我这几年一直停留在对他的回忆中不能自拔，想重新和他在一起。

刘协说，两个人在一起要面对的困难实在太多，他承认以前伤我太深，请求我原谅。最后我带着对他的不舍，失落地回到了广州。

婚姻里，他的影响仍无处不在

我对刘协抱有的最后一线希望破灭了，而父母则催促我，要多和卢林联系。我苦笑，我明里暗里地疏远，卢林难道还不明白吗？他不会再来找我了。

可是，没过多久，卢林又来找我了。原来，前段时间他要准备资产评估师的考试，也没空跟我经常联系。我还是答应了他的邀请出去了。我理解父母对我的期待，我已经26岁了，没有多少青春再可以耗下去了。

卢林是个适合的丈夫人选，因为有了刘协的比较，以后再找也可能遇不到更好的，所以，还不如抓住现成的这个。于是，我对卢林的态度变得热情起来，他很高兴，对我更关心照顾了，这让我隐隐地有些愧疚。

不久，我们结婚了。之前，卢林很尊重我，新婚之夜我们才彼此交付出自己。他并不介意我不是处女，可是，我却把他和刘协在床上的表现作了比较——他太中规中矩，笨手笨脚，而刘协却富有情调，懂得怎么才能使我快乐。但是，我没有表露出自己的不满，对卢林和公公婆婆的态度都很得体，家庭关系比较和谐。

卢林比我大3岁，公公婆婆都盼着我们能快点要个孩子。有一次，婆婆又跟我提起这个问题，我说要顺其自然，但那次人流手术带给我的痛楚，又再一次在我的记忆中重现。就是那一次，我看到了刘协对我的绝情，在身体和心灵上遭受了最沉痛的打击。如果我又一次怀孕，我能不能坦然面对肚子里的孩子？我不知道。

但是，我和卢林还是按照公公婆婆的意思，到医院做了优生五项检查。进入妇产科，我又想起了当年躺在手术床上的情景。明明刘协早就和我没了牵连，可为什么，即使我结了婚，想要努力去过新生活，他对我造成的影响却依旧无处不在？

我想回归平淡的婚姻生活，想平平静静地度过以后的日子，但刘协就像开在我婚恋路上的罂粟花，让我欲罢不能。我中了他的爱情毒，他给我系上了怎么也解不开的初恋情结，从我邂逅他的那天起，冥冥中就决定了我的爱情走向。我还能摆脱他给我带来的无孔不入的影响吗？

[心理解码] 初恋情结：爱情的契可尼效应

方莺念念不忘初恋情人刘协，即使他当年带给了她许多伤痛，她依旧还念着他的好，甚至，还想挽回旧情。这明明是惨败的恋爱，她为什么还会不断地在意识中重复？

初恋，往往只是爱情的一次演习，能修成正果的并不多，以致成为心底最纠结的一段回忆。初恋情结，有的人可以摆脱，让初恋成为偶尔回味的记忆；有的人却被初恋缠绕半生，影响了后来的婚恋生活，甚至孤独一生。

初恋情结，是“契可尼效应”在爱情中的表现。心理学家契可尼通过试验发现，人往往对已完成了的、已有结果的事情极易忘怀，而对中断了的、未完成的、未达目标的事情却总是记忆犹新。因为年轻，因为种种矛盾或境遇的改变，初恋很容易导致失败，而痛苦的失恋更令人刻骨铭心。方莺之所以在之后的恋爱和婚姻中一直摆脱不了刘协的影响，就是因为他给她带来了不可磨灭的伤痛；另一方面，因为得不到，他曾经的好也被方莺一再美化，拿来与跟她眼下交往的男子比较。反复地受这种痛苦的折磨，在爱情和婚姻中就看不到幸福。

要摆脱初恋情结，最重要的是端正自己的认知，学会放手。从深层次了解初恋情结产生的原因，理性地看问题，把过去的美好放在记忆中，把过去的痛苦分离，远离受虐的感觉。在与新的对象交往的过程中，要看到对方的优点，放下比较的念头，把握好现实的一切。在出现痛苦情绪时，可以转移生活方式，到集体中、快乐的环境中接受乐观情绪的感染，及时调适心态；亦可寻求心理医生的帮助，走出初恋情结的困局。

二、爱的暗伤，用移情忘记

口述/秦叶

我又找到了恋爱的感觉

我看着镜子里脸色红润、笑意盈盈的自己，细细地装扮着。我约了方磊，九点在他的心理诊室会面。出门时，迎面见到住在对门的房客李寒，便笑着和他打了招呼。

每两周我都会去方磊的医院复诊。那一天对我来说好像节日。不知道为什么，我越来越想见到他，每一次治疗回家，眼前全都是他的影子。恋爱的感觉似乎又回到了我的身上。

我是一年半前失恋的。我的初恋说：“你不适合我，我喜欢的是活泼的女孩，和你在一起，太压抑了。”他不声不响地迁往他乡，只留下一封邮件向我告别。我疯狂地找遍整个城市，直到他的好友告诉我，他早已在广州有了新女友，我才拖着疲惫的身体回到住处。

那时已经是凌晨时分，四周一片黑暗，我拼命地喝着苦苦的浓茶，只想让自己清醒。此后我总是整晚失眠，总是丢三落四，身体迅速消瘦。我请了假在家，母亲也陪我流泪。我不知道自己会不会重复她孤独的命运。父亲在我10岁时就去世了，在我脑海中，他一直是30多岁的模样，年轻帅气，目光温暖。

当时工作也遇到了麻烦，我做的材料预算出了错，还好项目经理及时发现，没有造成大的损失，但我在同事眼里已经是个工作不认真、没有能力的人。我觉得自己一无是处，活在世上只是别人的累赘。

每天，我习惯把自己关在房间里，拉上厚厚的窗帘；或者，就到人很少的图书馆，慢慢地消磨白天的时间。没有人注意到我，除了李寒。他在楼道上问："今天又没上班吗？"有时，我也会在图书馆见到他。只有见到他，我才感觉到自己没有被人遗忘。

可我最终没有摆脱男友留给我的阴影。我惩罚自己，用小刀把自己的手腕割得伤痕累累。每一次，血刚流出来，母亲都及时走进来，惊惶地给我包扎伤口。这点痛算什么，比不上我心里的痛。为什么我那么糟糕没人要？静下来的时候，我就会想，反复地想。然后，躺在床上，怎么也睡不着。

后来母亲带我去见方磊。他留给我非常好的第一印象。那双黑亮的眼睛温和地看我时，我忽然感到一种似曾相识的深情。他将窗帘拉上，室内的光线暗下来。我一向是个矜持的女子，但在他面前，却解除了心灵的武装。他开始问我问题，声音柔和而富有磁性，我看不到他的表情，于是放松了自己。我给他说了自己的恋爱经历，说那个负心的男子使我失去了幸福和快乐。

"你知道吗？一段爱结束，意味着会有新爱的开始。你为什么要陷入伤心里，不试着去寻找？"方磊的话，是暗示些什么吗？

在方磊的开解下，我渐渐感到生活有了意义。我觉得自己越来越依赖他了。我的童年，我的快乐与忧郁，点点滴滴，我都想告诉他。我第一次向人坦荡地敞开心扉，没有人像他那么耐心地听我说话，细心地开解我。

方磊说，其实我的心结不在男友身上，而是因为我失去了父亲，在潜意识里，一直希望找到一个人替代他的位置。男友的离开，使我感到极度痛苦，而实际上，是因为我没有办法在他身上得到父亲曾给我的那种爱了。在方磊那里，我得到了温暖，那些不愉快，渐渐淡忘。

现在，我已经不用再服食百忧解，方磊也不再在治疗时拉上窗帘。我觉得有一缕缕阳光泻进心里。我喜欢看他的眼睛，每一次，似乎都可以看到他眼里的深情。我好像回到了童年时期——那时我的父亲，在我生病时就用这样充满关怀的眼神看着我……

我的爱，我要向你表白

方磊笑容可掬地站在诊室门口迎接我。35岁正是男人最好的年华，散发着成熟和年轻并存的魅力。今天我有一个特别的决定，我要把我内心的爱向他表白。我已经虚度了24岁时的青春，在25岁的时候，我决定主动争取我的爱。

除了在心理上的交流和辅导，方磊从未向我提及他的家庭。当风韵重新回到我身上，我的自卑也已消失。我坚信自己的美丽和温情会打动他。为了得到他的爱，我不介意做他地下的情人。我已经失去了一次爱，这一次，我不想失去。

我没有回报方磊以笑容，而是用最忧伤的表情告诉他，我现在觉得非常难过，因为内心的孤独。我问他，可不可以借我一个肩膀——我是一个可怜的失恋的女人，期待有人安慰；我现在，想找到一个可以依靠的人，呵护我，照顾我。只有这样，我才会快乐。

我问："方医生，你能不能给我这样的快乐？"

方磊没有给我肩膀，什么也没有。他吃惊地看着我："我比你大10岁，孩子都7岁了，你怎么会有这样的想法？"

"我不介意你有家庭。只要你能像情人一样对待我，我已经很高兴了。"我的要求不高，难道这点可怜的愿望方磊都不肯答应吗？

这次心理咨询时间很短。方磊没有给我任何承诺。我终于知道，其实一切都是我一厢情愿。难道，我真的没有任何优点吗？

我问镜中的自己，这样一个美丽高挑的女子，为什么竟没人爱呢？我又一次喝下了苦苦的茶。很久没有失眠的我，再次辗转反侧。但我没有吃药。在漫漫长夜里，我竟产生了和方磊的妻子一比高低的想法。

为了“爱”，伤别人伤自己

我又请了假，在房间里待着，满脑子都是方磊。“你应该……”“你要……”他开导我的话也响在耳边。不，我无论如何，都应该得到他！

在医院门口，我一直等到方磊下班，然后跟着他，拐向医院宿舍楼，看到他进了单元门。一连几天，我乐此不疲。看到他，我心里都会一阵激动。我要等到他们一家人出来，认识他的妻子。

终于，我等到了方磊的妻子，一个长相并不出众的30岁左右女子，掉在人堆里就很难找出来。我开始不停地给方磊打电话，发短信，写信。我就不相信，自己真的比不上他的妻子。可他，没有任何回应。

又到了和方磊约定的时间。可是，他不在，换了个年轻小伙子。我知道方磊在避我。我没有办法对一个陌生人倾诉，我已习惯了方磊。

一年多的时间，我已经把方磊当作我最好的朋友，最依恋的人。我不希望他离开。要知道有这样的结局，我就不采取过激的行为，跟踪和骚扰他了。可我控制不住去想他，控制不住想要得到他，希望他时时陪在我身边。

我恢复了忧郁的神情，看着自己的红晕渐渐退去。青春有限，我却没办法得到幸福。我又到了图书馆，在常坐的椅子对面，看到了李寒。“最近好吗？”他问。

“还好。”我淡淡地笑，坐下来。

“脸色不怎么好啊。要注意身体啊。”李寒关切地说。

我感谢了李寒，在我最难过最孤独时，他的关心是可贵的。

在茶吧里我见到了方磊的妻子。她淡定的神情让我犹豫了一下，但我还是决定说出编造的谎言——患者和心理医生相爱的故事。

我被自己感动得流下了眼泪：“你知道吗？其实一个人的内心，就是亲友也未必洞悉。可是有一个人，读懂了我的内心。他就是方磊。没有他，我简直活不下去。”我添枝加叶地说了我和方磊之间的种种事情，直到她脸色变得很难看。

晚上回到家，我接到了方磊的电话，他责问我为什么要挑拨他和妻子的关系，为什么要捏造事实。我忍不住内心的愤懑，问他为什么要逃避我。他说：“秦叶，其实你现在已经陷入了移情。如果我再治疗你，会害了你的。我替你另找一个心理咨询师吧。”

我放下电话，不停地流泪。明知是奢望，我却一再去尝试，多么可笑。我注定是一个孤独女子，在黑暗的世界里独自舞蹈。即便是想要一种爱，对方也越来越远离。窗外下起了大雨。我很想出门，让大雨浇醒我。做了这么久的心理治疗，我为什么还会陷入痛苦之中？我开始深深地自责。

原来真爱就在身边

我不知道自己在雨中走了多久，衣服淋得湿透了。母亲不在身边，我也不想照顾自己。我想起母亲垂泪的日子，记起她一直也在抑郁中度日；我想起温和的父亲，他把手放在我额上时那慈爱的眼神。

如果不是父亲英年早逝，我和母亲应该会很快乐，而且失恋也不会伤我这么深。我还想起了方磊，他的眼神多么像父亲。如果我找的是一个女心理咨询师，也许就不会做出这种荒唐的事来。

我不知道脸上流的，是雨还是泪。走回小区，忽然觉得一阵昏眩，在楼道上倒了下来，就什么也不知道了。

醒来后，我看到了李寒关切的眼神。我弄脏了他的被子，他却在一旁摸着我的额："真烫啊！"就在那一刹，我想起了我的父亲。

"你淋了雨。我下夜班回来，刚好见到你。想送你回家，可家里没人……"听李寒絮絮地说着，我只觉得心里滚烫起来。很久，没有外人这么关心我了。当他捧着一碗冒着热气的肉粥，用汤匙喂我的时候，泪终于模糊了我的眼睛……

"其实你一直想要一种爱，一种温情。因为你的父亲在你年少时就离开了你，所以你把这种情感缺失放到了对你好的男子身上。最初，是你的初恋男友，后来，是你的心理治疗师。你在他们身上，得到了你一直以来想要的情感。于是，你才会想得到方医生的爱……"李寒头头是道地替我分析，我才知道，原来他是心理学专业毕业的。

我和李寒已经很熟悉了，以前在楼里只是问候一下，现在，话题却越来越多，相伴的时间也越来越长。

李寒向我表白感情的时候说，他搬到这里后就注意到了我。那时，我正骨瘦如柴，一点也不漂亮。

他说："你知道吗？你的眼神是忧郁的，但有着一种纯净，就是这种纯净打动了我。”

和李寒确定恋爱关系之后，他开始带我认识他的朋友。有一天，我和李寒在果汁店里见到了方磊一家三口。我非常尴尬，吞吞吐吐地向他们道了歉。

这时我才知道，方磊是李寒的系友。方磊向李寒诉说了自己的苦恼，而李寒知道他说的病人是我后，挺身而出“帮”了方磊……

我终于收获了自己的爱情，也在工作上重新寻回了自我存在的价值。有句老套的话说得好：原来，真爱就在我身边，只是我一直视而不见。

[心理解码] 移情：爱的替代品并不是真的爱

父亲早逝，是秦叶潜意识中的情感暗伤，她渴望得到别的男子的爱护，来弥补父爱的缺失。而男友的离去，则是她抑郁症的直接诱因。情感饥渴使她迫切需要得到感情的滋润，长期对她实施心理分析和治疗的方磊，便成了爱的替代品。她对方磊爱的表白，正是移情的表现。

移情，在心理分析学中，是指将本应是对他人（通常是父母，也有可能是兄弟姐妹、配偶、恋人等）的情感和态度转移到了分析家身上。秦叶已经无法控制自己的感情，企图移情于咨询师来忘记内心隐痛，这种感觉并不是真正的爱，而是一种情感依赖。她需要对方给予更多的理解，更多的安慰，更多的保证，更多的体贴与照顾。

陷入移情使秦叶在潜意识的驱使下做出了骚扰方磊生活的举动。情感依赖者一旦确定了依赖对象，她强烈的进攻性冲动就表现出来了。她要为追求爱情而奋斗，尽管这种手段是极端的。从另一个角度，我们也可以看出，其实只要她愿意，她也不一定要依赖别人才能做出自己的决定。方磊是理智的，但对改变现状无能为力，于是选择了回避，建议秦叶换心理咨询师。

李寒的默默付出使秦叶感受到了与父爱相似的爱情，而李寒对她的开解是履行了心理咨询师的职责，成功地将她对方磊的感情转移到自己身上。

解决心理咨询过程中的移情问题是比较困难的，主要方式是“心理升华”、“关系合理化”和“情感移位”等。升华作用是指把感情化为进取的动力，使患者在学业、事业上获得成功；合理化是指把医患关系正常化为师生、亲子或朋友关系；移位作用则指把移给医生的感情，转移到更利于患者感情发展的人身上去。

方磊与李寒的合作，终于顺利地化解了秦叶的移情。但童年创伤的痊愈需要长期的心理辅导，秦叶要过上正常的生活，还有待与李寒的共同努力。

三、爱情宿命，是摆脱不了的情伤

口述/徐雪菲

新的地点，新的开始

决定前往深圳时，我给和继母在外旅游的父亲打了电话。他问我，是不是又失恋了。我不置可否，其实，他应该算是这世上唯一了解我的人。

继母接过电话说，还是回来吧，在外面能漂多久呢，我认识的人不少，到时给你介绍个知根知底的好男人。

我苦笑着谢谢她，说我还想趁年轻，在外面多闯几年。其实，这只是借口，我真的不想回去了，那里留给我的，只是惨痛的记忆。

通过猎头的介绍，我顺利通过了新公司的面试。我的新上司、财务总监贺新对我挺好奇，他说，像我这样喜欢到处走，而且也能顺利找到满意新工作的人才，并不多。

我的履历表上，工作地点分别写着衡阳、天津、上海三个城市，如今，又新增了一个。我注定是一个漂泊的女人，没有地方能让我停留。

在新公司里，由于出色的工作和社交才能，我很快就成了备受欢迎的人物。同事和有业务来往的人里，有几个人并不掩饰对我的好感。但他们的热情并不能激起我的兴趣，我看得出来，他们对走在青春尾巴上的我，暧昧大于爱。在爱情中，我似乎已经淬炼成了百毒不侵之身。

那个冬至的晚上，我很晚才到住所附近的酒吧。刚想进去，突然有个醉醺醺的男人扯住了我的衣服。我一看，竟然是贺新！满身酒气的他眼神迷离地望着我，嚷道："丽华，不要丢下我！"我叫他的名字，告诉他认错人了，他却死不撒手。

我只好把贺新带回家，扶到床上。他眉尖紧蹙，看得出内心正承受着痛苦。那一刹，我的心忽然充满了柔情。我拧开热水浸湿了毛巾，细心地替他擦脸，又用热毛巾敷在他的额上。看着他沉睡的样子，一种久违的感觉又复苏了。

贺新和我一样，都是表面坚强、内里脆弱的人。我见不得醉了以后痛苦的男人，他们触动我内心最深处的那根弦，让我不由得产生怜爱。

他清醒后看到我，有些惊讶，问我他是不是说了些不该说的话。我把熬好的醒酒汤端给他，笑着说没有。

贺新说，或者他是失态了，在迷迷糊糊中把我当成了把他甩掉的女友。他定睛看着我，说："徐雪菲，你看起来真的很像她，从我第一眼看到你，我就觉得面善，有种特别的感觉。"

因为这件事，我们私下里的联系多了起来，因公因私，贺新成了我在深圳来往最多的人。我陪他喝醉，听他倾诉心事，越来越被痛苦中的他吸引。我暗暗对自己说，我要让他开心起来。

爱，不过是又陷入另一种痛

贺新再也没有提起过他的女友。我成了他关注的对象。在又一次喝得半醉半醒的时候，他问我："能不能讲讲你的故事？"

我的心跳加快，摇头说，我没有故事。

他说："不可能。虽然你想装得快乐，可你的眼睛出卖了你。你一点都不快乐，你一定经历过许多不愉快，像我一样。"

贺新的话打动了我，我曾提醒自己不要再谈恋爱了，而这一刻，我对他产生了爱的感觉，就因为他和我一样不快乐。我温柔地对他说："要不我们试着在一起吧，可能我们会高兴起来的。"话一出口，我就后悔了，因为连我自己都不敢确定。

贺新说，这正是他想要的结果，但是，因为工作的关系，我们只能转入地下。

我把行李搬到了贺新的公寓，下了班，就像一个主妇一样照料他。我们快乐的时候其实并不多，因为他还是会喝醉，他醉后的那种痛苦表情让我心痛，他也许爱的并不是我，只是想找一个人来做他失恋时的备胎。

我却那么迁就他。他发烧了，要吃文蛤粥，我就一大早冒着寒风到超市挑新鲜的文蛤和芥菜，照着书给他做，一匙一匙地喂他吃；他去医院打点滴，我怕撞见同事，只能在窗外偷偷地看着他。"地下"的滋味并不好受，我为什么偏偏还是舍不下他？

贺新也许是被前一段爱情伤得厉害，他极度警觉，一件小事就可以让他疑心，下班后我要是回来晚了点他就会盘问我去了哪里，和谁在一起，在我心里到底是别人重要还是他重要。他总是想让我说说以前的恋爱故事，我一再拒绝，他就会坐在一旁静静地喝酒。我知道他这样是因为爱我，正因太爱，才想独占。

夜深了，贺新的房间熄了灯。我轻轻地打开旅行箱，从夹层里拿出了三张照片。分别和我合影的三个男人，不同的面容，却有着类似的神情，忧郁无助。我曾经试图忘记过他们，却舍不得扔掉他们的照片。现在，爱上贺新，恐怕，又是陷入新的一场痛。

我的爱情，是情节类似的伤感电影

好景不长。那天，我从超市里买菜回到住处，书房收拾得整整齐齐，贺新手里拿着三张照片。我的脑子"嗡"地一下：自己的秘密还是被他发现了。想必是哪天把照片拿出来看时，忘了放回去。这段时间我总是纠结着现在与过去的种种，变得有些丢三落四。

贺新静静地看着我，摆明了是要我解释。我知道，这一次我是逃避不过了。那些都是我心底里最隐秘的伤，揭开来，都血淋淋的，痛彻心扉。

第一张照片上的男人，名叫方力。我大学毕业后应聘到衡阳的一家电脑公司，每天步行上班。那天下夜班回来，正好看到一个喷着酒气的男人神情恍惚地横过亮着红灯的马路，我费了九牛二虎之力把他扯到路边。他埋怨我不肯让他死，自从订了婚的女友车祸去世后，他就巴不得早点追随她而去。看见他痛不欲生的模样，我确信自己需要他。可是，仅仅交往了半年，他就说承受不了我无微不至的照顾，要离我而去。我无心工作，便跳槽到了天津。

我在公司里遇到一个面目冷峻的高个男子李铭。我似乎天生就有读懂男人内心的能力，看出了他的悲伤。他是个失败的男人，曾有同事亲眼看见他在酒店门前跟人争风吃醋打架，被打得毫无还手之力。原来他爱上的女人一脚踏两船，另一个男人很强势，他根本不是对手，很快就被那女的抛弃了。

我慢慢地接近李铭，想方设法温暖他的心，最终和他在一起了。可是，他总是怀疑我的爱是否真诚——跟踪、查手机，忙得不亦乐乎。最初的甜蜜与快乐，很快变成了争吵和冷战。为什么我的爱竟换不来他的爱？在一起大半年，我们吵到分手，我又不得不离开。

然而，最让我难忘的还是第三个男友。

在上海，我在酒吧里认识了陈锡文。他患了很严重的抑郁症，左手腕上有一道深深的刀痕，喝酒是他忘掉痛苦的主要方式。从小，他就想过许多种自杀的方式，都不成功。他天生就被冷落，在成绩优秀、做人乖巧的双胞胎弟弟的映衬下，他被忽略，被数落。他需要很多很多的爱，可他的初恋女友，却在他的帮助下考上大学后抛弃了他。

我第一次见到陈锡文，立即被他忧郁的眼神吸引。我的爱，我的细心照顾，却让他越来越沉溺于忧伤。他告诉我，他开始拿我与初恋比较。我以为自己会以自己的付出换来他的爱，却成了爱情替身。

我打算为这段维持了一年多的感情做个了断，就在人才网上查找用人信息，主动与广东那边的猎头公司联系，寻找面试机会。于是，我来了深圳……

我说，我的爱情，是一场又一场情节类似的伤感电影。我无力摆脱，那似乎是我的宿命。

贺新没有说话。他陷入了沉思。良久，他才问我："有没有想过去看看心理医生？你的爱情宿命不过是对你童年经历的重复，我相信你除了痛苦的恋爱经历外，还有一段刻意隐瞒的惨痛记忆。我不像你的那些前男友，我还有自我疗伤的能力，过了这一段，我会好起来的。"

向过去告别，也许是告别痛苦的最好方式

贺新的话没有错。我们坐在一起，分析了彼此之间感情的来龙去脉，最后决定分开。我明白，他是把我作为感情过渡时期的慰藉，而我，也是把他当作拯救我的爱情的救生圈。我们在感情上都是自私的人，那并不是真正的爱情。

我听了贺新的劝告，去看了心理医生，倾吐了我内心的所有不愿直面的隐秘的过去。说完之后，我沉重的心在那一瞬间忽然变得轻松了起来，也明白了我陷入这个爱情怪圈的根源。

我曾是一个无忧无虑的孩子，可8岁那年母亲意外辞世，我就再也没有快乐过。父亲为了我和哥哥不被后妈欺负，一直没有再娶。为了负担整个家庭的生活开支，他起早贪黑地工作，没有多少时间去照顾我们。

我的哥哥是个胖墩，比我大4岁，在别人的眼里，他是个笨乎乎的孩子，

从小就是被别人开玩笑和捉弄的对象。后来我才从别人的口中知道，当年父母为了儿女双全，想办法要到了哥哥弱智的诊断书，才得以生下了我。

其实，哥哥是个智力正常的孩子，只是动作有点笨拙，学东西不像我那么快而已。他对我很好，有什么好吃的都会留给我；我病的时候，他会用零花钱给我买我爱吃的话梅；还经常带我去郊外玩。

我是个厉害的女孩，只要有人要捉弄我哥，我就会让他吃不了兜着走。有人敢打我哥一下，我就会气呼呼地冲过去，咬他，拧他，让他比挨打还要疼。

我比任何人都要努力，因为单亲家庭的孩子，本来就不如父母双全的孩子幸福，我又有一个可怜的哥哥，我只有强起来，才能撑起这个家的半边天。我是个让老师头疼的学生，在学习上我是优等生，在表现上却不是，我经常会对别人发飙——当然那个人是对我哥不客气的人。

再大些，我能做很多家务，会做饭，会帮哥哥洗衣服了。在高中里，欺负哥哥的人几乎没有了，他的心情也好起来，尽管在班上是中下的成绩，但我觉得他并没有受到成绩的影响。

我永远记得18岁那年夏天的事。那年哥哥从职业技术学院毕业，进了一家工厂，并且有了喜欢的人。他对她很好，经常对我说，只要再对她好些，她就会感动的。那个女孩没有明确地向哥哥表示拒绝，而是心安理得地享受着哥哥对她的好，还对他提出这样那样的要求，哥哥乐此不疲。

有一天晚上，哥哥回来得很晚，喝得醉醺醺的。那次是他第一次喝醉，也是最后一次。他告诉我，那女孩当着全车间的人的面，绝情地拒绝了他，并且把他说得一无是处，让他没法在车间立足了。

哥哥又像以前被人欺负那样，自尊被狠狠地伤了，而且伤得比任何一次都重。他就嘱咐我，以后如果遇到了喜欢的人，一定要全心全意地对他好。其实男人都是渴望爱，渴望别人照顾的。

那天晚上，哥哥从七层的楼顶跳了下来，我没敢看他离开人世之后的惨烈情景，知道跳楼的人是他后，我晕了过去。

我从来没有忘记哥哥对我说过的话。每当我看到一个可怜的男人，我就会有似曾相识的感觉，因为我想起了我哥。我真的对他们很好，可他们却没有给我应得的爱。所以，我一再开始，又一再逃避……

父亲那晚没有在家，其实他在家的时间很少。他得到噩耗赶回来，和我说话，我一句也不搭理。如果他在家陪着我们，可能哥哥不会走到这一步，我恨他。

父亲一直在努力弥补，辞了职回来照顾我的生活，给我充足的学费和生活费。我还没有独立，没办法摆脱他。我后来原谅了他，和他的关系却很冷淡，特别是他在我24岁的时候再婚，并解释说我不在他身边，他确实需要一个老伴之后，我更不想回家了。

可是，现在我突然明白了不少事，我是要回去了，要过正常的生活，开始正常的恋爱。母亲和哥哥的意外辞世对我的影响实在太大了，而我，必须要有勇气向过去告别，才能彻底地告别痛苦，告别这种像轮回一样的爱情模式。

[心理解码] 爱情宿命：强迫性重复在爱情上的折射

心灵受伤的人，一旦无法及时医治，就很容易陷入重复受伤的漩涡。正如徐雪菲，她童年时哥哥感情受挫、渴望关爱的经历深刻地压抑在她的潜意识中，使她在恋爱的过程中一再寻找与她哥哥一样有类似痛苦经历的男人，试图借照顾他们来获得爱。

潜意识中，徐雪菲把他们当成了她哥哥的影子，就像照顾哥哥一样照顾他们，希望他们能够好起来，弥补当年哥哥离开她的缺憾。当她的悉心照顾和关爱却得不到应有的回报时，这种痛苦的恋爱经历就陷入了恶性循环。

徐雪菲自称为“爱情宿命”的这种病态的爱，其实就是深层心理学提到的“强迫性重复”在爱情上的折射。由于这种创伤年幼时已经形成，年长后又经过强化，要改变是极其困难的。当她决定回到家乡，并与过去告别时，已经迈出了重要的一步，只有正视过去，才能真正与过去告别。

陷入爱情的强迫性重复的人，要主动寻求心理咨询师和治疗师的帮助，分析自己精神创伤的来源，通过心理辅导和治疗努力摆脱这种心态的束缚，获得新的自我认知。

更重要的，是要找到一个真正关心她，既能享受她的爱，又能给予她真诚的健康的爱的伴侣，才能彻底摆脱过去的阴影，获得正常健康的爱情。向自己制造的“强迫性重复”说“不”，努力突破，才能跳出“宿命”怪圈的束缚。

四、情感自虐，走不出的爱情困局

口述/林雨思

为了他，我背井离乡

大学毕业，我面临着到哪儿生活的选择。父母希望我回到南方沿海的家乡，人脉广的他们已经帮我找到了工作，在家乡发展会比在外地容易得多，生活也更舒适。

可我还是决定跟随恋人许一明，他到哪儿，我就去哪儿。我们是大学同一届的校友，他是一个校园诗人，学校文学社的副社长，中文系学生会宣传部的部长。在校报和本地的日报副刊上，时常可以看到他的名字。他的文字和潇洒的身影，深深地吸引了我。一次我参加同学戴妍的生日聚会，他正好坐在我旁边，对我很殷勤，又倒饮料又递水果的，我觉得他的人品挺不错，会照顾人，更加喜欢他了。

没想到许一明也是喜欢我的，通过戴妍要了我的联系方式，之后我们慢慢地就谈起了恋爱。恋爱是背着父母谈的，他们不允许我在大学里谈，说是以后毕业时会有麻烦。可我实在是太迷恋被人照顾被人爱的感觉了，许一明的体贴让我成为同学们羡慕的对象；我想自己还有点虚荣，因为他在校园里还算一个小有名气的人物。

戴妍却不太看好我们的将来。她问我，许一明可是农村的，你这个城市的娇小姐能不能吃得了苦？再说了，诗人都是有点浪漫的，就不知道他的爱能持续多久。可被爱情蒙蔽了双眼的我，却觉得戴妍的话有点危言耸听，根本没有放在心上。

在父母的极力反对之下，我还是跟着许一明到了离家很远的一个内陆省会城市。在那里他找到了一份编辑的工作，待遇还不错。父母担心我过得不好，在我跟他们闹了一通后，还是往我卡里打了一笔钱，说是作为在找到工作之前的过渡期的生活费用。

我们在离许一明工作的杂志社不远的地方租了房子。最初，我适应不了那里干旱的气候，流过鼻血，开始想念家乡，后来还是挺了过来。

最难受的是没有知心朋友，我和戴妍偶尔见上一面，但仍是普通同学关系；许一明就是我唯一的依靠。我寻找着工作机会，但高不成低不就，仗着卡里的钱和许一明的工资，我还是有点底气的。我想着，只要找着了工作，一切都会好起来的。

我付出越多，他越不珍惜

在学校里，我们见到的都是对方最好的一面，在一起会感觉到甜蜜美好，但是生活久了，许一明不再掩饰他的真实一面，我才知道戴妍的劝告并没有错。作为他的高中同学，她还是了解他的。他的收入，至少有一半都给了农村的家里，因为他还有一个弟弟正要考大学，需要他的资助。只要是他家有事，我都会主动提出帮忙，包括拿出父母给我的钱给他母亲看病。

我们不能不省着花，我学着做饭做菜，因为这样比在外面吃要省钱。许一明工作累，回到住处不再像以前那样哄着我，反倒显出了大男子主义来，衣服不洗，活不干，就对着从单位里带回来的那台笔记本电脑，说是在审稿子；我倒像个旧时代的小媳妇，各种家务都包揽了。

父母问我过得怎么样，我总是说好；问我找到工作了没有，我说找到了。我是不想让他们评价我的选择错了。我必须做的，就是要抓住许一明，让他给我安定的婚姻；抓住任何可以抓住的机会，找一份至少能让我维持生活的工作。

我降低找工作的标准后，在一家公司做了文员，从此更加忙碌起来。晚睡早起，工作和家务都得干，我看着镜子里的自己都觉得有点陌生，原来青春的我变得憔悴起来了。许一明的应酬多了起来，他在省城的同学不少，还有单位的同事，都需要来往，他说这是为他将来的发展作铺垫。我问他什么时候也带我去认识他们，他说，你看，家里还有一堆事没干完呢，等哪天有空，我再带你出去玩。

许一明说的话就像空头支票，没有兑现过。想起刚到这里时，他到周末就陪我去逛公园、看景点的日子，都有点遥远了。我跟他提过结婚，他说，咱们还年轻，早着呢，再多奋斗几年，等有了买房的首付，再考虑这事。

许一明的话让我听出了搪塞的意味，像我们现在这样，要买房，那是再等十几年也没谱的事情。我想说，我爸妈可以资助一些，可他还不等我说话，就钻进房间里对着他的笔记本电脑了。

对我们的未来，我开始忐忑不安。我担心许一明不要我了，每当他说加班或是应酬的夜晚，我总是在房间里晃来晃去，心里空空的，好像失去了什么，也抓不到什么似的。隔上一两小时，我就打个电话问他什么时候回来。他刚开始还接听，后来不耐烦，说我影响他，连手机都关了。

戴妍说我牺牲够大的了——为许一明付出了这么多，这么好的女孩，他应该珍惜。但我已经隐隐约约地感到，我对他越好，他越不珍惜。

我能怎么样呢？在某一个凌晨的两点，许一明还不回来的时候，我冲动地用水果刀刺破了上臂。冰凉的刀尖，凉丝丝的疼痛，看到鲜血渗出皮肤，慢慢汇成一条细细的直线，我竟然没有丝毫的惊恐，反而产生了一丝久违的快感：许一明，你会后悔的，你会对我好的。

故意自伤，我沉溺在爱的假象里

没多久，许一明就到家了。他看到坐在沙发上披头散发的我，扔在茶几上的那把沾了一点血迹的刀，还有我正在流血的左臂，吃惊地骂我发什么疯，难道不疼的吗？

他进了房间，翻箱倒柜地找纱布，创可贴，云南白药，酒精。酒精擦在我的伤口上更疼了，但我还是咬着牙忍受着。看着他刚才的紧张劲儿，现在又贴心地给我包扎，我确信他还是爱我的。

他对我说："以后别再做傻事了，你跟着我，要是有个三长两短的，我怎么跟你家里人交代？"

我的眼泪刷地流了下来："谁叫你不理我的？你是不是不想要我了？"

许一明赶忙解释说，是工作确实忙，所以这段时间冷落了我。以后，只要有空，他就多陪陪我。接下来的那些日子，我好像又回到了热恋时的那段日子，他怕我的伤口沾水，洗菜洗衣服之类的事都包了，还帮我洗澡换药，细心地呵护着我。那种被人照顾着的感觉实在是太好了，我心里踏实了。

过了些日子，我又问许一明什么时候结婚，他的目光躲闪着我，说还早呢，再等等吧，等我们的工作、收入什么的再稳定下来。他的态度又惹恼了我，我二话没说，又割破了那个刚刚痊愈的伤口。

许一明发现后，再次手忙脚乱。这次的伤口比上次要深，他只能带我上了医院。医生怀疑地看着我们：“小两口吵架用得着动刀吗？以后可别这样了！”把我们俩的脸弄得红一阵白一阵的，又不好明说。

这一次，许一明又细心地照顾了我一段时间。但我的第六感告诉我，他的态度已经出现了敷衍。我更加留心他在生活中的蛛丝马迹，奇怪的电话，半夜的短信，深夜不回的迹象，QQ上的最近联系人。他很小心，没有被我抓住把柄。我却想得更多了：他是不是费尽心思来瞒着我呢？

我的试探，就是又一次割伤自己。这样，许一明就会对我再好一些，又再拿出恋爱初期对我的那种无微不至的照顾，证明他是爱我的。我慢慢地沉迷于这种自伤的游戏，沉溺在这种疼痛造成的爱的假象里，一遍又一遍地欺骗自己：他是爱我的，他是关心我的，他是不会离开我的。

他逃离了，我也清醒了

过后我才明白，许一明显然是被我这种病态的爱给吓坏了，尽管他没有表露出来，却已暗暗地在给自己寻找退路。他的工作更加忙碌，出去应酬少了，经常在房间里写作到半夜。

他对我说，要好好地为以后打算，要好好挣钱，他已经找到了挣钱的门路，就是多写稿。我以为他是在为我们的将来努力着，不时地为他端茶倒水，做夜宵，心态也平稳了许多。

打击来的时候我有点猝不及防。那天许一明很小心地拿过一本存折，指着上面的数字对我说：“雨思，你看看，我已经存了这么多钱了，这存折你放着吧。”还告诉了我密码。我心里挺高兴的，他学会过日子了，还放心地把钱给我。

可没过多久，许一明就告诉我，这钱我可以都取出来，因为这是给我的补偿。他已经算过，在一起生活的这三年多，我给他付出的，应该和这个数字差不多。

我的心快要崩溃了。我对他的感情，难道可以用钱来算吗？既然要分手，为什么还要用钱来侮辱我？我把存折扔在他的身上，转身就想出门。

可是，外面正下着大雨，我能走到哪里？我返回房间，把门关上，在黑暗中，听到许一明在焦急地拍着门，叫着我的名字。我的牙齿都快把下唇咬破了：我跟着他到这么远的地方，吃这么多苦，到底为了什么？还不如一死了之呢。

我找遍房间，终于在抽屉里找到了一把锋利的刀片。门外已经听不到许一明的声音，但这对我来说已经不重要了。我摸到了手腕位置，闭着眼睛深深地切了下去。在剧烈的疼痛中，我慢慢地失去了意识。我想起忘了给父母打个电话，但我的手已经没有力气抬起来了……

我醒来的时候，已经躺在医院的病床上了。旁边守着的不是许一明，而是戴妍。原来，许一明撞门把我给救了出来，还把戴妍叫来陪护，他却偷偷地溜走了。

戴妍说我傻，有什么不可以解决的，为什么偏偏要把自己弄得伤痕累累？我不知道怎么回答，和许一明的开始，她本就不看好，而我一意孤行，再怎么努力也无法留住他的心。

这段感情，以我惨败结束。我知道，一切都已无法挽回。

我的自伤，不过是旧病复发

父母再次叫我回去，我答应了，因为这里确实没有了让我留恋的东西。母亲看到我穿着长袖衣服，什么都明白了。她含着泪撸起了我的衣袖，问我为什么那么傻。大学毕业后，他们希望我回到身边，就是怕我重犯这样的事，她认为守着我，我就能找到幸福，至少不会像现在这样痛苦。

我想起了在医院里慢慢拾回的那些童年的回忆，那时父母亲都很忙，没有时间管我，经常把我扔在邻居家里，让一个婶婶照看我。只有在我病了的时候，他们才轮流请假看我。

一次，我在上学的时候摔了一跤，膝盖磕在尖利的石块上，流了很多血，父母挤时间陪我上了一个月的学，我很开心。

后来，只要父母一忽略我，我就想办法弄伤自己，他们紧张得不得了，我就告诉自己：这样，才说明他们是爱我的。直到他们不再忙于工作，有更多的时间陪伴我后，我的这个毛病才纠正过来。没想到，在我陷入情网后，它复发了……

我现在还没有投入新的感情，因为我没有信心能遇到一个真正对我好、宠我的人。我真的很害怕，如果遇到了下一个“许一明”，我会不会再一次自伤？

[心理解码] 远离情感自虐，学会好好爱自己

有人说，爱一个人不能超过八分，要留下二分爱自己。这话是有一定道理的。你不爱自己，又怎么让人去爱你？若是爱得太深，失了自尊，一味地迎合对方，却忘了去爱自己，这样卑微的爱情，反而得不到对方的珍惜，最终伤害了自己。

林雨思的爱，发展到后来变成了这样一种作践自己的所谓一心一意的爱。她以为自己全心地付出，就能使许一明死心塌地地爱她，但事与愿违，男人的生活不只是围着女人来转。

当林雨思感觉到许一明开始冷落自己后，采用了伤害自己身体的方式，通过自虐让他来关注、照顾自己，以证明他是爱自己的，来维持自己在这段感情中的安全感。这种在爱情中有意识地伤害自己的身体，以求得别人的关注和爱的行为，就是故意自伤综合征，即情感的自虐行为。

这种行为适得其反，是不爱自己的行为，更引起了对方的戒心，最终使爱情走向结束。林雨思的行为由来已久，小时已因父母的冷落而自虐过，当又一次感觉到被在意的人忽略时，她便再次采取了自伤行为。情感受挫，冲动了便从疼痛中寻找存在感。

在又有了自伤的冲动时，不妨给自己几分钟缓冲的时间，数“1、2、3”叫停，或许几分钟后，你便断了伤自己的念头。但这只是治标不治本的做法，说不定下一次你又会选择自伤。唯一能帮助自己的是，爱自己。

爱自己，就是要找到自己的朋友圈子，别把全部的注意力都放在爱人身上，那么生活的内容就会丰富得多，各种活动也就会分散你的注意力。有了朋友，你在遇到郁闷时，可以找到倾诉的对象；即使不想向朋友倾诉，向心理咨询师求助，倾吐内心烦恼和不安，也是化解心中情感压力的有效方式。

爱自己，还要善于发现自己受伤的原因，如果深爱的人伤害了自己，我们要学会自我医治，换一种角度去看待伤害，寻找填补遗憾的方式，而不是往自己的伤口再撒一把盐。如果对方不再爱了，那就放手吧，吃一堑，长一智，擦亮眼睛去找下一个。切记，只有自爱的人，才有资格获得更好的爱。

五、一脚踏两船，我的爱摇摆不定

口述/张靖丽

犹豫不决，是我的性格缺陷

有人说，双子座的一大性格特点就是犹豫不决。我觉得这话说得太准了，我就是这样的双子座女人。从小我就在选择面前三心二意，更为选择了一个就被迫放弃另一个而后悔。朋友们怕跟我逛街，因为我挑选东西的时间实在过长，她们的耐心都得经受考验。

有时候，我实在决定不了，就把两个差不多的买回来。我家里，差不多的碗、杯、笔、玩具，这些不太贵的小玩意儿，成双成对的，就是我为了怕后悔买回来的。至于大件的家电家具，那就没办法了，我得去看好几回，再跟家人商量，比较了又比较才下手，但是，说不定没多久我就后悔了。

找工作也是，如今这份鸡肋工作就是我经过多次比较挑选的，但做起来一点都不开心。这世上要是有后悔药，估计买得最多的人就是我了。

我妈对我的婚事很发愁，说20多岁的姑娘还没谈过恋爱，是不是没人要呀？其实我长得还不错，脾气也好，读书时也不是没人追求过我，但是我怕后悔，还没开始恋过。

我妈知道我犹豫，所以，发话让亲友帮忙给我找对象后，她就先把关，看了照片，问了家庭背景学历经历后，才帮我决定去不去相亲。

可我的表现让我妈非常失望，她挑选的人，我还是不满意。她火了：“你到底想要什么样的人呀？你当找对象是你到时装店试衣服吗？看了一件又一件，愣是没满意的，你让我怎么向亲戚朋友交代？”

在她的威势下，我终于弱弱地说了句：“好，我去。”谁知，不相则已，一相，就相出了麻烦。

富二代与公务员，各有千秋

按照过来人的说法，相亲是不能在一棵树上吊死的，要多看，才能找到适合自己的。在我“放出风声”要找对象后，不仅我妈这边帮忙的人多，我的同学朋友也在四处物色。

在闺蜜的陪伴下去相了几回亲。我对自己的条件还是比较自信的，因为相亲的对象对我的印象都不错，就等我的回话了。有两个人选，在那几个人当中显得特别出色，我不知道该选哪一个，反正都有点动心了。

一个是我妈朋友介绍的富二代，长得那是相貌堂堂，家境也殷实，老爸在市里开了几家连锁酒店，还打算向房地产进军。他现在在他爸的酒店里任职，出门就有小车，但为人却不张扬，找女朋友也要找知根知底家世清白的，所以才通过相亲去认识对象。

富二代出手阔绰，相亲地点选在消费最贵的酒店的包厢，还给我准备了礼物，想得挺周到的。闺蜜替我设想过，要是真和他成了，我就能过上优裕的生活，鸡肋工作还可以立马辞掉，再找个轻闲的工作做着，收入高低都无所谓了，就等着做少奶奶吧。还别说，我和闺蜜想到一块去了。

还有一个，是同学介绍的公务员，戴眼镜，长相清秀，文质彬彬，是重点大学毕业生，虽然只是秘书，但很受领导赏识，据说仕途看好。虽然和他见面场所的档次远不及富二代，但他说话幽默，知识渊博，逗笑了我们好几回。

我对有才华的男人没有免疫力，再说，公务员工作和收入都稳定，找他说不定就找着了一支潜力股。闺蜜说，从外表上看，公务员和我更般配，和我的共同语言也比富二代多得多，但我要想扔了那份鸡肋工作，就是不可能的了。

我又一次站在了选择的十字路口。我要埋怨自己的命运，为什么总是把我推到选择的峰口浪尖。到底选谁好？选谁都怕后悔。富二代和公务员各有千秋，如果他们的优点能合在一起，那就完美了。可世上哪有这么美的事？

我妈和同学都在催问相亲结果，说是对方等急了，就等着我表态呢，并劝我可不能像买东西那样再犹豫半天了。但我以前买东西的老习惯又出来了：左手富二代，右手公务员，两手都要抓，只要保密工作做得好，他们未必知道。怎么说都得处下去才知道他们适不适合自己。

顺其自然，优胜劣汰

我妈总算松了口气，喜欢挑三拣四的女儿终于肯挑一个对象了，看来富二代的实力不可抵挡。她不知道我心虚着呢，因为要同时应付两个人实在太难了。

为避免和他们分别约会的时间起冲突，我把一周的时间分成了一三五和二四六，还有星期天机动，平均和他们一周见上两到三次面，见面时把手机调成振动，防止他们哪个人找我，出什么差错。富二代常去的繁华的新街区，我和公务员去玩时就会避开那些地方——在河堤和旧城区附近约会。

一开始，我挺佩服自己这种防患于未然的做法，这么久了还没有露过馅。有时他们找我，我还可以以加班或学习为名拒绝，说改天再约，给他们留下上进的印象。

交往越来越多，他们对我越来越好，我心中的天平一会倒向公务员一会倒向富二代，无所适从。我越来越发愁了，可这事情我一直瞒着我妈，不敢对她说；闺蜜隐约知道一些，她怕迟早出问题，叫我早做决定。

可我怎么做决定呢？和富二代在一起，我有种优越感，看着服务员对我们谦恭的服务态度，好像我的位阶也上升了一个档次。他出手大方，送手机、送衣服，送花更是常有的事；他也懂得体贴人，我要是有个头疼脑热的，他还送我上医院陪我在病房里打点滴……

可我对富二代还是有点不满，就是他说话直来直去，没有什么文化底蕴，靠钱读了个“三本”，再加上别人都说他们家是暴发户，我不知道他父母是否难以相处。

公务员对我也很真诚，他家在旧城区有自建的一幢楼房，父母都是医务人员——知识分子的家庭熏陶出他的书卷气——和他一起生活要富贵是不行，但是绝对没有负担。

每次出来，公务员都会把我送到家附近的巷口，直到我说不用再送了，他才站在那里看着我离开。为这事，我一直担心被我妈和邻居看见。他已经带我去新建的公务员小区看房子了，说，只要我愿意，装修的事由我拿主意，他保证把房子弄成我需要的样子。

我看着公务员，突然不知道怎么办才好。我原来想的是顺其自然、优胜劣汰的，可事实上，我还是没有把他和富二代分出个高低来。

我只能继续谨慎地和他们来往，坚持不去他们家，不见他们的父母，也不和他们的同学一起玩，还坚守着爱情的最后一道防线。我一直有一种预感，万一被发现了怎么办？只有这么守着，我还不算是随便的人，还不至于被别人看扁。

真相揭开，我两手空空

我最害怕的事情还是来了。那天富二代约我去喝茶，我发现他看我的眼神有点不对劲，说话也不像以前那么亲热了。他说，想介绍个朋友给我认识。我说好啊，是什么样的朋友？他不自然地笑了笑说，政府部门的，说不定你也认识。

政府部门的，除了我那个同学，我认识的只有正和我交往的公务员了。不会那么巧吧？我的心怦怦跳着，一时也不知道跟富二代说什么，只好看着紧闭的包厢门，等着那扇门打开。当公务员的那个身影出现在门口，我呆住了。对他们的质问，我张口结舌，不知怎么回答。他们竟然是同学！富二代不是比公务员大两岁吗？怎么会是同学？

富二代冷冷地说，他小学留了一级，初中留了一级，在高中时就和公务员做同学了，关系还不错。所以，有一天同学聚会，大家聊起恋爱的事，就说起了各自的女朋友，结果发现两个人的女朋友是一个单位的，再细问，就问出问题来了：原来他们说的都是同一个人！一分析，之前我的一些反常表现都找着了原因——因为我一脚踏两船，才会小心翼翼，才从来不和他们的亲友碰面！

那个晚上，我无法向他们解释我的真正意图，因为这实在是太自私、太不顾及他们感受的想法，说出来他们会更加愤怒的。我本以为可以由着我挑选的两个对象，就这么同时离开了我。我本来一手想抓住金钱，一手想抓住稳定，再好好地掂量来掂量去，但到最后，却是两手空空。

我妈知道这件事的真相后，狠狠地把我骂了一顿，说她以后再也不好意思发动人给我介绍对象了。我的同学也很尴尬，她说她没法向公务员交代，本来在读书时就中规中矩的我，怎么在恋爱这件大事上，却表现得城府这么深呢？

我现在里外不是人，我解释说我没法挑才两个都要的，结果被我妈骂得狗血淋头：你还以为是在超市买水果呢？这是道德问题！闺蜜也说，在这个信息发达的时代，想要隐瞒脚踩两船的事实，实在是太难了——一个手机偷拍，就什么都了结了！

我至少得有一段时间不敢相亲谈恋爱了。我担心这件事传播得太快，若是被更多的人知道了，我以后可怎么找对象呀？而且，再遇上难以挑选的情况，我又该怎么做呢？

[心理解码] 爱情选择性综合症，请在爱情开始前做好选择

面临选择摇摆不定，这是性格原因，不一定与星座有关。因为社交范围的扩大和交友渠道的增多，一脚踏两船甚至N船的例子，在当代年轻人的恋爱中屡见不鲜。从条件相当的两个或几个人中挑选一个，对某些人来说并不容易，选了“苹果”，又丢不下“桃子”，为了利益而纠结着，最后哪个也不愿舍弃，就造成了几个人之间的暧昧。这种行为，就是患了爱情选择性综合症。

爱情具有排他性，是讲求专一的，如果感情在不同的人之间摇摆，证明还没有产生真正的爱情，并且对被选择的人来说，也是不公平的。如果希望爱情开花结果，只能在爱情开始之前就做好选择，这是对自己也是对别人负责的态度。

有选择性综合症的人，做事犹豫没有主见，不妨听听身边亲友的意见。常言道，旁观者清，他们的看法可以帮助你看清待选择对象的情况。但最关键的还是你要知道自己想要的是什么，把待选择对象的各种条件放在一起比较，再果断地做出决定。如果还是下不了决心，那还可以列出一个清单，把各种条件放在一起作比较；若是觉得当前的条件代表不了将来，你还可以列出今后他们发展的可能性前景，予以量化，再作比较。

但是，对于爱情来说，做到这么理智，还真是不容易的事。那就凭感觉吧，爱的深浅，你是分得清楚的，舍弃感觉不那么强烈的那一个，又有什么不可以的呢？切记，选择时要果断，选择后不再回头看。

六、爱意泛滥，他承受不了我爱的重量

口述/石静

爱的最初，他曾给我美丽承诺

认识张立伟的时候，我刚出大学校门，谈过两次蜻蜓点水式的恋爱，都没有在心里留下太深的印记。我曾以为，自己的爱情就是如此平淡，轰轰烈烈的爱对我这种性格偏内向的人来说，是不可能的事。

张立伟当时是一家国企的技术人员，和我住在同一小区。因为上下班时间比较接近，我们经常在小区路上相遇，却不知对方姓甚名谁。有一天在下班半途遇上大雨，刚下公交车的我无奈地在小区大门旁的店铺门前避雨，正好遇上路过的张立伟，他说："我顺路，送你回去吧。"

那天，在张立伟的伞下，我们大致了解了对方的情况，并互留了联系方式。送我到单元门前，他没头没脑地问了我一句："你有男朋友了吗？"我觉得很突然，下意识摇了摇头。没多久，他就对我发起了爱情攻势。

我对他也有好感，但对他还不怎么了解，不敢贸然地答应。想想看，一个和你住一个小区的人，对你还算是陌生的，突然就追求你，不是有点不靠谱吗？我自认自己也没那个让人一见钟情的魅力。

可张立伟却紧追不舍：电话，短信，QQ聊天，在我单位门口等我下班，和我一同回家，一路上没话找话地说个不停……我承认，我的心在一点一点地被他俘获。他的风度，他的健谈，他在电话里那动听的情歌，都是吸引我的地方。

后来，我认为自己已经做好了谈一次恋爱的准备，终于接受了他。我问过他，为什么会那么大胆，主动地对一个陌生人求爱？他说，从第一眼看到我时，看到我沉静的表情，特别是一双大眼睛，马上就被迷住了，发现我就是他28年来一直想要找的爱人。还说，他喜欢的女朋友类型就是我这样的，在人心浮躁的社会，要找到一个像我这样的人，挺不容易的。

听到他这番话，我的心彻底被征服了。我想，这辈子，我恐怕不会再遇到一个像他这样爱我的人，这一回的恋爱是可以从一而终了。婚姻，便是它最适合的结局。憧憬到这儿，我是睡着了也会笑醒的。

我们过了一段幸福的日子，连他出差时短暂的分别，也会让我很不习惯。即使再晚，我也要接到他的问候电话才睡，每天早晨，在他的MORNING CALL中甜蜜起床。我喜欢在他家的客厅里，听他边弹吉他边给我唱情歌；我喜欢他磁性的嗓音，喜欢他吸烟思考时那迷人的样子，喜欢他给我说的那些甜蜜情话，喜欢他做的拿手菜……

我们申请了一个情侣博客，那上面写满了彼此的爱意和思念。就算是厮守在一起的日子，我们也会在上面写上日记。张立伟说，以后老了，我们还可以打开博客，回忆我们恋爱时的点点滴滴。我问他，你就这么肯定，我们能一起到老吗？他抓住我的双手，深情地答："当然了。我还希望，我们下辈子还能继续在一起。"

尽管还没有明确谈到婚姻，我却把张立伟的回答看作他对我们的感情天长地久的承诺。那时候，他常把"我爱你"挂在嘴边，让我坚信，他对我的感情很深。而我，也越来越陷入他给我织下的这张爱的网，越来越觉得没法离开他了。

我这时才明白，以前的那两次恋爱根本不能算作爱，只是我在看到周围的同学都在恋爱时进行的可有可无的临时演习。

我的闺蜜开始对我表示不满，因为我的聊天范围已经狭窄得不能再狭窄，除了张立伟还是张立伟。她们问："到底他有什么地方让你这么着迷呢？石静，真怕你陷进去拔不出来了。男人的感情，真有这么可靠吗？"

当时满脑子只是爱情的我，并没有把她们的话听进去。张立伟的喜怒哀乐左右着我的心情，我愿意为他奉献一切。我想，这就是最伟大的爱情。

他若即若离，我紧抓不放

我们相恋的过程中，张立伟也曾对我提过婚姻，但却忧心忡忡。他说："静静，我现在还没有足够的物质基础给你稳定的家庭生活，你再等等，我想办法多挣点钱，才能娶你。"

我把他的话记在了心里，我相信他不会骗我的。但是，对我和他的前途我开始感到了渺茫，因为，刚相恋的一年多他对我是好得不能再好，也恨不得时常陪在我身边，可回家过了一个春节后，他却开始对我若即若离了。

闺蜜说，男人的热情持续得并不久，觉得已经把你追到手后，就不会再像以前那么狂热了。但她的话我并没有听进去，我认为，既然爱我，就该保持那种热度，否则，张立伟的心就不在我身上了。

张立伟对我的这种看法也表示了异议。他说，他除了我，还有工作，还有朋友，不可能天天陪着我。我就问他，为什么以前可以办到，现在却不能办到了，是不是不爱我了？

为了考验他，我装出病恹恹的样子给他打电话，他急得放下手头的事来看我，我才现出笑脸对他说，原来你还紧张我呀。他脸色一变："你又不是小女孩了，怎么还玩这一出？你知道吗，这么一来我可得加班了。"直到我道了歉，说以后再也不这样了，他的脸色才缓和下来。

以前是张立伟等我下班，现在是我等他下班；以前他陪我买礼物，现在是我买了礼物送他；以前他没事陪着我Q聊，现在是我挂在Q上静静等他；以前两个人频繁更新的情侣博客，现在只有我一个人来打理……一切都倒过来了，现在紧张感情出现变故的是我，而在他眼里，我们的感情已经变得可有可无了吧？

"你还爱我吗？""你还想我吗？"当他不再常把"我爱你"挂在嘴边时，我开始追问他答案。他的答案由肯定变成反问——"你说呢？"到后来，就嫌我烦了。我说，既然嫌我烦，那我再也不来烦你了。

那天晚上，我哭得很厉害，因为我确实舍不得张立伟，向他提出"不再烦你"只是我一时意气用事。直到凌晨1点多，我还是没有睡着。这时，手机响了，是张立伟。我听得出他的声音里带着醉意，他跟我道歉，说他这段时间实在是太累了，正在计划着辞职单干的事，又要考察市场，又要和合伙人策划生意的细节，所以冷落了我，其实他是在乎我的。

我的心由懊丧伤心又变得甜蜜起来了：原来他没有扔下我！他说："不过，静静，以后我们就得分开在两地了，我希望能早点挣够钱，那我们就可以在一起了。"

我能说什么呢，只要他还想着我，虽然分开两地，我还是想念着他的。他说最近他们要跟外商谈生意，问我懂不懂得翻译，帮他们处理一下书面的合同，我当然很爽快地答应了。

这笔生意谈成了，张立伟很感激我，说我对他帮助挺大的。不久后，他就到外地做生意去了。偶尔给我一个电话，其他时候都是我联络他——我认为，在爱情里只有紧抓不放，他才不会走掉。

分隔两地，爱更不确定

张立伟走后，我的生活失去了重心，我经常不知道在业余时间干些什么好，觉得身边空空荡荡的，总是少了些什么。他已经不怎么去那个情侣博客了，即使是作为浏览者，他也不爱去了。既然他不看，我也没有心思再更新了，只是翻着以前的那些博文，一点点地回忆我们曾经有过的美好时光，以及他曾给过我的温情。

我给他打电话，他的电话却时常关机；发短信，他不是很久才回一句，就是干脆不回，回也只是简单“忙”或者“很忙”一句。想要和他诉一诉相思之苦，成了奢侈的事。

于是，我守在QQ上等张立伟回来，但他的头像却总是灰暗着。偶尔见他凌晨上线，他便责怪我为什么那么晚还在等他，他的工作很忙，应酬很多，所以没什么时间上网，如果我这么等着，他会很内疚的。我问他，那我们什么时候才能谈情说爱？他说，改天吧，我现在真的很忙。

张立伟的“改天”说了一次又一次，我的心就这么一直沉下去了。但他越表示出对我的疏离，我却越想靠近他，越想挽回他的感情。我想我已经陷入了一个怪圈，陷在对他的迷恋里出不来了。每当我受到他的冷落时，便会加倍地回忆起他以前对我的好，想起以前那种快乐的日子，就更不想离开他。

也生过气，发过短信给张立伟，说再这样下去，我们比一般朋友的关系还要生分，那还不如不谈了，分手吧。他又不肯分手，只回复说很忙，生意还不上手，等上手了会多联系我的。我回复，你现在这样，我怎么相信你？他便给我打了电话，用他那深情而磁性的嗓音对我说，他想我，是真的想。

我糊涂了，这样也叫想我吗？可是，我选择了相信——我不信还能怎么样？

快过年时，张立伟给我打了一个电话，告诉我其实他这一段时间为生意的事忙得焦头烂额，合伙人卷款逃了，他不得不收拾残局，可他忍着一直没跟我说，怕我担心。我的心一下子痛了：怪不得这男人一直都在冷落我，他是怕泄露出内心的痛苦与烦恼，怕我和他一起承担压力——他是为我好呀。

他说，快过年了，各路债主都在催他的债，他不知到哪去好。我温柔地对他说："来我这儿吧——你不是说过吗，我是你的避风港——现在你遇到大风大浪了，我这个避风港就该发挥作用了。"

他的声音有些哽咽："静静，你对我真好，你是这世上对我最好的女人。"

这话我听了很受用，因为张立伟的父母离婚后，母亲很小就离开了他，后妈对他又不好，我知道他最渴望的，就是温暖的关心。我被他吸引，也许是因为我们有过类似的经历：我父亲离开了母亲，我由母亲一手带大，潜意识里，我希望有人能与我相依相偎。

我把自己所有的积蓄拿了出来，又向母亲借了一万块，凑够了五万块给他应急，又准备了丰盛的年夜饭。那个春节，我和他在一起过，他醉了的时候跟我说，他多希望能够每个春节都这样和我过呀。

我想，我的付出是值得的。

千里追爱，我的爱情却就此散场

张立伟和我的联络又密切起来，我们在电话或QQ上时常聊着，关于生意，关于彼此的生活。他要翻译文稿时，我不睡觉也会帮他；他急用钱时，我也是及时地支援……我这么做，能换来他的一句爱情表白，我就很开心。

但是好景不长。今年，他又冷落起我来。我不知道自己哪儿做错了，问他，他也说没有，却只是说，对不起我，我的爱太重了，他发现对我的感情，已经变成了感恩和愧疚——竟然已经不是爱了。

我哭了，我不是更爱他了吗？我不是付出更多了吗？为什么却适得其反？

我不顾一切，跑到张立伟做生意的地方找他，可是，在他的公司门口，我看到他正跟一个艳丽的年轻女人亲热地走出来，上了小车……他的生活，未必像他向我描述的那般落魄，可我竟然相信了。我坐在他公司附近的小店里，等他回来，我要向他问明一切，失恋也要"失"个明白。

张立伟接到我的电话后很生气，说我不经他同意就来找他了，这让他的时间很难安排；他还是不来见我了，欠我的钱，他会想办法一点一点还给我的，只要我把账户告诉他，他一有钱就会打给我；我对他的帮助，他铭记于心，但我的爱太沉重，他已经不想再背下去。

在外地的街头，下着大雨，我就这样撑着一把小伞走着，裙摆都被淋湿了。我想起张立伟和我搭话的那一天，也是下着大雨，为了不让我淋湿，他半边身子都湿透了。这就是爱与不爱的区别吧？

这次爱得太累，而且延续了4年，我都精疲力竭了，或许他主动分手，对我也是一种解脱吧？可是，我真的舍不得。这伤筋动骨的爱，或许就是我这辈子的一个劫。

[心理解码] 情深不寿，自信比依恋更重要

也许，大部分女性都经历过深爱的阶段，希望与恋人长相厮守，愿意为恋人付出一切，迷恋恋人的一切，不厌其烦地向人诉说着恋爱中的美好。但生活还在继续，热恋也只是恋爱中的一个阶段，即使感情再深，大多数人都会清醒过来面对现实的生活。

石静显然不是这样，4年了，与张立伟有关的一切仍在左右她的生活。即使已经感觉到对方的心在若即若离，她还是一味地紧追不放，甚至继续尽自己所能去帮助他，希望借自己更多的爱来赢回他的心。

她的爱，不是细水长流，而是如洪水一般“泛滥成灾”。到头来，给了对方太大的压力，成为不可承受之重，也给自己带来了更深的痛苦。这是一种恋爱癖，与她幼时缺失父亲的关爱，盼望在另一个男人身上得到弥补有关。

一味给对方以爱，对他越好，他越逃避，那是因为，你的爱已经成为一种压迫，一种给他内心的折磨。你不够自信，希望从爱情中找到自己的价值，害怕被人离弃；在对方一再冷淡的情况下，又一再热情过度，形成了强烈反差，最终导致本就脆弱的爱情之绳断裂。

要治愈恋爱癖，首先要做个自信的女人，在工作和交际中彰显自己的价值。你的价值不是依附在某个男人身上，而是由自身的努力体现出来的。当你的社交活动增多，生活充实起来，你便会知道，有许多值得你去关注的事务。不要用他的喜怒哀乐左右你的心情，你的心境会开朗起来，你的状态也会变得越来越好。

情深不寿，请保留自己的一定空间，不要深陷入爱的泥沼，这样，即使

爱情失败，也能及时地走出来，痛苦也不会那么深。

恋人之间的关系，就像一棵正在成长的小树，因爱成痴，爱情泛滥，只会让小树被溺死。爱是雨露，适可而止，恋人之间的关系才会维持平衡，保持长久。

七、被坏男人“绑架”的爱情，只会越爱越痛

口述/李蔚然

英雄救美，我们的爱情戏剧化开场

我从小就是个遵守纪律成绩不错的乖乖女，谁都没有想到，我会跟刘海波这个小混混在一起，纠缠了整整6年时间，还不知什么时候才会分开。无论是父母、老师还是朋友，都反对我们在一起，可是，他们的劝告我却没有听进去，即使和他疏远过，几经波折还是会和好。

我妈在又一次发现我偷偷摸摸和他去饭店吃饭时，狠狠地骂我，说我中了邪，刘海波从头到脚看起来都不像个好人，我到底图他什么，他要长相没长相，要钱没钱，要才没才，我到底看上他啥了。

确实，我也不明白我到底看上了他什么，我和他的开始，戏剧化得有点像电影场面。

我还清楚地记得高三那年的一个冬夜，我像往常一样，骑着自行车一个人穿过寂静无人的亮着昏暗路灯的后巷。但这一夜却并不平静，在巷子中间的小道里突然钻出了3个人影，拦在了我的车面前，我一惊吓，就连人带车摔了下来。为首的那个高个子阴森森地说：“车挺新的嘛，留下来。身上带了多少钱，也掏出来。”

我可不是轻易就范的那种软骨头，马上高声叫起“救命”来。可是，巷子旁边都是快搬空的要拆迁的楼房，灯零星地亮着，只有个别的人家还住在那儿，要他们多管闲事是不可能的。那3个人把我围了起来，高个子凑近我笑：“还喊救命？老老实实把车和钱交出来，我就放你一马，否则……”他的笑声让我汗毛直竖。

“模样还长得不错嘛，嘿嘿！”听见这话，我头皮发麻，这回可得听天

由命了。想到被抢后我妈必然是一通数落，我就后悔没听她的话，只顾抄近路赶回家，忘了“安全”这两个字。

这时，小道上冲出了一个人来，大声地说：“别在这欺负人了！再不走，我报110！”说着，他掏出了手机。

他的行为根本震慑不了那几个人，他们仗着人多势众，没把他放眼里，还说他阻碍了他们做生意，要连他的手机一块抢。那人忍无可忍，出手了。

没想到他的功夫倒是有板有眼的，没多久就把那3个人给打跑了。他帮我把车扶起来，叫我赶紧回家。我看到他的手臂上有一处被刀划伤的地方正淌着血，慌了，说：“我送你上医院吧，医药费我出！”

他看了看我的书包，笑了：“你一个学生有多少钱呀，我自己去看就行了！你快回家，家里人该等急了。”

我感激地问他的单位和姓名，说要好好感谢他，他却说不必了，知道他叫刘海波就可以了。

后来我绕道上学、放学，晚上在路过那条巷子的巷口时，经常可以看到他的身影。慢慢地，这个壮实的身影就嵌在了我的心里。在面临高考，学校要求我们收拾东西回家，以后晚上可能再也不经过这段路的时候，我忘了危险，再一次骑车从那条后巷经过。

那么巧，我又见到了刘海波。他深情地望着我，说以为我再也不敢走这条路了，还问我愿不愿意和他在一起。如果愿意，就考本地的大学，以后我们就可以常常见面了。

鬼使神差地，我答应了他的要求，换来我妈长达一个月的唠叨。她不明白我为什么要浪费好分数读本地的三流大学，人家不都想着法子往外跑吗？只有我明白，从刘海波救我的那一天起，我就已经被他打动了。

他给不了我未来，我却越陷越深

刘海波只比我大3岁，却已经出来混社会了。他是干什么的，我并不太清楚。但从他舍身帮助我的事情来看，我坚信他是一个好人。他去找我的时候，总是穿得像个大学生，冒充我的高中同学还有几分相像。

他对我很好，带我去吃好吃的，给我买衣服，每个周末的白天都陪着我玩得很开心。但周末晚上他是没空的，他让我回家陪父母，他还有事要忙。

他去我们学校多了，有人认出他是在休闲娱乐城看场子的。我不相信，直到那同学把我拉到那家娱乐城门前，看到他穿得流里流气地站在门前指挥着车辆的进出，我才知道她的话是真的。她说，上次就在这附近看到刘海波和几个人一起在对付一个不听话的顾客，他凶起来的样子是挺可怕的。

我去问刘海波，他说，他读的书少，不干这一行，哪一行能来钱快呢？我说，可以进修，学点手艺，做点小生意，那都可以呀。打打杀杀太危险了，他如果有个三长两短的，我可怎么办呢？他就搂着我说，放心吧，我再干段时间，凑够了钱，就听你的。

我决定改变他。那时的我，以为浪子都是有共性的：一个不完整的家庭，一个不幸的童年，一颗曾经受伤的心，一段不堪回首的回忆。而作为他生命中最重要的一个女人，我的任务就是让他获得温暖，重获新生。

我努力地学习，争取着奖学金。本就基础很好的我，保持着二等以上奖学金的获奖记录。我省吃俭用，把多余的钱存下来，还偷偷拿了积攒了十几年的压岁钱给他，让他报名去读职业技术学院的成人大专班。

我特地去娱乐城了解，他真的不在那里干活了，我挺安慰的。我在想，他的大专读完，有了正当的工作或者创了业，我妈就可能接受他了。

但刘海波和我的关系却有些疏远了，他说，再怎么改变，他也是没办法给我未来、给我承诺的。他的冷漠在此时表现得特别明显，在我发烧特别需要他来陪我的时候，他却说有事要忙，赶不过来。给他打电话，他有时接到一半就挂掉，甚至不接我的电话。情人节的夜晚，我在老地方等着他，希望他来给我一个惊喜，他最后却给了我失望……一桩桩无情事件的累积，让我看到了在这一段关系中自己正由优势处于劣势，沦为了弱者的一方。

我的眼泪并不能让他的心时常留在我这里，他说他看不惯女人流眼泪，我只能把泪往肚里流。我有他房子的钥匙，没事就去帮他打扫卫生，做饭。我发现自己做的这一切已经变成了讨好，却无法遏止自己这么做。

刘海波偶尔也会主动找我，特别是在喝醉的时候，总是含糊地说着爱我，说着甜蜜的情话，给我许一些看不见的未来。我知道，第二天他清醒了，就会忘记他所说过的这些话，但至少，那时候我的心是甜的。

在众人的反对声中，我还是选择了和他在一起——也许是越反对，越激起了我内心潜藏着的叛逆之心吧。

真相再残酷，还是舍不得分手

大学毕业后，我到一家公司做财务工作，收入稳定了，对爱情稳定的期盼更强烈了。可是，刘海波却让我越来越难过。

那个周末早上，我兴冲冲地带着刚买的菜，打算给他一个惊喜，可门怎么也拧不开。我想，他一定是在睡懒觉吧，敲了好一阵门，他才蓬着头来开门，但一点也不欢迎我。我把菜扔给他，转身就走。可我还是留了个心眼，偷偷地等在了楼梯的转角。

不久，屋里传出女人说话的声音，一个浓妆艳抹的年轻女人，搔首弄姿地走出了他的家门。我等那个女人下了楼，就打开了他家的门，走到他跟前质问他，为什么要带女人回家。

他说，他只是逢场作戏。我反问他，是不是对我也逢场作戏。他说怎么会呢，要是逢场作戏怎么会在一起这么多年。我的心真的冷了，我明白了，这个男人并不是一个专一的人，否则，他不会对我时冷时热。

在工作不太忙时，我对刘海波的行踪多加留意，才发现他早就不在职业技术学院读书，他换了一家洗浴中心继续看场子，那个浓妆的女人就是在洗浴中心认识的。

更让我感到晴天霹雳的是，他竟然跟在小巷里要抢我自行车的高个子是一伙的，那天晚上的英雄救美，竟是他们一起设计的——他们在那儿蹲点有一段时间了。

“我是因为爱你呀，否则不会这么做的。”他的解释虽然苍白，但我还是相信了。我付出了这么多年，付出了珍贵的第一次，除了他，还有什么人能够在我的爱情经历里留下这么深刻的烙印？

他的行为也让我相信，他是希望拥有我的。我曾拗不过母亲，去相过两次亲，被他知道后，他的反应都很激烈，问我是不是不想要他了，所以才想找别的男的。他说我是他的，不想把我让给别人。于是，对方条件再好，对我再满意，我还是拒绝了。

我工作以来没有什么积蓄，因为刘海波是喜欢挥霍的人、又讲哥们义气，请客总是抢着掏钱，坐吃山空，我得资助他。他良心发现时，总是说我好，说对不起我，可过后还是我行我素。

这些年，我一直在想办法改变刘海波，想要他一心一意地对我，可是，我发现这只是我的一厢情愿。随着年龄的增长，家里都在催我找对象结婚，我也把与他的这段感情转入了地下。

可是，无论我怎么下决心，只要他一个电话，一个小小的礼物，都能很快地让我回心转意。我知道，从一开始他就用爱情的绳索绑架了我，使我无从挣脱。他带给我的爱情感觉，是无边无尽的痛觉，但我竟然已沉醉在这种痛觉中无法醒来。

朋友们都说我贱，太不爱惜自己。我却明白自己只是输不起，输不起和他一起走过的那段最美的青春年华，输不起自己从前的那些努力。我现在仍然在试图改变他，但改变的希望越来越渺茫。我该怎么办呢？

[心理解码] 爱情的斯德哥尔摩综合征，必须挣脱爱情绑架的绳索

明知道他对自己只是一种独占，不是专一的爱，还是舍不得离开；明知道对他的爱只是一种折磨，还是被他偶尔的好感动，继续忍受痛苦。恋爱中的女子变成飞蛾，一头扑进如火一般煎熬的爱里，执迷不悟得令人心疼。

李蔚然便是这样的女子，她容易被别人的行为所感动。刘海波的一次“英雄救美”，造成了对她的爱情绑架。即使这个男人再坏，与她的生活经历和身份地位再遥远，她还是钻进了他设好的绳索里，再也没想过挣脱。这是痛苦的爱，她却一再地让自己忍受。

这就是爱情的斯德哥尔摩综合征。明知道与这个并不好的爱人在一起只会有越来越多的伤害和折磨，却像中了毒一样地离不开他，已被他像驯兽一样驯服，从而对他产生依恋，甘愿受他伤害。这与人质认同劫匪的斯德哥尔摩综合征，有着相近之处。

那个著名的事件发生于1973年的瑞典首都斯德哥尔摩。在一起银行抢劫案中，3名劫匪劫持了一男三女4名人质。当警方进行营救时，人质却站在了劫匪这一方，还有女人质声称爱上了劫匪。看似不可能发生的事件，其实正是被挟持久后，人质产生的自我意识丧失，从而认同施暴者的心理现象。

当爱情变成了施虐与受虐，便成了一种病态。被爱情绑架的人，一旦发现痛苦无法改变，就应该主动地挣脱绳索，学会自救，重新获取自由。爱情是有底线的，请把你自己爱的底线设好，一旦底线被冲破，再不舍也要放弃，不然，你就会被对方吃定，亏得越多，越想挣回来，结果就是再也翻不了身。

对于试图绑架自己的爱人，你并不是判断不了他的“爱”是对你的折

磨，你只是沉迷其中而已。所以最干脆利索的解决方式就是决绝离开，不要有一丝的犹豫，更不能心软回头！如果你还不够坚决，请让亲友拉你一把。离开了他，你也许会为曾经的付出惋惜，但自由却比白白付出的那些努力更可贵。你还可以展开一段更精彩的人生，亦可有新的爱情，但切不可再遇上这样操纵你、利用你的坏男人！

八、爱情公主病，我是不想长大的“彼得·潘”

口述/倪晓茵

孩子气，是我征服他的有力武器

女人或多或少都想过要做个公主吧，有人爱着，有人宠着，还有人照顾着，那是多么美的一件事。如果能找着一个白马王子，王子还身兼奴仆一职，那就完全合乎标准了。

这，代表了我的爱情理想。从小到大，我朋友都不多，在合得来的几个朋友中，我也是最任性的。她们年纪都比我稍大些，所以能让着我。出去玩，只要是辛苦的需要动手的事情，她们都抢着去做，基本没什么事儿留给我做。

在无忧无虑的环境中长大，又长着一副娃娃脸，我看起来比实际年龄要小，用朋友们的话说，别看20来岁了，还是像个十几岁的小萝莉。看着她们一个个地成双成对，我有点急了，其实我挺不错呀，爱情什么时候才能来到我身边呢？爸妈却一点不着急，说我还小，他们还想让我多陪几年。

感情的事还真得讲缘分。周末时我们去山庄烧烤，朋友们要带男朋友去，我强烈抗议：“就我一个人没谈恋爱，这不是欺负我，让我自己单着吗？不许带！”

“看看，看看，又发小孩子脾气了吧，”宁佳说，“要不这样，我多带一个男的，让他照顾你，行了吧？”

“这还差不多，够朋友。”我转怒为喜。

我认识了许翔，宁佳的表哥。他挺体贴的，开车来接我们，替我们打开车门；烧烤时，看见我坐在被烟熏到的地方，又主动把他的位置让给我；看我笨手笨脚地学着用叉子穿玉米，力度又不够，他便说，我来帮你吧。真是个好男人，我心里想着，朝他笑得更甜了。他也喜欢没话找话地跟我聊天——我感觉得出来，他是对我有意思的。

我可从来没谈过恋爱呀，我对他的印象不错，得抓住这个机会。看他的衣着打扮，还有开着的那辆三厢轿车，我猜测他的家境或者收入应该不错。而且以前我也听宁佳说过，她这个表哥年轻有为，不到30，便已做了电信公司的中层。

我跟着许翔到池塘边，看他用小虾钓鱼。他静静地坐着等待着鱼儿上钩，没多久就钓上了一条活蹦乱跳的鲫鱼，我高兴地拍起手来，夸他真棒。他笑我看起来像小孩子。

许翔向宁佳要了我的联系方式，开始约我。他心甘情愿地陪我逛街，一点也不介意我很馋地握着一只甜筒边吃边逛商店。我记得他给我送花向我表白的那句话，说的是，我的孩子气打动了他。我相信萝卜青菜各有所爱，再说，我本来就这么好，所以我等到了许翔。

宁佳说，恋爱可以让女人变得温柔成熟，谈一次恋爱，说不定我就真正长大了。

娇宠我，是我对他提出的最大要求

我的表现与宁佳的初衷大相径庭。我非但没有变得成熟，反而像找着了依靠一样，性格里原有的娇纵自恋的因子都跑出来了。

我觉得我的要求也不高呀，许翔是我的男朋友，就要全心全意地爱我，我在他心中必须占据第一位，要帮我办好所有的事，要好好地宠我爱我，哪个恋爱中的女孩不是这样希望的呢?

当然，有的人天生具有母性，有的人温柔爱妥协，把男人都惯坏了，我可不愿做这样的女人。我是爸妈宠着过来的，我男朋友也一定要宠我。

许翔的工作性质导致他很忙，开会、加班是常事，这让我时常有种被冷落的感觉。没时间陪我时，他一定得记得主动打电话或发短信给我，才能证明他想我。电话必须在晚上11点前打过来，不然，我就要睡美容觉了。

恋爱的最初，他还能坚守这个规定，逗得我很开心。谈的时间久了，他开始不重视我了。有一天晚上，我等到11点半，手机还没有动静。

我生气了，第二天一早许翔的电话来了，我赌气不接。他打了好几个，我还是置之不理。直到走下楼，看到他的车子停在路边，他守在单元门口，我还是气鼓鼓地对着他。他解释说，昨晚加班过了时间，才想起没给我电话，但当时太晚了，就一早才给我打。

我板着脸说：“工作比我重要吧，许翔？我到底算什么呢，我不要你天天陪着我，可一个电话你总得记得给我打吧？你根本就不够爱我！”

说完，我推开他，自己一个人走，他开车赶上我，我也不理。不闹点脾气，他还不知道重视我！

事后许翔给我买了新手机，我才接受了他的道歉。但生活中磕磕碰碰的事情还真是太多了。那天下大雨，我和一个朋友在商场买衣服被困住了，打电话叫他来接我，他却说，正陪着一个大客户，脱不开身。我问他什么时候才有空，他说还说不准，让我等雨停了再自己回去。

这不是让我丢脸吗，我的朋友都认为我找了个“绩优股”，还对我特好，他偏偏关键时刻掉链子，把我气得当场挂了他电话。

说起许翔的“事迹”，还有很多，比如约会要我等；没有留意到我生理期情绪的突然变化，还说我娇气；有时我跟他撒娇，他心不在焉地对待我；我还发现过在有漂亮女生经过时，他眼神的一时飘离。

这我都及时地发飚了，他敢不把我放在眼里吗？情人眼里出西施，何况我一点也不差，还打扮得很好看，他凭什么还敢看别人？

他的优点当然也有不少，毕竟比我大6岁，懂得的人情世故比我多，挺能讨我父母欢心的，只要有空就会接送我，吃饭替我剥虾壳螃蟹剔鱼刺，记得我不爱吃和爱吃的菜，点菜不会让我费心；他在外地独立生活过两年，做饭炒菜不用我操心；他是称职的跟班，我购物时，他主动给我刷信用卡，帮我提大包小包，我还是有自尊的，一般会抢着付钱，但他的动作往往比我还快……

我相信宁佳的话，如果结婚，许翔还是会照顾我的，但我也有点不放心：他会不会把我捧在手心里呢？会不会一心一意地对我？

不胜其烦，他对我的爱变成了厌

我加紧了对许翔的考验和观察，一有不如意，我就给他脸色看，要不就索性不理他，和他冷战，就算他道歉了，我也得晾上他几天，宁佳劝我也没用。我就是要在我们俩的关系中处于强势地位，让他知道我的厉害，希望他能更宠我，别忽略我。

许翔对我却不像以前那么好了，雷打不动的每天一个电话已经做不到，我忍不住想他了，打电话过去，他说话也像是在敷衍我，甚至只说了一个“忙”字，就不耐烦地挂了我的电话。我有了不好的预感，感觉到他已经对我产生了厌烦的情绪，但要我讨好他，我可办不到。

最近，他休年假，抽时间陪我玩了几天。我的欢喜劲儿还没过，他又让我心里添了堵：我在试衣间里试衣服，他在外面嘀嘀咕咕地跟人打电话，我让他看我的身上的裙子好不好看，他正眼也没瞧我，就应付着说好看，要不买下来吧。

我气呼呼地说，不买了。他说，那好，我们回去吧，我还有事要办呢。

肯定是打那个电话的人约了他。我问是谁打的电话，他说是他兄弟，有事要他帮忙，这回是得赶过去。

这么坦白，摆明是没把我放在眼里。“在你心里，兄弟和爱人，哪个更重要？”我问他。

他答，都重要。我接着问，哪个更重要一点？他没再答我，反问我想他怎么回答。

我扭头就走，他说要送我回家，我也没理他。我明白了，要在他心里占第一，看来并不容易。

离事情发生已经有10多天了，许翔再也没找过我。以前他哄哄我，送我点礼物，我就回心转意了，可现在他明显没有主动和好的意思。

这次我着急了，问宁佳，她摇着头叹气说，这事她管不了，还是让我直接问她表哥。我也豁出去了，给许翔打了电话，他说，电话里说不清楚，和我当面谈。

许翔告诉我，他的忍耐已经到了极限。当初，他是很喜欢我，因为我的单纯和孩子气，但他没有想到，随着交往的深入，我的孩子气附送的缺点实在太多了，最让他受不了的是我发脾气，一点点的小事都可以让我赌气不理他，然后要他想方设法哄我我才消气。

他说，一次可以，几次也可以忍，但老是这样，他的耐心已经被磨蚀，他已经不想再这么累了。他又问我，恋爱以来，我为他做过些什么？虽然爱是可以付出不求回报的，可爱也是相互的，如果只是他一味地付出，我坐享其成，他的心能不冷吗？

我们就这样分手了，他决绝得换了所有的联系方式，我再也没见过他。

父母宠爱，灰姑娘也想做公主

许翔离开后，我开始反省自己一直以来在人际交往方面的表现。确实，我在朋友之中，也是把自己当作公主的，宁佳她们一直把我当妹妹，宽容地对待我，我还没注意到自己有多大的问题。可这次失恋，让我发现了自己的毛病。

我不知怎么向父母交代这件事，他们对许翔印象很好，已经把他看作了未来女婿。可纸包不住火。他们看见我很久没接过许翔的电话也没出去约会了，追问我怎么了，我才把分手的事告诉他们。

我妈很难过，她说，能遇上像许翔这样条件好又懂得照顾人的男朋友，是我的福气，可我没有好好珍惜，这都是她的错，她太宠我了，把我惯成了小姐脾气。

我妈结婚好几年都没有孩子，四处求医，千辛万苦才怀孕生下了我。因为这样，她和爸爸把我当成了世界上最珍贵的宝贝，事事顺着我，只要我看到别人有什么叫他们买，他们一定会买。

他们疼我疼得不得了，老怕我这样做不了那样做不了，现在我还不怎么会做家务，工作上也喜欢请人帮忙，和他们的教养方式有很大关系。再加上小时候我长得白净可爱，眼睛大大的像洋娃娃，又早慧，夸我的人不少。我的性格可能就是那时候养成的，总认为自己挺好的，以为世上的人都像我父母一样，对我很顺从，能全心全意地对我好。

现在，碰壁多了，特别是这次失恋，让我思考了很多事。可是，江山易改，本性难移，虽然我知道自己的公主病不好，但我不知道怎么去改。宁佳说，其实我心里的那个自己还没有长大，我也不想长大，就像童话里不想长大的小飞侠彼得·潘一样。

如果我现在想长大，想早点拥有一份成功的恋情，我该怎么去做呢？

[心理解码] 自恋的公主病，爱别人才能救自己

每一个女孩都要经历心灵成长的过程，也许以前也曾有过像倪晓茵一样的愿望，希望有人宠着自己，像公主一样。可是，有几个女孩能像公主呢？随着年龄的增长，心态的成熟，走出校门后，她们也在不断地成长，认识到竞争

的激烈，生活的现实，慢慢地就再也没了公主的幻想。

但倪晓茵不同，即使工作了，也还像小孩子一样得到父母的娇惯，生活的舒适使她乐于这样的状态，并将之延伸开来，希望朋友和恋人也这么对待自己，把自己像公主一样宠着，不想成为有担当的人。

这样的心态，与婴儿时期的行为有共通之处，以自我为中心，因为自己被别人爱而享受爱，希望被赞美、被重视、被照顾，把自己当成至高无上的公主而对身边人颐指气使。这样的人，即使别人能够放弃自尊忍耐他一时，却不可能长久地忍耐他，最终他很容易变成孤家寡人。

深究起来，倪晓茵的公主病，缘于她的自恋情结。想必你们听过那西索斯自恋的故事吧，他在小溪边照见了自己美丽的身影，并为之迷恋不已，茶饭不思，不忍离开，最后溺水而死，化为清丽的水仙。自恋，束缚了人的成长，而且在人际关系中陷入孤立。

恋爱，是自恋的公主病痊愈的最好时机。其实，如果倪晓茵能把握这个机会，让自己成长起来，是可以让她和许翔的恋情持久并修成正果的，可惜她错过了。但没关系，她还会有新的机会，而且现在就可以着手改变自己。

既然知道自己的行为是幼稚心态的表现，是与孩子的行为类似的表现，那就主动地脱离幼稚的想法，以成人的标准来要求自己，时刻提醒自己要学会动手做自己分内的事，比如帮助父母做家务，在工作中独立担当任务，不要老想着让人帮忙，要尽自己的努力去赢得别人的认同，而不是嫉妒别人，更不能指使别人，逐渐脱离以自我为中心的观念。

自恋的人是太爱自己了，只纠结于别人爱不爱自己，却没想过去爱别人，自私狭隘，这也是孩子的态度。要让自己成长起来，彻底与公主病说不，最有效的办法还是学会去爱别人。要多关注身边亲友同事，发现他们需要帮助的时候，及时伸出援手。要学会照顾别人，而不是只想着被别人照顾。

女孩子总有一天会变成别人的恋人、妻子和母亲，爱别人是必备的能力，从恋爱阶段起就要放平心态，别把自己当成公主一样要人宠，而是要关心自己的爱人，慢慢培养体贴照顾他人的能力。爱别人，别人也会对你刮目相看，你也能体会到互相关爱、互相帮助之后的美好感觉。

当然，要改变不是一蹴而就的，找个亲友来做你的引导者和监督者吧。你有一天会发现，成长起来是件美好的事。

第2章 我是剩女：为何最真的心碰不到最好的人

剩女，是游离于爱情与婚姻之外的群体。无论是主动地选择“剩”，抑或是无奈地接受“剩”，都有着不为人知的深层原因。请不要避开爱，好好地学会爱，学会弥补爱的缺失，品尝爱的甘美。

一、追求完美，却曲高和寡

口述/林小汐

我习惯了出类拔萃

27岁，总公司财务部经理，我的身份令不少同龄人羡慕，他们说我年轻有为；高挑的身材，漂亮的相貌，名牌大学毕业的资历，我的“才貌双全”也曾经让人以为我追求者甚众。

其实，我现在的事业与爱情都很不如意。公司里，领导欣赏我，下属却排斥我；在外面，我只有一个知心朋友，其他人对我敬而远之；相了20多次亲，却没有一次成功。我常常问自己：你真的有那么多缺点吗？真的注定孤单吗？可我没办法找到答案。

从小到大，我在师长的眼中都是一个不需要人操心的乖孩子，也是整个单位大院里孩子们的榜样。父母对我的要求非常严格，认为我完全有能力比别人做得好；另一方面，他们对我提出的要求，能满足的也尽量满足。他们对我这么好，我也不愿违背他们的意愿，拼命地学习、读书、练琴。

在我累了想放弃的时候，我会提醒自己：你一定要争第一，你不能输给别人！这是妈妈的话，她年轻时吃过不少苦头，所以把全部的梦想都放在我身上，久而久之，我把她的期望变成了自己的奋斗目标。我习惯了给自己“压担子”，习惯了享受超越别人的快感，这让我在同龄人当中始终出类拔萃。

自然，对被称为“女人的第二次投胎”的婚姻，我也不甘心落于人后。上大学后，我就开始寻找“潜力股”，因为我知道，合自己心意的现成的好男生不多，更不可能白白地等着我来爱，还不如找个有潜质的男生，按照我的意愿来塑造他。

刚读大学，我在参加一次演讲比赛时，与负责筹备组织工作的同乡学长、学生会干部岑强认识了。他那时读大三，还没有女朋友，对我也表示出了特别的好感，一来二往，我便答应做他的女朋友了。这个决定让同学感到有点惋惜——我的条件这么好，其实再耐心等等，说不定会遇到更好的人。

她们不知道，我衡量来衡量去，认为岑强可以通过打造变得出类拔萃，成为由外到内都出色的男友，我也会因他而收获别人钦羡的目光。而且，他还会因为进步而感激我，会对我更死心塌地的。那时，只有19岁的我，就已经有这么成熟的想法了。

努力改造后，他却令我心伤

我开始了对岑强的改造之旅，那时的他很爱我，对我的要求也很迁就。可以说，我的改造是成功的。

岑强来自农村，外形虽然不错，但衣着打扮却有点土。我带他去发廊改变了发型，又帮他挑选了洋气点的衣服。他这么一改头换面，就像换了一个人似的，精神起来了。读大学这几年的熏陶不是白费的，他一打扮，就和城里来的大学生没什么两样了。和他外出时，我帮他搭配好衣服鞋帽，连颜色也不忽略。人的衣着品位就是慢慢培养出来的，后来，不用我费心，他自己已经能穿出风格来。

他虽然是学生会干部，但举止还是脱不了木讷，口才和急智还是差一些；学习之外的东西懂得太少；学习不错，可奖学金最高也只是一个二等。我常常要他学这学那，帮他报名参加比赛，叫他好好念书争取一等奖学金，告诉他这对找工作有好处。回到家乡，我还带他到城区四处跑，让他熟悉城市的各个地方，为以后的工作做准备。

岑强的改变很明显，到毕业时，已经成了同届男生的佼佼者，我也如愿以偿，变成了优秀男生的女友。不过，在体贴人方面，他还是做得不够好，有一次我感冒了去找他，声音明明就又粗又哑，可他一点都没有注意到我声音的变化，一句关心的话都不说。我生气了，说他不关心我。可我朋友说，男的就是粗枝大叶，要我原谅他。可是我真的不甘心，我对他尽心尽力，为什么就换不回他对我的细心和贴心呢？说真的，我有点心寒。

因为表现出色，岑强顺利地被我们市的五星级大酒店录用，做了一名财务人员。现在，他已经做到财务总监的位置了，可这跟我已经没有关系了——我的身份已经变成了他的前女友。

这事对我打击挺大的，我根本没想到我的努力会换来这样的结果。我大学毕业之后回来，他却逐渐地和我疏远。等我去质问他的时候，他嗫嚅着说，他想来想去，还是觉得，和我分手，对大家都好。

我问他，我错在哪儿，为什么要扔下我，难道我以前付出的那一切都掉水里了吗？我问他到底结了哪个新欢，那新欢比我漂亮？家境比我好？比我有才华？

岑强被我问得哑口无言，沉默了许久之后说，他觉得和我在一起太窒息了，没有自由的空间，像我这样对男朋友从外表到言行到学习到人品性格有这么多要求的人，这世上可真是少有。他很感激我，说没有我就没有现在的他。

我哭着问他，既然是这样，为什么还是要离开我？

他揪着头发，一副痛苦的样子："小汐，我对不起你，原谅我的负心吧。我实在受不了你对我的种种要求和管制。每个人都需要自尊和自由，可你恰恰从我手中夺走了它们。我现在，只想过一点轻松的没有压力的日子。"

我还能说什么？我只能默默地走掉。为了改造他，使他由外到内都比一般男孩子出色，我不知道花费了多少力气，可他还是要离开我。

岑强结婚时，朋友们议论，新娘是一个条件远不及我的普通女工。我曾经在街上遇见过他们，他的妻子并不漂亮，穿得也比较朴素。有一次迎面遇到他，他问我是不是结婚了，我说没有。他说："我的爱人跟你比，在条件上没有什么优势，但她却体贴我照顾我迁就我，这是你不能给我的。小汐，我希望你幸福，也希望你明白，男人到底需要什么。”

他不知道，他已伤透了我的心。他同样不会明白，我需要的到底是什么。

事业与爱情，令我饱受压力

我失恋后，有不少亲友同事给我介绍过对象，那些男子对我的第一印象都很好，但我总是习惯拿他们与岑强比较，眼光越来越挑剔，发现他们身上总是存在着这样那样的缺点：不是读的大学不如我的好，就是薪水不如我的高；不是长相不太顺眼，就是衣着没品位；不是职位太低，就是收入不高……

对这些缺点我不能容忍——难道我能和这种不完美的男人结婚？我的青春岁月越来越少，我已经没有耐心像当年改造岑强那样去做了，但是对我来说，婚姻在我的生命中只能有一次，它必须要合乎我的期望值。我希望爱一个人能爱上一辈子，对方也一样。这样的人可遇而不可求，我已经错过了岑强，不想让自己的爱情再次受挫，于是我只能一次又一次地失望。而我的归宿，也成了父母的一块心病，他们为我的婚姻问题操碎了心，由于我对相亲对象的一再拒绝，使他们在亲友面前很是尴尬。

唯一让我骄傲的，是一毕业就能到这个大公司工作。我仍然像读书时那样，把自己所做的事情做到最好。因而，今年初我得以升任财务部经理。升职以后，我发现同事们慢慢和我疏远了。以前我可以一个人努力，可做了主管之后，就必须得到同事们的配合，他们却不是懒惰就是粗心，这让我心里很不是滋味。我批评他们，向他们提出严格的要求，不是为了公司和他们好吗？可他们却不领我的情，还议论我，说我鸡蛋里挑骨头，脾气古怪，怪不得嫁不出去。我自问并不是这样的人，我的出发点，只是希望下属做得更完美一些而已，他们为什么要这样对我呢？

事业、爱情，这两样烦心事压在我心头，使我透不过气来。以前我事事走在别人的前头，而现在，我觉得自己落伍了，偏偏我又是输不起的人。这一个月，我可能是想得太多了吧，变得非常健忘，已经有了若干次开门忘了拔下钥匙、出门忘了把门反锁等“不良记录”，以致我不得不反复检查。就像刚才出来的时候，我走到楼梯口，忽然想起好像忘了关好煤气，可回到厨房一看，开头拧得紧紧的。我觉得自己是哪儿不对劲了。可到底是哪儿不对呢?

[心理解码] 宽以待人，克服完美这种缺陷

心理学上所指的完美主义者，是那些把个人的标准定得过高，不切合自身实际，并带有明显的强迫倾向，要求自己去实现不可能达到的理想目标的人。这是人格的一种缺陷，极易导致神经症的产生。

林小汐就是一个典型的完美主义者，由于母亲在她童年时就用过高、过于完美的标准来要求她，使她养成了对自己和别人特别苛刻的习惯，无论在事业和婚姻方面，她都给自己定下了过高的标准，不仅用来要求自己，还拿来要求下属与男友，因而在工作和生活中深感疲惫，在爱情上一无所获，才会沦为“剩女”。

由于工作上的压力和感情上的不如意，她产生了轻微的强迫症症状，如出门后还要返回检查煤气开关等，但持续时间还不算太长，只要注意心理调适，这种症状是可以消失的。针对林小汐的这种情况，建议她采用以下方法改变自己的现状：

要重新确立评价自己和他人的标准，改变以前过高的、完美的标准，以切合实际的、宽容的标准来要求自己和他人，多发现自身和他人的优点，并且学会赞美自己和他人，人际关系会逐渐改善。

要正确认识到十全十美的对象是不存在的，要学会容忍别人的缺点，重新调整自己对婚姻的期待值。在今后结识另一半的过程中，要善待对方，尝试与对方多交往，宽容看待他，多给他一点尊重与自由，还是可以找到自己的幸福的。

在工作中，要协调好与下属的关系，不能以苛刻的态度对待他们，而应该体谅他们的难处，多替他们着想；对待自己也是一样，要容许自己出现错误和挫折，并且正确地对待，消除内心的负疚感。因为在这个社会，事事出色的人毕竟是极少的，要看到自己的理想与现实之间的差距。这样，才能减轻心理负担。

做一个在事业上出色的人，也要做一个在爱情和婚姻上有所收获的人。脱离了“完美”缺陷的女人，即使已不再年轻，同样可以收获美丽的爱的春天。

二、重逢时，我不再选择逃避

口述/林若

只有逃避才安全

我是个敏感的27岁女子，在写字楼做白领，拒绝一切爱情和友情。看着同住的女孩许琳沉浸在热恋中的甜蜜劲儿，我却没有丝毫羡慕。10年前的那次伤害，已经使我的心灵包上了一层厚厚的硬茧，自己一个人待着，才会让我感到安全。

那年我17岁，正是情窦初开的年纪，暗恋上了一个爱好文艺的男生，常常对好友诉说我对他的感觉，好友却一股脑儿告诉了他。那天我在班上领读，他径直走上讲台，将我羞辱了一番。有句话我至今仍记得："哼，也不拿镜子照照自己，长成这副模样，也配喜欢我？"每次见到我，他都会往地上吐一口唾沫，以示轻蔑。

我的"想入非非"传遍全年级，我成为被人背后指点的对象。我自尊心深受伤害，想逃离这个环境，于是努力学习，以令人惊异的好成绩考上了外省大学，毕业后在省城找到了工作。

我已不是当年的那个丑小鸭，我做了牙齿矫正，摘了宽边眼镜，将蓬松卷曲的头发拉直，学会了修饰自己，一身时髦打扮。因为父母离异，我还改了姓名，彻底向过去告别。可我懦弱的性格无法改变，我害怕别人异样的眼光，也担心努力得不到领导的认可。我也渴望有两三知己，一个体贴我、爱我的男友——那个他有着英俊的外表、渊博的学识和高尚的人品。可这只是幻想罢了，我已不敢去尝试。

吃晚饭时，许琳又开始跟我念叨她的男友。我边吃边礼貌地笑着，基本上都是在倾听。她开始给我揭谜底了："他叫洪利文，是我表姐的大学同学。明天他要来我们这里吃饭，林若你不会有意见吧。"她知道我不喜欢陌生人特别是陌生男人来这儿，就给我打了预防针。

刹那我心乱如麻，这个名字刺痛了我。他，是我逃避的根源。夜深了，我依旧醒着：明天，是逃避他还是面对他？我想了很久，终于决定了：我的痛苦因他而起，一个不懂得尊重他人的人，他的爱值得相信吗？我要向许琳证明：他并非值得托付一生的爱人。

重遇一刻，我要征服他

洪利文来了。许琳的脸上飞起幸福的红晕，向我介绍了他。他除了些微发福，变化不大。我压住心头的悸动，伸出手："林若。"

他已不认得我，笑笑："林小姐有点面善。像你这样漂亮的女孩，不多见啊。"

"是吗？"我也笑，压住心头的嫌恶，"许琳你的男友真会讨人欢喜"。

我们炒菜，吃饭。我偷偷地看了他几次，发现他的眼光也往我这边扫。我故意妩媚地朝他笑了一下。为了让他尝到失恋的痛苦，我要征服他。

星期六许琳回了母亲家。我依旧沉迷在电视播放的爱情剧旦，它是我远离现实的一种方式。门铃响了，是洪利文，堆着一脸的笑："许琳不在吗？"

我请他进屋，恨意压过了我的恐惧，可笑容还在："她回家了。没告诉你吗？"

他开始解释，一种无话找话的无聊。看着他，我脑中不时浮现一幕幕往事，有一种想逃离的冲动。可我终于忍住了，跟他说些言不由衷的话。

后来洪利文便常常来我们的住处玩，我一直都在，但许琳有时不在。就在闲聊中我们渐渐熟络起来。有天晚上，我做饭给他吃。喝了一罐"蓝带"，我的话忽然多了起来。我说着对许琳的羡慕，说着自己无望的爱情，然后用眼睛盯住了他："如果再给你一次机会，你会选择谁？"

他笑了，趁势捉住了我的手。我的手微微地抖着，挣脱出来："这样，对许琳不公平吧？"

"如果你不介意的话，我和她的事拖一段时间再解决。我一见到你，就有种相见恨晚的感觉。"

真是本性难移，我暗骂，却假装一脸幸福地点了头："其实，只要喜欢一个人，做他的情人我也心甘情愿。"

洪利文离开后，我长舒了一口气。事情正在向有利于我的方向发展。我去买了一台带有摄像头的手机，办好入网手续后把号码告诉了他。

我和许琳晚上在家的时间错开了。有次在饭桌上，她诧异地问："以前你不是老窝在家里不出门的吗？现在怎么转性了？"

我索性一骗到底："我学了新课程，英语口语，一三五晚上上课。"

对我而言，这是个相当合理的解释，她就不问什么了。

我与洪利文的感情急速"升温"，三个月后，就变成了在人少的地方手牵手的一对情侣。他亲吻我，我强忍住心头的嫌恶，在他意乱情迷之时，悄悄地打开了手机……

原来敢爱敢恨是这么痛快的事

和洪利文走到这一步，我不能再像当初那样时刻注意自己的形象。我告诉了许琳自己的过去，以及和洪利文现在的交往："我和他，已经不是一般的朋友关系。"

"你骗人！"许琳的泪刷地流下来。

"我这么做，只是想让你认清，他不是一个正人君子，不值得你去爱。"我愧疚不已，把手机上的照片调了出来给她看，"你应该清楚，我这样的人，要和一个男人交往，需要多大的勇气啊。"

我们决定联手对付洪利文。许琳给他打了电话，说自己这几天出差。我则用惊喜的口吻告诉他，今晚就我一人在家，约他来这里共度二人世界。

不到七点，洪利文就喜滋滋地到了家里。我做了他喜欢的红烧鸡翅，他赞不绝口。我问："许琳一定做得更好吃吧？"

"她？还欠点火候。和你比，她什么都差一点。连脾气都差一点，常常怀疑我认识了别的女人。而你，多好，一点也不介意，愿意和平共处。我迟早要甩了她的。"说着，他挽起我的手，细细端详："你连手都长得这么标致。如果和你在一起，我一定会好好照顾你……"

"你甩了她，我就会和你在一起吗？你错了，洪利文。你还记得薛芸，那个当年被你羞辱的女生吗？她因为你，不断地逃避过去，逃避友情和爱情，在孤单中痛苦了10年。我就是她！"

"你……"他张口结舌，"那时我还小，不懂事……"

"读高三了还不懂事？"许琳说着，从房间里走了出来。在他尴尬的当儿，我们两人合力，一人打了他一个耳光，宣告和他分手。

他狼狈地摔门出去时，我们哈哈大笑起来，笑出了眼泪。

“没想到，打人耳光这么有趣！”我说。换了以前，我只能把一切藏在心里，不敢说出格的话，不敢做出格的事。而这一次，我终于感到敢爱敢恨是多么痛快的事。

终于学会了快乐面对

我和许琳成了好朋友。很久没有和人谈过心，我将内心的郁闷一点一点地倾诉出来，心头顿时轻松起来。

“你真傻，竟然为了这么一个人而痛苦了这么多年。如果我是你，就会当着他的面质问他：‘就算我长得再丑，喜欢一个人又有什么错？’一个人只要自信，就不会太在意别人的看法。你太在乎自己在别人眼里的形象了，所以才会受到这么大的伤害。”她拍拍我的背。这个24岁的姑娘看待问题比我成熟多了。

知道我为什么拒绝别人的感情之后，许琳带我进行了心理咨询。医生说，我拒绝与人交往，这是逃避型人格障碍的表现。要改变这种长期养成的心态是相当不容易的，需要一个循序渐进的过程，一定得找个人做我的监督者，才能有较好的疗效。

虽说面对洪利文时，我表面上似乎已经摆脱了逃避的困扰，其实这一切是在演戏——内心的愤怒使我迈出了这重要的一步。可当生活恢复常态时，我又开始变得战战兢兢。

许琳鼓励我：“你第一次已经做得这么好，如果和善良的人在一起，就更应该充满信心了。”她带我认识她的朋友，先是一个，再是两个、三个……在聊天和聚会中，我慢慢地找回了久违的快乐感觉。原来，和人交往是这么快乐的事啊。工作中的我，也开始迈开步子，勇敢地去做以前没做过的事了。

一年以后，我恢复了正常的生活，学会了快乐地面对一切。那天在计算机培训部，我终于邂逅了我的白马王子。在我忙乱地捡着散落在地上的资料页时，他走了过来：“我来帮你吧！”四目相对时，我有了触电的感觉。现在，我正和他处在热恋当中……

[心理解码] 重建自信，直面逃避的过去

17岁时因暗恋被人奚落，使自尊心极强的林若受到了致命打击。她害怕与人深入交往，不敢恋爱和交友，处于孤独之中。喜欢倾听，不爱表达，却十分敏感。这种过分逃避现实的行为，是逃避型人格障碍的表现。

具有这种人格障碍的人，会普遍地疏远他人，甚至疏远自我，在自己与他人之间保持感情的距离。他们常常有意无意地回避以任何方式在感情上与他人发生关联，无论是爱情、友情，还是合作、竞争，因而常常给人孤僻害羞、墨守成规的印象。因为骨子里的自卑，他们害怕被人拒绝或嫌弃，对爱情总是远远避开，成了彻头彻尾的逃兵，又怎会不“剩下”呢?

与伤害过她的洪利文重逢，使林若有了面对致病原因的勇气。她的行为虽出于报复目的，但对于一直在退缩和躲避的她来说，终于敢于面对过去，已经难能可贵。刚刚开始，她就像一个演员，在扮演着一个与现在的她完全不同的自己。而这，正是她摆脱过去的第一步。

顺利报复了洪利文，林若终于明白了敢爱敢恨是生活中应有的正确态度。在生活和工作中，逃避绝不是保证自身安全的好办法。把压抑在内心的感情和想法表达出来，才能够放下心头的负担，轻松地面对现实。

一个人是否快乐，取决于他的生活态度。逃避型人格障碍的治疗，首先是要重建自信，正确地评价自己，给自己以积极的心理暗示，相信自己并不比别人差，同样会受人喜欢；要在监督者的督促下，逐步改善自己对他人的态度，扩大交际的圈子。

在许琳的帮助下，林若终于借梯级式的训练顺利地摆脱了逃避的阴影，勇敢地面对现实，重获友情，收获了爱情。只要快乐面对，便会得到快乐的心情，爱情也会早日降临。

三、偏执作怪，我越来越孤单

口述/叶欣然

慢慢地，孤单缠上了我

我最喜欢的歌，是刘若英的《一辈子的孤单》。在日光晴好的上午，一

遍遍地听着这熟悉的旋律，我的心便一点一点地沉下去：为什么？为什么我会这么孤单？

小时候，母亲说我是一个人见人爱的小精灵；我的书也读得很好，是老师眼里的宠儿。我过了一段被人放在手心里的日子，每每见到同学们钦羡的目光，心里就止不住得意。

我可以随心所欲地向父母提出各种要求，只要他们不答应，我就撒娇，就哭闹，直到他们满足我为止。谁叫他们只有我一个女儿呢？不知不觉中，我就被捧成了骄傲的“小公主”。

可是，好景不长。考进市里的重点中学以后，班上聚集了从各县区上来的尖子生，我的成绩没法拔尖，受到了老师的冷落。我看到班主任看刘丽的眼神特别慈爱，就很不服气：她不就是考了第一名吗？不就是靠勤奋嘛，半夜还打着手电看书，论智力，她能及得上我吗？这种嫉妒就像一条不时钻出来的虫子，咬着我敏感的心。当然，也有同学嫉妒我，因为我还是排在前二十名，他们也看我不顺眼。

我渐渐地疏远了同学和老师，因为他们都用一种异样的眼神看着我，有时说话也不顾我的感受。有几次我回寝室，本来那些同学还聊得热热闹闹的，可一见到我就不作声了，这不是背后说我吗？有一次我还差点和笑得最大声的刘丽闹起来。从这时起，我才发现自己在这个学校竟然没有一个朋友。孤单，就是从那时起缠上我的吧。

大学里，我有了温暖的慰藉

上大学了，我摆脱了困扰我的人，到了一个完全陌生的城市。但是，性格是难以改变的，在那里，我还是不合群，别人对我的态度也还是有些异样，可我的心情好多了。因为，我认识了费依依。她是我的室友，报到时我和她先后到的寝室，是她帮我整理好了床铺，对人又热情大方，我难得地消除了对陌生人的戒心，对她产生了好感。虽然我在班上没什么朋友，可有她和我在一起，我就觉得不再孤单了。

费依依是个挺热心的人，她看我不是活跃的人，就悄悄地问我有没有男朋友。我说还没有呢，她就神秘地说，她有个同学也在这儿念书，人挺不错的，要不，周末咱们一块上街逛逛？

在校门口，一个高高瘦瘦的男生等着我们，看起来人挺老实的，他就是何力。和他玩了几次，他就对我表示了交往的意愿。费依依告诉我，他认为我这种性格蛮好的，做事特别认真细心，又有毅力，再说人也长得漂亮，是个不错的女友人选。这话听得我心里美美的，好久都没人这么夸我了，何力对我的态度，确实让我找回了自信。

因为在同一所学校，何力经常陪着我，我生病时又帮我打饭、提热水什么的，周末又一同看电影，到外面消遣，正大光明地和我来往，我也对他特别放心。再说，还有费依依这个中间人呢！

那段时间，我的心情挺好的，何力和费依依，成了我温暖的慰藉，我的愿望就是和何力一直都这么开心，永远在一起，不要分开。

朋友和爱人，离我越来越远

毕业以后，我们三个人都留在了同一个城市，何力和依依成了同事，我则应聘到了一家大工厂做文员。在那个厂里，办公室人员很多，个个勾心斗角，喜欢背后说人坏话。我知道，自己长得不错，工作也挺出色的，肯定会成为某些人“前进”的障碍，少不了也会被人搬弄是非。那些人看到我不是爱理不理的，就是特别热情，要不就偷偷打我的小报告，总让我觉得动机不良。特别是那几个已婚男子，笑眯眯地问我要不要帮忙，色迷迷的，我干脆就拒绝了。总之，这个工作环境让我感到非常不安全，

这些烦恼事我只能在何力面前发泄了，不然，堵在心里多难受呀。何力最初还津津有味地听我讲单位的事，任我发脾气，叫我看开一些。但是到了后来，他就有点不耐烦了，一听我说这些事，就心不在焉。我的感觉挺敏锐的，知道他已经不像以前那么关心我了。

既然和何力发泄没有用处，我就想得到他的保护，要到他的公司应聘，好相互有个照应。可他说，恋人做同事，工作不大方便。我也就听他的了。在这个厂里，我没有一个关系好的同事，平时都是独来独往，感觉难受极了。

但我没有想到，何力不让我到他们公司应聘是有原因的，那就是方便他和费依依私下交往。本来我也不想这么猜疑这两个关系和我最亲近的人，可我不得不疑心啊。最近何力说加班，每天都回来得很晚，我问他干什么，他说最近公司接了不少的订单，忙得很。我特地在他公司附近等过他好几次，都没发

现什么异样。

可是，有一天晚上，我却看见他扶着依依走出公司大门，叫了辆的士。原来，他所谓的加班，竟然是为了和依依在一起！那天晚上，虽然他后来不到20分钟就回到了家，但我还是和他冷战了。我还特地打电话去试探依依，她承认是何力送她回的家，因为她的脚崴了。有这么凑巧的事吗？两个人瞒着我，都不知道干了什么！

何力说，你又不是不知道，费依依已经有男朋友了！我说，那能证明什么？她男朋友又不在她身边，她移情别恋不是很正常的事？何力气得说了一句“不可理喻”就不理我了。他的同事也串通起来包庇他们，抢着帮他们证明，我会相信吗？我可不是那么容易被糊弄的。

以后我就开始警惕他们了，我规定何力晚上不许和依依在一起。他说我小气，说我不相信他。因为这事我们吵了不知多少架，关系越来越疏远，我只好搬出了他的公寓，回家和父母一起住。我和依依的关系也变得尴尬起来，在街上遇见了连招呼都不打。

误会解开，却无法挽回爱情

最后一次见到费依依，是在汽车站。一个帅气的男人帮她提着大包小包，和她一起在候车室里等车。因为面对面和她碰上，我只得尴尬地冲她笑了一下，同时她已经叫出了我的名字。

她告诉我，这男人就是她在老家处了好几年的男朋友，他们“十一”就要结婚了，她已经辞了职，回老家找工作去。我问：“那……以前你还来这边工作，直接在老家找不就行了吗？”

她指指男友说：“我不是想考验考验他嘛！再说，这里竞争更大，我想先证明一下自己。”

这理由竟如此简单，我错怪了她，也错怪了何力。可是，道歉已经太晚了，她回去以后，可能我再也没机会见到她了。

我给何力打了电话，但他的语气冷冷的，我说了好几个对不起，问他，我们还有没有机会再开始。他回答：“没有可能了。我们还是恋爱关系的时候，你就开始瞎猜疑，如果真的结婚了，还不三天两头查问我啊？到那时被你折腾惨了，我后悔就来不及了。”

他的话实在太绝情了，听得我浑身都冰冷了下来。他是除了父亲外，这世界上唯一一个对我好的男人，我却用自己的多疑推开了他，同时推开的，还有我曾经的好朋友。我的爱情，已经无法挽回了。

我越来越感到孤单，和同事的关系处不好，别人看着我觉得我怪怪的。我再也没有谈过恋爱，也没有人给我介绍男朋友。尽管我的父母都很着急，但他们也无能为力。而我自己也明白，相亲的对象本来就没有感情基础，更容易出现这样那样的问题——何力对我这么好我都怀疑，何况其他人呢。没人和我交往，我更省心。

可每到一个人静静待着的时候，我的心里还是会有一阵阵的空虚感，觉得孤立无援。老了以后，我可怎么办呢？想想就害怕。我为什么会走到这一步呢？性格决定命运，莫非，是我的性格出了什么问题？

[心理解码] 矫正偏执，远离嫉妒与猜疑

为什么叶欣然会如此孤单？这是偏执型人格障碍的必然结果。偏执型人格，又叫妄想型人格，是一种病态人格。由于她童年时期得到家长和老师的宠爱，形成了以自我为中心的心理，一到了不符合自己理想的竞争环境，就容易形成固执、多疑、敏感、自以为是的性格。

在这种性格的支配下，叶欣然的心胸变得狭窄，看待事物戴上了“有色眼镜”，常把别人并无恶意的表示看作是轻视她或针对她的行为，因而造成许多误会，从而难以与他人相处，至于和自己朝夕相处的爱人，更是她猜疑的对象。明智的男人，自然不会挑选这样的女性做恋人和配偶，所以具有这种人格特征的女子，很容易便踏入“剩女”行列。

因此，无论是为了自己今后的人际关系、事业还是爱情，欣然都要及时在心理医生的帮助下矫正自己的心理状态，防止症状进一步发展。如果矫正不及时，还有可能在严重刺激下恶化发展成为有病理性妄想的偏执型精神病。

对偏执型人格障碍的矫正，主要采用谈话疏导疗法。患者要主动配合医生，把自己的想法和表现如实向医生反映，以求得到医生的有效帮助，对照和反省自己的心理和行为，进行自省，循序渐进地克服自己的个性缺陷。要克服偏执型人格障碍，需要较长的时间进行矫治，具体可以依照认知行为疗法进行训练：

1.应该认识到这个世界上绝大多数的人是善意的，学会对人微笑，并且理智看待别人对自己的态度，提醒自己友善待人，不要对他人抱着敌视的心理。

2.要克服嫉妒心理，认识到“尺有所短，寸有所长”的道理，正确看待自身的优缺点，明白别人超越自己也是正常的，对别人的长处要虚心学习，不能随意诋毁。

3.与朋友和爱人相处时，要多理解，多信任，不能随便猜疑。如果对某些现象有所怀疑，应该多听取他人的意见，尊重客观事实，改变从主观出发的立场。

4.主动和身边的人交流，逐步改变他人对自己以往的印象，尊重对方，与人友好相处，学会宽容，渐渐地就会感受到融入人群的乐趣，不再孤单。

人缘好了，也许期待的缘分，就会在不知不觉中到来。

四、异性恐惧：谁能抚平我心底的创伤?

口述/沈微微

那个秘密，是我心底最深的伤

我一直都有一个秘密，不曾告诉过任何人。我以为藏在心底，就能渐渐地把它忘掉。

那年我11岁，读小学六年级。父母都出外打工了，我和奶奶住在同一个村子里。因为两家隔得不远，我就自己一个人住。我那时是个活泼的女孩，村里的孩子都喜欢跟我玩。其中有一个初中毕业以后不读书的男子，成天游手好闲，和我也玩得很好，我管他叫哥哥。他喜欢到我家玩，而且待上很久。

有一天晚上，已经9点了，我从奶奶家吃饭回来，在路上见到他，他问我有什么好玩的。我说没有。他就说他觉得很无聊，干脆到我家和我玩。我很高兴地答应了，和他一起回到家里。我找出食物招待他，和他一起打扑克，开心极了。谁料，我意想不到的事情发生了。

趁我不注意，他关上大门，熄了灯，对我说：“你这么可爱，我很喜欢你，我能不能做你的男朋友？”说着，就伸手撕扯我的衣服。我不知道他到底要干什么，但我知道他要伤害我。我要逃，可是在黑暗中却被脚下的木凳绊倒。

他又跟上来，抱住我，说：“不要紧的，我只想跟你好，又不会害你。”我的心怦怦跳，我不知道自己怎么会有那么大的劲，居然挣脱了他，尖叫着跑开，终于摸黑打开了门栓，跑到院子里放声大哭。我的哭声吓跑了他，以后他见到我就躲闪，不久就到广东打工去了。而我，惊惧的心许久都没有平静下来。

以后我习惯打开灯睡觉，并且用桌子堵住门，才能踏实地睡着。我害怕有风有雨的夜晚，因为风摇动树梢的影子印在窗玻璃上，还有刷刷的雨声风声，都会让我回忆起那个可怕的夜晚，还有那个可怕的人。

还好，我的学习成绩没有因为这件事受到影响，第二年我考上市里的重点中学，离开了那个让我伤心的地方，也得以和父母团聚。可我觉得自己是一个被抛弃已久的孩子，他们根本无视我的存在。出于女孩子的羞涩，以及与他们关系的疏远，或许最主要的还是不想让他们担心，我从没向亲人透露过这件事。他们回家乡时，我都借口学习忙没有回去。

想爱又惧怕爱，只因心底有伤

从那以后，我刻意和男同学保持距离，因为工作或学习的原因与他们交往，从来没有想过他们是异性，心里也就坦然了。大学毕业以后，我在一家建筑公司找到了一份会计工作，需要和不同的人打交道。因为我性格里还保留着一些外向的成分，而且把和我有业务来往的男同志都当作家里的兄弟一样看待，所以在单位里的人缘还算过得去。也有男孩子追求过我，但我都拒绝了。我知道自己是在逃避，逃避心底里那个可怕的记忆。这一辈子，我恐怕与婚姻无缘了。差点被欺负的那个晚上以后，我相信自己不会再爱上任何一个男人，因为我怕他们会伤害我。

直到何新出现，我的想法才发生变化。那次我们单位和市机械厂举行联谊活动，我本来不想去，可是和我关系最好的同事李琴硬拉我去。在那天晚上，我见到了一个长相敦厚老实的男子，他说要和李琴多聊聊，可是眼睛总是有意无意地看到我这边来，还向我问这问那。后来，李琴告诉我，他叫何新，是她的老同学，机械厂的工程师，26岁了，还没有谈过恋爱，对我第一印象很好，问我有没有意思和他交往一下。我当然一口谢绝。可没想到，他要到了我的手机号码，常常打电话问候我。对于他的追求攻势，我有点慌乱了，急忙对李琴说，让他不要再打来了。

我再也没接到过何新的电话。但很奇怪，在图书馆、时装店、书城这些我常去的地方，我都见过他。每次遇到我，他都会给我一个微笑，然后说："真巧啊！"是啊，本不相信缘分的我，开始有点相信了。他的善解人意很让我满意，比如看到我抱一大堆书，他会帮我接过去；下雨的时候，我没有带伞，偏巧他就有伞可以借给我。最后，他的锲而不舍终于打动了我。

我其实并不是害怕爱，只是害怕受到伤害罢了。何新是个老实忠厚的人，能够给我安全感。于是，国庆节他约我出去玩，我很爽快地答应了。就在那一次，我犹豫了很久，才答应做他的女朋友。我们一起聊天、吃饭、散步，不知不觉中感情越来越深了。

可是，作为情侣，我们从来没有牵过手。每当他伸出手来，我都下意识地将手缩回去。我知道，那种对异性接触的恐惧，在我心中已经根深蒂固。虽然，在何新的呵护下，那个旧伤痕已经越来越淡，但始终藏在我心里，在不经意间就会隐隐作痛，所以我很害怕男的碰我。

我甚至产生了一种很天真的想法，希望我和何新的感情是一种精神上的恋爱。有一次我曾经很认真问他这样好不好。他用一种很奇怪的眼神看着我，好像很痛苦，考虑了一会儿才答道："好吧。"我觉得他的回答有些勉强，也许我这样做，是太不顾及他的感受了吧。

人都是有七情六欲的，而且恋爱谈到一定程度还是要结婚的，如果只谈精神上的恋爱，这样对他很不公平。但，我却没办法说服自己。谈恋爱以来，他从来没有碰过我，这一点使我相信，他真的爱我，尊重我。因为他的爱，我相信自己会淡忘掉以前的痛苦，一点点地走出内心的阴影，重新开始生活的。我也想过，有一天，我可能也会像其他人那样，和何新亲密地手牵手走在大街上。

记忆复苏，我的恐惧又再加剧

不料，回老家参加表姐的婚礼，我在婚宴上见到了当年企图侵犯我的那个人，我的记忆又复苏了，我又回复了以前的恐惧。晚上，我常常感觉到身后好像有那个人的影子，一个人走夜路的时候常常心跳加速，睡眠也变得不正常。白天，神情恍惚，工作也出现过一些小的差错。何新察觉了我的异样，问我怎么了，我只是推说工作忙，太累了。

一个周末晚上，何新约我到江边坐坐。我先到了，一个人在灯光模糊的地方坐了一会儿，就觉得心里发凉。没想到有人趁我不注意，在我身后用手蒙住了我的眼睛。我的恐惧达到了极点，不自觉地尖叫了一声，用力地拨开那个人的手，并且全身不停地发抖，伤心地哭起来，直到很久才恢复平静。

我头脑清醒以后，才发现那个人就是何新，他不停地向我道歉，并且问我到底怎么了。他说，无论如何，他都会想办法帮我的。

可是，童年的那件可怕往事，有必要告诉他吗？我这种恐惧男人的心理由来已久，现在又没有改善的迹象，他知道后，会不会对有心理问题的我产生戒心，进而离开我？我想想还是沉默了，笑了笑说，没有什么，只是这里太暗了，我有点怕。

我已经在心里做了决定，要离开何新了，尽管有点舍不得。但他完全有资格去爱一个心理健康的女孩子，我不该拖累他的。后来，他约过我几次，我都以工作忙为由没有出去，再后来，我就告诉他，其实他并不适合我。现在，他已经和同事结了婚，并有了个活泼可爱的儿子。我想，这样的幸福，我是给不了他的。和他分手，是我最明智的选择。

这几年，我再也没有谈过恋爱。守在自己的房子里，我觉得很安全。但我越来越受不了周围人异样的目光，对别人好奇地问我为什么还不找个对象，不结婚，我只能敷衍着说没有合适的。也许，我真的应该从这种恐惧中走出来，可是，我找不到抚平我内心那个伤痕的办法……

[心理解码] 抚平伤痕，是漫长复杂的过程

有的人之所以不敢谈恋爱，并不是没人追求，而是内心对异性产生了恐惧，不敢与之进一步接触，以免产生不安全感。久而久之，便与爱情绝缘了。

沈微微的反应，是异性恐惧症的一种表现。异性恐惧症是一种以恐惧症状为主要临床表现的神经症。患者对与异性交往或接触感到莫名害怕，并主动采取回避方式来解除恐惧与焦虑，其实害怕的程度与实际危险存在较大差距，甚至并无危险。发作时会有诸如心率加快、身体发抖、脸红、出汗等植物神经

症状。患者出现回避的行为，虽然知道恐惧是不合理、不必要的，但是无法控制。

沈微微对异性触碰产生的恐惧，跟她童年时险被侵犯的往事有关。虽然她一直想要淡忘这个痛苦的经历，男友何新也使她对异性回避心理有了较大的改观，但是过去企图侵犯她的那个人重新出现，触发了她的恐惧心理，出现了较强的恐惧症状。要使她彻底解开这个心结，抚平心中的旧伤痕，是需要一个漫长复杂的过程的。

异性恐惧症可采用心理治疗和药物治疗，但由于药物治疗副作用较大，一般不建议使用，心理治疗才是最安全有效的方法，但必须要得到病人和亲友的大力支持。具体的治疗法有以下几种：

一是精神分析疗法：回想恐惧症产生的根本原因，在精神分析上称为消散，即用回忆不愉快经历来找出怕的根源，找出潜意识中存在的问题，以便对症下药。

二是系统脱敏方法：主要采用想象的方式，辅之以放松训练，充分想象当时的情景，按照恐惧的程度循序渐进，使感官逐步接受刺激，对刺激的恐惧程度逐渐降低，最终达到症状完全消失。

三是观察疗法：通过观察他人怎样做，从样板的身上汲取力量。可以多到亲友家中，看看别人温馨的小家庭生活，目睹几对夫妻、情侣之间的亲密关系，认识到异性之间的交往和接触是很正常的事，异性当中心怀叵测的人只是极少数，在潜移默化中逐步消除对异性的恐惧。

只要想到结果是安全的，放松心情，恐惧就会慢慢地减轻，就能一步一步地摆脱。经历这一漫长的改变过程，就会明白，男女交往不是恐惧和负担，而是两情相悦、爱意绵绵。

五、害怕失败和成功，我的爱情一无所获

口述/金玫

低调，是管教的结果

有人问过我，婚姻不顺的原因是什么，我脱口而出，大概是太低调了吧。这也是我自己思考后总结出来的答案。

我的相貌可以称得上是漂亮，小时候也没少人夸过我，我妈也曾经高兴过，但是读小学以后，她就不喜欢别人这么说我了。假期我才有好看点的衣服穿，平时都是穿校服，我妈还让我剪了个齐耳的短发，总之就是要把我打扮得不起眼。我要是兴冲冲地跑回来告诉她老师挑我表演节目了，她就打电话给老师，叫老师别选我。她就希望我把心思放在读书上，别太出风头了。用现在流行的话来说，就是做人要低调。她是教师，很在乎自己的名声，不希望自己的女儿成为被人议论的对象。

为什么我现在打扮得这么漂亮了？也是我妈叫的呗。她现在急了，怕我嫁不出去，就让我注意形象。现在才这样，是有点晚了吧。

我不是那种叛逆的孩子，所以，我妈叫我怎么做，我都听话地去做了。可她一定没有想到后果，我慢慢养成了这种习惯：无论做什么事，都不会掉到最后面让人笑话，也不会抢在前面成为引人注目的对象。我妈虽然希望我的成绩能够拔尖，但我一直处在中游，她也没有再催促我。我读了个普通的二本，找了个一般的工作，对我来说这没有太强烈的竞争，正是我喜欢的。

至于在爱情方面，我是个失败者。我妈都快愁白头发了，她后悔管得我太严，虽然我在读书时没犯过感情方面的错，没让她在同事和亲友面前丢脸，可现在，我结不了婚，她的脸可丢大了。

害怕失败，我的暗恋无疾而终

其实我不是没有爱过人，也不是没人追求过我。我记忆最深刻的一次，是初三时坐在我座位后面的一个男生给我写了封情书，他说我性格温柔，笑起来特别好看，他很喜欢我的笑容。我看到了心里一阵慌乱，这个男生并不惹人讨厌，他还是班上成绩比较好的学生。

这封信在我妈检查书包的时候被发现了，她怒不可遏，先审问我有没有接受那个男生，然后就跟她的同事——我的班主任——联系了。班主任没有在班上提过这男生的事，但把他叫到办公室去了。

当那个男生脸色苍白地从老师办公室回来，至少有好几周提不起劲儿学习的时候，我知道，这次被老师“教育”给他的打击有多大。至于老师有没有告诉他父母，我就不清楚了。我有段时间都不敢面对他，也再没跟他说过话。后来，他的成绩还是赶上了，考上了重点高中。我的愧疚感才减轻了。

那个男生的遭遇，以及我的同学、朋友追求失败的前车之鉴，让我没有勇气去承受感情的失败，更不可能迈出主动追求这一步。读大学时我暗恋上了一个师兄，他的言谈举止时常盘旋在我的脑海里，他的一切消息都是我关注的内容。那种因为喜欢而纠结着要不要去表白的心情，至今还是那么清楚地留在我的记忆中，因为实在甜蜜，也实在痛苦。

我的好朋友江映成了我的“垃圾桶”，她再也忍受不了我的祥林嫂式的唠叨，看着我这模样也实在难受，于是催我向他说出来，要是不敢说，就写信；连写信都不敢，她帮我说。

这可把我给吓坏了，要知道，万一师兄根本看不上我，我受打击不说，我求爱的事更有可能成为笑柄。我求她替我保守秘密，再过段时间我就不想他了，会慢慢好起来的。她恨铁不成钢，只好同意了。

我拼命地压抑着自己的情感，却怎么也管不住自己朝着他转的目光。我常常潜伏在他出现频率高的图书馆、礼堂、食堂，期待与他见上一面。即使他不注意我，我也不在意。

我对师兄的暗恋持续了一年多，直到他谈了女朋友。江映说，其实那个女的条件不如我，长得不如我好看，还喜欢闹点脾气。可是，师兄就是喜欢她，有什么办法呢。我最辛苦的一段暗恋无疾而终，成为江映数落我的一大依据。她说，如果我能勇敢地走出追求的那一步，可能现在跟师兄在一起的，就是我了。

可是，世上是没有后悔药吃的，即使有，让我去追，我也怕结果不如我愿，那我会更加后悔。后来我也遇到过几个比较出色的男人，对他们也产生过好感，可是，我真的不敢表白，我怕失败，怕丢不起那个人。

不主动，我与爱擦肩而过

上班以后，我这个年纪正好是被单位里的男同事关心的年纪。江映有了固定的男友，并在商量结婚的事儿，她那个阶段的人最喜欢给人做红娘了。

那段时间，我认识男生的机会不少，可是，只要人家一表示好感，我就想得很复杂：那人不是知根知底的，不知好不好相处，万一相处下去，合不来，又分了怎么办，别人会怎么看我呢？我能受得了那种折腾吗？于是我便拒绝了。

江映还是不厌其烦地给我介绍男友，她说，只要我克服了这种前怕狼后怕虎的心态，就可以成功。我问她，要是不成功怎么办？她实在忍不住了，嚷道："你不试怎么知道能不能成功？"

她说，这是她最后一次帮我了，这个男的在单位里任劳任怨，又有能力，很受领导赏识，在事业上挺有前途的；他人品不错，老实，认定的就不会放弃的，要是这回他看中你了，你可要抓住不放啊，过了这村就没那店了。

我只好硬着头皮，和江映一块到KTV唱歌。在那儿，我见到了江映口中的那个好男人。他一看到我，脸就红了。这就叫老实？见人就脸红，在事业上会有前途？和我想象的有点出入。江映把我们拉在一起，没话找话地说，我也就和他搭起话来。聊久了点儿，那男人的脸色才恢复正常。这么害羞的男人，还真少见，江映说，这很难得，让人放心。

当天晚上临睡时，我接到了江映的电话，说那男的对我印象不错，约我们周末一起吃晚饭。我就想不明白了：既然有发展下去的意向，他怎么不直接跟我联系，还得找传话的？

我征求了我妈的意见，她也说这样的男人安稳，应该没胆量干拈花惹草的事，事业出挑不出挑没啥，只要工作和收入稳定就成。我妈给我的定心丸一吃，我便答应和他交往下去。

这人是挺关心人的，也很能做家务——新时代难得一见的好男人。用江映的话说，如果我嫁给他，那过的就是"女王"的日子。可他实在有点木讷了，半句甜言蜜语都说不出来。我的那点小女人心思，也就是想听点好听的，他这样不免让我有些失望。

就这么不咸不淡地来往了一段日子，我对他谈不上喜欢也谈不上讨厌，他约我我就出去，我从没主动约过他。后来有一个月，他没找过我，我听说了他在工作上出了点麻烦事，也没主动去问询他。可没多久，他就托江映跟我说，他虽然觉得我人不错，但两个人都比较被动，他也不知道我在想啥，还是不要继续下去了。

我说，他可真说到我心坎上去了，我对他的感觉也是这样的。

江映很无奈，说她认识的男人都给我介绍过了，她已经无能为力了。不知为什么，我心里竟有了解脱后的轻松。

不久之后，我听说那男人找着了适合的对象，是他的同事，对他本来就有点意思，在他工作低潮期对他特别好，还主动向他表白了爱意，他感动得立马就答应了那个女孩的求爱，现在很幸福。

我又一次与爱情擦肩而过，我只能安慰自己说，这种鸡肋爱情，我也不需要。

害怕成功，婚姻在离我一步之遥时停住

我沉寂了很长一段时间，直到29岁那年，命运的脸朝我露出了一丝微笑。单位的办公室主任离职，总公司派了个看起来和我年纪差不多的继任者过来。他刚到任，就引起了姑娘们的注意，从外形条件到举止谈吐，他都属于有吸引力的那类，更重要的是，据八卦人士打探，他竟然还未婚！

有人私下议论说，要是谁有运气被他看上，那可真是幸福了！我没想到，被看上的这个人，最后竟然是我。那天公司开联谊会，他请我做他的舞伴，还悄悄地告诉我说，第一眼就觉得我很有气质，具有现在这些时髦女所没有的淡定神色。我一激动，就踩着了他的脚，没想到我喜欢的人也会喜欢我，这是我长这么大从来没有遇到过的呀。

过了些日子，他正式地向我表示了追求之意，并且把他的情况都告诉了我。他比我大3岁，家在省城，父母都是知识分子，和我倒也称得上门当户对。我犹豫了几番，还是在女同事们或嫉妒或艳羡的眼光中接受了他，因为我之前实在错过太多，现在早就进入了大龄女行列，再也等不起了。

我和他还算情投意合，有不少共同语言，在一起也感到很愉快，从外表上看也给人般配的感觉。江映说，我这么多年没有白等，总算等到一个"绩优股"了。

那天，他请我到西餐厅吃牛排，我本来已经吃饱了，但他还是要求我吃附送的那个汉堡。我咬到中间的馅时，牙齿差点被硌着，那儿竟藏着一只亮闪闪的白金戒指！他对我说，金玫，我们年纪都不小了，结婚吧，我会给你一个安定的家，你跟我回省城也行，我和你留在这儿也行，怎么样？

奇怪的是，面对他的恳切求婚，我没有别人那样的惊喜，反而一下子懵了：我还没考虑好呢！婚姻对我来说是神圣的一件事，我也无数次渴望过，可是，当它就要降临在我头上的时候，我想的却是：我配吗？我配和这么优秀的他共度此生吗？我能做好贤妻良母的角色吗？这时，我胆怯了，退缩了，尽管

我知道，这一次错过后我又不知道要等到何时。我还是缓缓地向他说出了我的决定："还是算了吧，对结婚，我还没心理准备。"

在他诧异的目光中，我离开了西餐厅。在单位里和他相遇，我们又恢复了最初的同事关系。过了段时间，他离开了，人事部的同事说他回了总公司。

这次正儿八经的恋爱，因为我的拒绝，在离结婚仅有一步之遥的时候，就再也没了下文。

碰到爱八卦的女人煞有介事地问我，看我条件并不差，为什么还不结婚时，我就冷冷地看着她说，姐姐我也谈过恋爱，也有人求过婚，只是我不想那么早进围城而已！可是，我的心很虚，因为我不知道，下一次的爱情会在哪里，还有没有人会向我求婚，而我，还会不会像上次那样落荒而逃……

[心理解码] 勇于尝试，摆脱爱情的"约拿情结"

爱情和婚姻，有的人虽然憧憬，却在机会来临时莫名其妙地抽身而逃，变成了情场上的逃兵。在大龄未婚的女子当中，这样的人不在少数。可是，没有尝试过，又怎么会知道恋爱能否成功，婚姻是否幸福？

母亲的严格管教，使金玫变得低调，她既害怕失败，也害怕成功，结果在感情路上，一再畏首畏尾，错过了恋爱的机会。即使到后来鼓起勇气谈了恋爱，可是面对即将到来的恋爱成果——婚姻，她又恐慌起来，干脆拒绝。这种心态，其实是"约拿情结"在爱情方面的表现。

渴望成功，可机遇降临时，却又开始感到恐惧，觉得自己"不配"、"办不好"，这种对成长和成功的畏惧和逃避心理，与《圣经》中的基督徒约拿在上帝赋予他去尼尼微城宣布城中的人获得赦免的崇高使命时，采取抗拒和逃跑的态度是有着共通之处的，因而，著名心理学家马斯洛称之为"约拿情结"。它来源于心理动力学理论上的一个假设："人不仅害怕失败，也害怕成功。"

不少"剩女"并非没有恋爱和结婚的机会，只是在机遇面前患得患失，结果一再与爱擦肩而过。要摆脱约拿情结的困扰，在爱情上取得成功并不困难，只要我们正确地认识自己，克服心理障碍，勇于尝试，实现自我的价值：

要自我鼓励，培养自信。要相信自己的能力，相信自己的努力会取得成功。在面临爱情和婚姻的挑战时，要向自己强调，"我能行！""我一定会成功的！”用这样的心理暗示为自己打气，鼓足勇气去追求真爱，尝试恋情。自信的女人最美丽，自信的你也会有更强的吸引力。

要调整自己的爱情目标，不怕暂时的失败，在实现目标的过程中逐步走向成功。对自己的认知要正确，懂得分析自己在情场中的优势和劣势，定出适合自己的理想爱情目标。初次恋爱便能成功的人只是极少数，明白了这一点，就可以不怕失败，在失恋时分析原因，吸取教训，在挫折中培养自己的心理耐受力，越挫越勇，直至赢得爱情的胜利。

如果想收获爱情的果实，那就把握机遇勇敢地去爱，展现一个真实而自信的美丽自我！

六、梦幻情人，理想远比现实美

口述/陈晴

仅仅一面，他在我心里生了根

你有没有试过，初次遇到某个人，便会被他迷住，从此有了刻骨铭心的感觉？我试了一次，那种感觉就缠绕了我最好的青春时光，那么多年，没有褪色。

那一年，我15岁，刚刚参加完中考，和几个要好的同学一起到海滨浴场游泳放松。我水性不错，在深水区游得畅快，没想到腿部竟突然抽筋。我吓坏了，拍打着水面呼救，同学们也惊慌失措，不知如何是好。

这时，有人游到了我身边，用沉稳的声音叫我放松，引导我怎么吸气，怎么缓解抽筋。当大腿的肌肉终于不再紧绷酸痛时，我慢慢靠近岸边，也看清了那个人的样子：他有20多岁30岁了吧，脸部棱角分明，眉毛很粗，眼神很坚定，符合我心目中“帅”的标准。在水中，我看不清他的身材，但我却记住了他的脸，还有他的声音。因为当时太紧张，我连声“谢谢”都忘了说，更别提问他别的了。

15岁正是情窦初开的年纪，就在这一次他走进了我的心，而且扎下了根。我的梦里，有时会出现他的身影，当然不是在水里，而是在景色优美的公园或堤岸上，还有开满了花的路树下。他身材高大，穿着风衣显得非常有风度。在甜蜜的梦境中醒来，我的心还是欢喜得怦怦直跳的。那就是爱的感觉吧。

我不知道他的姓名、单位，只能默默地把他的样貌记在心里。再说，我还小呢，他当然也不会喜欢一个小女孩吧，这我还是有自知之明的。我想，只要心诚，我会再遇到他的，说不定还是在一个浪漫的情境之中，就像梦中一样再遇见他。

我读书很勤奋，因为我不像其他的女生那样会为学校里的某个男生而心乱不已；我有我的目标，就是长成一个有内涵、有气质、会打扮的女人，还要有一份体面的工作。我想，这就是一个女人被人接纳的要素。

我就这样一直默默地坚持到了考上大学，高中那3年，尽管我不止一次地在假期去海滨浴场游泳，但在一片挨挨挤挤的人群里，我再也没有见过那张令我一见难忘的脸。他成为我心里的一个最温柔的秘密，一直珍藏着。

爱意坚定，我的情路一片荒芜

上了大学，自然多了认识男生的机会，也有了被人追求的机会。可是，没有人能取代那个人在我心里的位置。他们都太幼稚，不成熟，贪玩，空有一腔热情，却没看出有什么特别的地方，跟我心目中的那个他没得比。

和我玩得好的姐妹们有了男朋友后，我也不好意思老做别人的电灯泡，有时便形单影只，独来独往，于是有人偷偷地在背后议论我，说我性格孤僻。有人劝我，还是顺其自然吧，人有我有，不如也找个男朋友，谈个恋爱，都20岁了，还等什么呢？

我告诉她，其实我心里已经有人了。她问："是谁呀？我有没有见过？长啥样？哪个系的？"

我说，我什么都不知道。她笑了："哪有这样的，什么都不知道，你也能喜欢上他？说不定人家已经有爱人了呢？"

我告诉了她我15岁那年的经历，还有我对那个人这么多年来的牵挂。她当时正在喝水，忍不住喷了一口："你手上一点他的信息都没有，而且也再没见过他，你确定以及肯定你能再遇上他吗？"

看着连连摇头的她，我却没有动摇自己的决定。爱一个人，就要从一而终，因为在我心里，爱情是最神圣的，最不可亵渎的。我希望他的感情经历如我一样也是一张白纸，当然，我要好好地守护自己，让自己纯洁如初，这正是理想爱情的基础。

当然，那时还敢于倾吐内心的秘密，工作以后，我就关上了自己的心门，和同事之间保持着距离。我也知道，我这样的爱情是不为常人所理解的，他们恋爱失恋又再恋，结婚离婚再婚复婚，在这个复杂社会里，爱情婚姻的变数都很大。我的性格越来越沉闷了，心情也很不好。

七大姑八大姨看我没有恋爱迹象，一个个地用介绍对象或介绍红娘的方式来表示对我的关心，而我一概回复说不需要。我妈急了，旁敲侧击，怀疑我是不是感情受过伤害，甚至以为我有同性恋的癖好。我连忙大声地否定，以免她以为我不正常。

我妈不知道，我心底有爱，而且是那么深那么专一的爱。为了那个人，我可以拒绝他人对我的任何示好与诱惑，而且，让自己活得精彩。除了不爱交际，我的工作能力还是过得去的。我还把自己打扮得美美的去上班、逛街——我要保持最好的状态，在任何有可能会重遇他的时候。

时间越长久，他的形象越美好

我就知道你会问我，15岁到现在的记忆，应该早就模糊了吧？更何况是一个见过一面的人，你敢肯定遇上了还会认得他吗？不，我敢肯定，他的形象在我的心里只会越来越清晰，而不是越来越模糊，尽管他没有照片，我找了他这么久，也没有遇到过他。因为，我一遍又一遍地在记忆里重温着他的样子和声音，我敢说，只要他在我身边出现，在没见到他时，听到他的声音，我也会把他认出来。

他现在极少在我梦里出现了，白天却常常出现在我的想象中。朋友们大多结了婚、生了孩子或者正在恋爱中，看到他们恩爱的模样，我也会想象他和我之间的生活。

他对素不相识的我都能伸出援手，应该是个很善良很体贴人的男人，我病的时候，他会很细心地照顾我，陪我到医院输液，给我熬很浓很浓的骨头汤，晚上我有什么动静，他就会及时地醒过来，替我擦汗，用手摸我的额头。

他的声音很沉稳，处变不惊，在工作上应该也是能独当一面的人，我们会有一套装修得很有品位的房子，他的车技很好，每天送我到单位上班；他也有浪漫的小心思，会在纪念日里给我惊喜，送我表达爱意的花束；我们也会有一个可爱的孩子，最好是个漂亮女儿，他疼女儿就像疼我一样……我希望我和他能有美好的爱情和婚姻，而且能够天长地久。

那个知道我秘密的姐妹在同学聚会时见到我，问我近况，知道我还是一个人的时候，叹了口气问我是不是还在惦记着那个连名字都不清楚的人，我说是。她轻声地提醒我说："该醒醒了，他算起来该大上你至少10岁吧，现在至少也是快40岁的人了。你看看周围的男人，还有40岁未婚的吗？就算有，也是有这样那样的缺点的。你呀，今年都快30了，还在等着他，那不是在做白日梦吗？"

我知道她是为我好，但我却还是没法从对他的期待中醒过来，还是隐隐地对他抱有希望。在一部婚姻题材的电视剧中，我看到那个男主角长得和他有几分相似，就买了光碟，经常重温，把我妈都看得烦了。

皇天不负苦心人。我的等待终于赢得了命运的青睐，30岁那年夏天，即我见他第一面的15年后，我竟然在一次业务来往中重新见到了他。他当然不记得我是谁了，可是他的脸和声音，我是不会忘的，尽管他已经不再年轻。我问他，以前是不是到过海滨浴场游泳，是不是帮过一个腿抽筋的女孩。他茫然地看着我说，他年轻时是很爱到海滨浴场去，但是，那么久的事，早已经记不清了。

那次，我们合作顺利，我知道他是那家大广告公司的副总，是辞了公职和朋友合伙经营的。重逢了，但我和他的关系会怎么进展下去，我既期待又怕自己失望。

清醒之后，"爱"原是海市蜃楼

我们因业务接触过几次，他每次都是接了电话后就要赶着离开，说他还有事要忙。那以后，我在街上遇见过他几次，每次都是打了招呼后擦肩而过，让我不免遗憾。

有一次在商场，我看到了他正陪着妻子女儿在买衣服。他的妻子已经开始发福，现出中年人的体态，年轻时想必也不是很漂亮的人，可是她却得到了他。我真的很嫉妒她，如果我和他能早些相遇，可能站在他身边的人，就是我。可是，谁知道，我15年的等待却是一场空呢？

我开始明白，他和我的距离是挺大的，我不过是一个普通的公司白领，家庭条件普通，而他，有事业，有优越的生活，我们是两个不同世界的人，之前我所梦想的爱情，真的只是海市蜃楼。

可我还是不由自主地想了解他的近况，在和他接触的时候，眼睛总是不由自主地围着他转。他是何等聪明的人，也发现了我对他的不一样的态度，终于有一天晚上，他看到站在饭店门口等出租车的我，主动邀我上车。虽说我很多次想象过和他单独在一起的情景，但和他同坐一车时，我却什么话也说不出来，空气里流动着难堪的沉默。他打破沉默的那句话让我吓了一大跳："你不是对我有意思吧？"

我想说是，但觉得荒唐；想说不是，又怕错过机会。他从倒后镜中看到面红耳赤的我，猛地刹了车，回过头来笑眯眯地问我："我没说错吧？"我吸了口气，答道："错了。"

之后我庆幸我当时的选择，从同事的口中我知道了他的感情世界，原来他对爱人生了个女儿深感遗憾，据说正在物色可靠的人选，要生一个儿子，他不要公职也是为此作准备，打算过着家外有家的生活。

我在脑海里想象出来的这个梦中情人，原来只是美化了的形象；而我所想要的爱，不过是海市蜃楼一般的虚幻。等我清醒过来，能够选择的爱情余地已经很小，和我年纪差不多的男人，绝大部分都找着了另一半，还有一些，正把眼光瞄准20来岁的年轻MM。一个只见过一面的男人，使我在爱情的幻想中变成了剩女，真是可笑又可悲。

[心理解码] 脚踏实地，别让幻想蹉跎青春

青春期是少女怀春的时期，这时的她们，会有许多浪漫的爱情幻想。随着年龄的增长，与异性交往的增多，这种幻想便会减轻或者消失，更多的人选择了面对现实，与也许并不那么理想的对象恋爱结婚。因为她们懂得，生活是实实在在的，不可能只停留在幻想之中。

可是，也有人的情爱心理得不到成熟，在幻想中止步不前，不切实际。陈晴便是这样的女性。15岁时的一次偶遇，使她对伸出援手的青年男子产生了好感，并在想象中逐步将他的形象加以美化，给自己和他描绘出虚构的美好生活。等到青春岁月走了大半，她才得以与他重逢。但现实中的梦中情人，原来

也不过是个与她的想象有着很大距离的、有着缺点的男子。

如果能早一点从幻想中醒来，陈晴便可以像周围同龄的女子一样，在适合的时候做适合的事，而不是到30岁的时候才开始后悔。幻想中的爱情，真是害人不浅，而生性理想化、性格偏于内向或偏执的女子，极易患上这种“爱情幻想症”。有人会为某个明星痴迷不已，为之守身如玉；有人会以为那个并不爱自己的人深爱自己，并幻想两人在一起的甜蜜时光。但这一切，往往都是自己制造的幻影。

青春是珍贵的，没有必要为了虚无缥缈的理想情人而蹉跎岁月。如何才能摆脱对爱情的幻想？

首先，要把自己的目光放宽，关注的范围扩大，生活中不只有爱情这件事，还有工作、亲情、友情，有休闲的生活，各种各样的兴趣爱好。若你能把幻想爱情的时间分给这一切，相信你会在充实的生活中转移注意力，从而减轻幻想。

其次，要多与亲友交往，向信得过的朋友倾吐内心关于爱恋的想法，既能舒解一厢情愿的爱情幻想带来的心结，也能通过听取“旁观者清”的意见而看清现实。如果陈晴能多听几个人的意见，她便能早日发现自己幻想的可笑和不可实现，早日面对现实。

如果还是听不进别人的意见，那就做好长痛不如短痛的准备，早点找到梦中情人，勇敢向他表白，或者了解他最近的生活，让现实打破自己的幻想。

毕竟，我们每个人都是普通人，都有这样那样的缺点，幻想里美好的情人是不存在的，即使存在，因家庭背景、个人条件、性格爱好等各方面的制约，他也不一定会爱上你，更不一定适合你。所以，还不如抛开幻想，降低期望值，及时找一个虽然普通却能给你安全感的男人，开始你的恋爱和婚姻，早日脱离单身的行列。

七、事业，“白骨精”的爱情杀手

口述/冯丹

感情重创，使我不再贪恋爱情

在我渴望爱情的年纪，从来没想到过有一天爱情会让我受那么大的伤。

因为怕毕业就分手的无奈结局，我读书时没有谈过恋爱。这倒也无忧无虑——专心地读完了4年大学，还获得了优秀毕业生的称号。这对我找工作和以后的发展起到了良好的铺垫作用，也让我的父母感到欣慰：他们不用像某些人的家长那样为了子女的工作而费心；我工作的那家公司是本地工资待遇中上的大公司，使他们自豪地在亲友之中挺直了腰杆。

在这个时候，我终于可以好好地考虑自己的爱情。可是，我不喜欢别人介绍男的给我认识，我希望那个他有一天能自然而然地出现在我的视线里，然后与我真心相爱，息息相通。

初到公司，我是被照顾的新人，公司的工作氛围很好，同事关系也融洽，我很快便适应了新环境，我的工作能力也随着几个文案策划的成功而显示出来。同事之间的应酬也多了，有人问我有没有在男同事中遇到合适对象。我说，当然没有了，天天见，没有了新鲜感和神秘感，又怎么可能发展成恋人关系呢？再说了，虽然也有人向我献殷勤，我却没有任何心动的感觉。

我的另一半，还不知道在世上的哪个角落等着我呢。

工作第2年，我找到了我的Mr.Right，他是在市里某局工作的公务员，在办公室工作，写得一手好公文，我们是在羽毛球馆打球时认识的。他虽然只比我大两岁，却懂得不少人情世故，待人接物很是得体。他和我父亲一样从农村来到城市，还保留有乡村的质朴。总之，我对他是放心的，以为我们的感情可以有好的结果。

我们交往了两年，进入热恋阶段。他一直租房住，我为了替他省钱，和父母商量，叫他到我家住，父母也很喜欢抢着和他们干家务的他，同意了我们的关系。过年，我见了他的父母。大家都以为，我们只差那么一层纸，就可以结婚了。

发现怀孕之后，我跟他提了结婚的事，他却变得犹豫起来。我工作忙，一向不太留意他的变化，这次他没有我预想的欣喜，反而心事重重。第二天，他劝我去做人工流产，说是未婚先孕，名声不好听。我想想也对，他是公务员，如果名声不好，影响他的进步。

这事是瞒着我父母的，我请了几天假，说是工作累病了，他们也没有疑心。在家的这几天，我才对他的表现多了些观察，发现他在家的时候也不多，晚上回来得晚，说是单位最近应酬多。

不久，他向我提出了分手，说在和我生活的这段日子，觉得我们俩性格不合，我太好强，他还是喜欢温柔一点的女孩。再说，过年回家时，我对他家里人不够热情，饭也做不好，给他父母留下了不太好的印象，若是真的在一起了，家庭关系不好处。

无论我怎么哀求，他还是头也不回地从我家里搬了出去。父母觉得没面子，我更觉得羞愧难当。我也出外租房住了，怕面对邻居们的好奇的询问和目光。

后来，我得知他们局长的千金看上了他，局长对他也是非常器重，为了他今后的前途，他当然是舍我这个工人家庭的女儿而选千金了。

我唯一的恋情是极大的耻辱，自从受到这次重创，我再也不敢相信对我献殷勤的男人，再也不相信爱情。有这谈情说爱的工夫，还不如把工作干得再好一些。

对朋友的婚恋，我是片叶不沾身的旁观者

我全身心地投入工作中，赢得了公司领导的赏识。我的工作能力、交际能力也在不断地磨炼中得到了提升。虽然没有爱情滋润，但我注意健身和修饰仪表，吸引力也不减。拒绝男人的追求，是我增长自信的一种方式。有了前车之鉴，我明白男人的感情是最不可靠的——他们太现实，感情太易转淡，谁也不能保证一辈子相爱如初。

朋友们却相信爱情，不是相亲就是恋爱，还有人步入了婚姻。我有空时，她们也约我陪着相亲。一到那个时候，我就把自己最平淡的一面展现出来，不化妆，穿普通衣服，也很少说话，做足陪衬功夫。

对于那些酷爱表现的相亲男，我是冷眼旁观的。在参与策划活动时，我接触过各个层面的人，不说阅人无数，但他们的各种特点尽收眼底，我看人的眼光是越来越“毒”。一般我也不会对相亲男多作评价，除非朋友一定要我发表意见。但我的意见一出，即使朋友半信半疑，但不久的将来她就会佩服我有洞察人心的本事。其实我哪里有什么本事，那是我被伤透心后，对感情和男人的深刻体悟。

还有一个事业心很强的女友，为失恋的事弄得心烦意乱，无心工作，错过了两个大单子，不仅没了提成，还被领导批评降级，这又是何苦呢。

恋爱还好，结了婚的朋友，烦恼事更多。听着他们怨妇般的絮叨，我就不明白了，为什么还有那么多人前赴后继想方设法地进入围城。我的房子，变成她们离家出走的最好去处。但怨妇还是给丈夫留下了寻找她的方式，我不得不充当接线生和和事佬。他们闹得鸡飞狗跳，我更坚定了自己的信念：恋爱谈不得，伤心；婚更结不得，闹心。

寄情事业，我让爱情交白卷

现在，我工作10年了，已经过了30岁，是公司策划部的经理，收入比我的女友们高出一截。她们大多已拖儿带女，在单位和菜市场里穿梭，被生活磨去了青春和美貌。和她们聚会，我会觉得自己独身的选择没有错。

我买了车子，按揭了一套三室的住房，把父母接来同住：一方面可以和他们有个照应，另一方面我也明白我当年失恋给他们的打击，我得让他们不再面对那个老房子和那些老邻居。

但这也有副作用，这几年，父母老是在操心我的婚事，唠叨得我的耳朵都生了茧子，他们还想发动所有的社会关系帮我找对象。我指指自己问他们，我难道就这么差吗？非得这么兴师动众？再说了，追求我的人又不是没有，只是我不想搭理而已。我妈眼泪汪汪地问我：“难道那次失败给你的打击就这么重吗？”

我说，这么多年过去了，那件事留在我心里的伤痕已经很淡了，我的工作又忙，思考的事情也多，哪里还会把它放在心上？可是，我确实对男人和婚姻都不感兴趣，把时间耗费在这上面，不如追求事业那么令我有成就感。

我知道我的话会让老人伤心，但这却是我的心里话。爱情和婚姻有太多的变数，不是靠我个人努力就可以得到好的收成的，但是，事业可以。每当公司的大型活动经我的组织而成功举办，我的心情总是非常舒畅。

当然，我的心里不是没一根刺的。我们老师曾经对我说过一句话，人应当在合适的时候做合适的事，没有经历过该经历的事，那是一种遗憾。在人前风光，我独处的时候，也不是没有寂寞和失落的。

特别是家里有些活需要男人帮忙的时候。父亲年纪大了，我不想他劳累，只能请男同事或出钱请人帮忙。还有就是，有时应酬到半夜，也没人来接我，一个人开车回家，在静静的地下停车场走着时，我也想过，如果有一个男人陪在我身边该有多好。

有人问起我的家庭情况时，我多想他们把结不结婚、有没有孩子这类事省略掉，但他们偏偏每次都要打听，即使我不说，他们也会了解到我的近况，这让我很难堪。我的手下也对我的情况很好奇，我最近无意中听到的版本是：冯经理这么优秀的一个人，为什么还不找对象？是不是感情上受到了什么伤害？谁可以八一八？

我虽然生气，但是无可奈何。一个大龄单身女，在一个别人对你知根知底的城市里生活，想要脱离别人的关注实在是太难了。我怕同学聚会时，老师和同学们打听我的婚姻；更怕回农村老家，亲戚们三句话不离婚姻和孩子，那是我和父母如芒在背的时刻。我想过随便找个人解决单身，但最后还是过不了自己这一关，就打消了这个念头。

其实，我也想过这个问题，为什么自己会那么在乎爱情的成败，是不是仅仅因为那一次失恋。我知道，有的人比我受的打击更惨重，人家都能重新去试，我难道就不可以吗？

我想了又想，觉得还是因为我太注重成败，太注重别人对我的看法了。我在事业上体现了自身的价值，得到别人的肯定，那是我需要的；如果我的恋爱和婚姻也那么好，那自然是锦上添花，但我还是怕……怕失败后别人异样的目光。

这种目光我在很小时就见过了。我父母都是普通工人，一直都不被人看好，除了当时农村的亲戚羡慕我们有城市户口、住楼房外。我也曾经是很普通的孩子，读幼儿园时，一开口那带着口音的普通话，就惹来了父母在机关的孩子的哄笑。那时我真的很自卑，有的小朋友比我懂得多，得到了老师的重视和爱护，我就像一个没人喜欢没人要的丑小鸭。那种感觉跟了我好些年，直到小学三年级以后，我的成绩开始奇迹般地跃居全班前列之后。我知道，老师对我另眼相看，是因为我拔尖的成绩。我努力着，之后再也没落后过。我在众多的赞美声中完成了学业，在工作上也取得了成功。

我想，我还是需要赞美吧，只有这样，我才能感觉到自己是有价值的，是让父母感到骄傲的。至于婚姻，还是顺其自然吧。可是，我现在面对父母和朋友的连番语言轰炸，都烦死了。他们说我再不考虑找一个，以后后悔了，想结婚要孩子，都得需要做高龄产妇了。说真的，不年轻了，我也开始有危机感了，只是，现在从年龄到经济条件，能配得上我的人，几乎找不到了。

[心理解码] 自我价值的实现，不能只靠事业

有些“白骨精”，在事业上如鱼得水，经济条件也很优越，有房有车，但就是嫁不出去。有的人是找不着合适的，有的人却是执著于事业的成功，而无意于将多余的精力放到恋爱和结婚上。冯丹便是如此，有了体面的工作，好的生活条件，但初恋的失败，使她不想再涉足恋爱与婚姻，怕再次受挫，承受不了别人异样的目光。

孩童时期被同伴嘲笑，被老师忽略，使冯丹在潜意识中产生了被人接纳和认可的缺失感。尽管后来她凭自己的努力在学习和工作上取得了成功，弥补了这种缺失，但童年时产生的缺失感还是一直在暗处伴随着她，使她害怕失败，更极力地去追求成功。曾经经受的一次失恋，又使这种感觉被强化，使她再也不想尝试。

每个人都希望能有效地实现自我价值，获得他人的认可，但某些“白骨精”的这种感觉更为强烈。事业可靠个人努力实现，爱情却需要两个人共同努力经营——若要进入婚姻，那更是要处理两个人背后的复杂关系——总之，成功是没有定数的。因而，她们在爱情的机会来临时，更为犹豫。加上个人条件比一般男人要好，而男人又更喜欢条件不如自己的女人，这样使职场得意的她们情场失意。

冯丹还是要改变自己的认知，要明白自我价值的实现并不只是体现在事业上。特别是对于女性来说，一个幸福的家庭，也是自我价值实现的一个方面。事业与婚姻，同样重要。事业上的奉献，能够为自己赢得名利和地位；而

对爱与家庭，付出却不能考虑太多的回报。把对事业的追求和分配在工作上的时间分一些给爱情和婚姻，学会去关心他人，照顾他人，多顾及他人的感受，成功的可能性更大。

既然明白爱情会有失败的可能，那就以成熟女性的眼光来正确看待它，理智地对待爱，保护好自己，发现问题尽早抽身，把失败的伤害减到最低。但是，还是要相信大多数爱情是美好的，努力寻找属于自己的爱，在工作之余，也要好好享受爱的滋味。

八、爱情是一场无止境的追逐

口述/杨郁

陌生男人的吸引无法阻挡

和那个特别的陌生男人邂逅时，我刚从大学毕业，在全市最高的那个写字楼里工作，是一家连锁公司的文秘人员。

我从来没有怀疑过自己的魅力，至少，我能满足那家公司对文秘的外表和能力提出的苛刻要求。从投简历、笔试、面试到试用期一路绿灯，证明我有实力。从读初三起，就陆续有一些男孩子向我表白感情，证明我不是没人爱的女孩。从读书到工作，我的运气都不错，很顺利，爱情上也没有挫败过——只有我不接受别人，还没试过被人拒绝的滋味。

毕业后，我那段脱离现实的校园恋情无疾而终了，是我提出分手的。我把原因归结为前男友并没有真正打动我的心，否则我一定会不顾一切地跟随着他，而不是回到离父母家最近的地级市，过着独立的生活。

晚上我不喜欢待在家里，和几个朋友换着地方玩，吃遍了有口碑的夜宵，连最偏僻的哪家店铺的什么特色小吃最好吃，我也知道；需要发泄的时候，就去KTV吼上几嗓子，要不就去迪吧跳上几曲；要安静的时候，名典或者上岛就是我们的去处。

这样的生活挺惬意的，在不知不觉间我已工作了大半年。一天吃完晚饭，朋友又告诉了我一个新去处，说晚上逛完街就去吃烧烤，那儿的烧蚝和烤鸡翅味道非常好。

果然，我们到了旧城区那个叫作幸福巷的小巷子里，那个烧烤摊已是人声鼎沸，没有了空位。我和朋友只得站在屋檐下，等着别人吃完让位。无聊之际，我把目光投向了那些食客，心忽然动了一下：我被一个陌生男人吸引了！

他有着特殊的气场，外表英俊，衣着考究，谈吐斯文，正在和同桌的那几个男人聊着天。他的声音又正好是我最喜欢的那一类：浑厚，带着磁性，有很强的穿透人心的力量。

我忍不住多看了他几眼。他谈兴正浓，并没有留意到我。等他旁边那桌人散去，我赶紧招呼朋友占座，自己也几步就跨了过去。

离自己喜欢的男人近了，我不免有点心慌意乱，不小心把筷子弄到了地上，正好落在他身边。声音虽不大，那男人的耳朵却很灵，我要去捡筷子时，他已眼明手快地把筷子拾起来递给我，说："下次小心点儿，让老板帮你换一双。"

我的脸不由得涨红了，轻轻说了声谢谢。我很想跟他搭讪，问他姓甚名谁，是干哪一行的，但碍于周围耳目众多，我还是把这个念头压下去了。这样做太急切了，没有半点女孩子的矜持，只会成为陌生人的笑料。

我的表现哪能逃得过朋友们的眼睛？当我目送那个让我动了心的男人离开，她们当中有人笑了，说我有贼心没贼胆，要是有勇气问人家要张名片，就可以找机会去联系他了嘛。

我急忙请她们小声点，这可不是什么光彩的事儿。我解释道："人家帮我捡了筷子，我当然得谢嘛，你们想太多了。"

其实想得更多的是我，我猜那男人应该还没女朋友，因为他那一桌是清一色的男人；他可能也是像我一样热爱美食，才会到这么偏僻的地方吃一顿美味的烧烤；他的打扮和谈吐，又在显示着一个成功男士的品位……

反正那天晚上我脑子里满是那个男人，睡得一点都不踏实。我知道自己是陷入爱里了，难得遇到这么一个对我有致命吸引力的男人。

在朋友们面前我还是维持着自尊，没有表露出自己的想法。我只对一个人泄露了内心的秘密，那就是从小和我玩到大的范菁。她说："一见钟情不靠谱，特别是对一个不知底细、连姓名都不清楚的男人产生爱情，简直是开玩笑。说不定你只见过他一面，以后就再也没机会见他了，这种爱和做白日梦有什么不同？"

我一意孤行。喜欢一个陌生男人的新鲜感让我非常兴奋，我觉得这样的爱情才有挑战性。虽然我只见过那个男人一面，但我相信我们是有缘分的。终有一天，他会重新出现在我的视线里。

用范菁的话说，我已经达到了“花痴”的境界。有事没事，我总爱盯着与那个男人相似的背影看，以为会遇到惊喜。但是，我的期盼却是一场空。

我要想方设法得到他的心

在我就要绝望，以为这辈子再也不可能遇到那个男人的时候，他又一次出现了。那时，距离我第一次见他已经将近两个月了。更让我意想不到的是，他竟然出现在我工作的那幢写字楼，而且，电梯里只有我们两个人！

我努力让自己的心情平静，朝他微笑道：“你也在这儿上班？”

“是啊，我在这儿有六七年了吧。”他答道，有点奇怪地看着我，“你认得我？”

“我好像在哪见过你，觉得挺面熟的。”我不好意思说出自己的真正意图，要是他知道我只见过他一面就对他念念不忘，我的脸往哪搁呀！

他客气地笑着说：“在同一幢楼上班，遇到是很正常的，只是平时我不怎么注意。这次咱们同乘一部电梯，算是有缘，就算正式认识了。”

他主动把名片递给我，我也把自己的给了他，欣喜不已。真是踏破铁鞋无觅处，得来全不费工夫。

电梯停在12楼，他走出去了。这层楼是一家市里有名的文化传媒公司，怪不得他给人的印象如此有品位。

他叫郑建文，是这家公司的设计总监。又帅又有能力的男人是我的最爱，他正好符合我的标准。我更加坚定了决心：要想方设法得到他的心！

范菁却提醒我，条件这么好的男人早是别人篮中的菜了，哪里还轮得到我？我照了照镜子，自信地指着自己问她：“难道我很差吗？”

她说：“你本来就不差，家境也很好，的确可以配得上一个好男人。可有必要找郑建文这样的吗？能做到总监职位的人，肯定有一定资历，年龄也与你有一定差距，两个人能相处下去吗？再说，不知道他已婚还是未婚，要是不小心做了小三，有你受的。”

有一个知心朋友的好处是可以倾诉，但又必须忍受她的唠叨。范菁的话有一定道理，我决定好好侦察，看看郑建文是不是已婚男。

自从在电梯见过一面后，我与郑建文见面的次数慢慢多起来了。每次遇见，和他不是独来独往，就是几个男性朋友在一起，我放心了，他一点都不像是有家室的人。

我在忍受了多次想约郑建文出来见面的冲动之后，还是忐忑不安地给他打了电话。我们公司参加了市里的一个大型宣传活动，要做一个宣传展板，我自告奋勇地向主任保证，我负责找公司设计和喷绘——其实是想借这个机会接近郑建文。

郑建文的声音在电话里显得不太爽快，他说这生意才几百块钱，他们公司一般不接的，但是看在美女份上，他亲自接下来。

他的话让我听起来很舒服，我觉得我给他的印象是不错的，否则他不会帮我。

那个展板获得了比赛的一等奖，那是公司参加展板比赛以来得到的最高奖。主任说，以后做展板的事就归我了。

我喜滋滋地把获奖的事告诉了郑建文，说要请客表示感谢。他没有拒绝，只说不要太破费，看我还这么年轻，应该没多少钱，他也不好意思宰我。我说，那就去幸福巷吃烧蚝吧。

他问："你也知道那儿的烧蚝好吃啊！好，我们就去那里。"

我精心地打扮了一番，走到与郑建文约好的地点，等他的车。在约定的时间，一辆银灰色的帕萨特驶到了我面前。他是有车的，这更好了，以后上哪儿都方便。

他看我打扮得这么正式，笑了："你穿成这样，去烧烤摊委屈了，不如去喝个咖啡吧。"

我马上点头同意。只要他愿意接受我的邀请，去哪儿其实是无所谓的。

那一夜我鼓起勇气向他表白了爱意，我担心我再不提起，会有人捷足先登。我告诉他，从在烧烤摊见过他后，我就一直在寻找他，直到发现我们在同一幢楼上班，我才有机会认识他。我希望他给我一个机会，和我开始。

"你想怎样开始呢？"他似笑非笑地看着我，眼里闪着狡黠的光。

我的手伸了出来，一点一点地靠近他，最后抓住了他的手。他没有抽出来，只是任由我握着。

在他的不表态中虚耗青春

第一步的成功让我品尝到了主动追求的乐趣。我相信，女追男隔层纱，像我这样年轻漂亮、收入稳定的女孩子，只要主动出击，不愁郑建文不接受。

郑建文从来不约我出去，我想他了，约他出去他都不会拒绝。接触多了，我们的关系也更密切了，但为了稳妥起见，我们都瞒着写字楼里的同事，在楼里见面总是客气地打着招呼。

我们手牵手了，我们接吻了，但我还是坚守着最后一道防线。因为我觉得郑建文的态度不够积极，好像一直在若即若离，我们并不像一般的情侣那么亲密。

可我不甘心，像郑建文这样的精品男人，又没有其他女朋友，我们为什么就不可以再进一步呢？从小到大，我都没有经受过什么挫折，我相信在情感上，我也不是弱者。

郑建文越没有表现出应有的热情，我越想征服他。思来想去，没有比付出自己更能打动他的方式了，我便利用国庆长假，约他出门旅游。像往常一样，他没有拒绝。我们在风光旖旎的丽江相依相偎，在那里我完成了从女孩到女人的过程。

我们在一起的时候，郑建文很注意预防措施，他说，这是为我好，女孩子可不能把自己的身体当儿戏。

郑建文很忙，一般一星期能与我度过一个晚上已算不错了。时间就这么一周周地流逝着，我们来往已有3年，他已过而立，却还是没有结婚的打算。我旁敲侧击，向他提到写字楼里谁谁又结婚了，就是希望他能开口向我求婚。每到这时候，他总是顾左右而言他，根本没把我的话放在心上。

然而，我已骑虎难下。当年，范菁反对我与郑建文在一起，我甩下狠话，说她看扁我，看扁我和郑建文的感情，我一定要争取一个好结果给她看，证明她的看法是错的。现在我的底气明显减弱了，但我不是轻易服输的人。

再说，在我和郑建文低调来往的同时，也还有过几个男人追求过我，把他们和郑建文一对比，我更觉得郑建文是不可多得的“绩优股”，可不能随便拱手让人，我就选定他了。我决定坚持到底！

就这样，1年，2年，我继续在等待郑建文的表态中空耗着青春，但他还是没有半点想结婚的迹象。

他背后藏着像我一样傻的女人

过几天就是我的28岁生日了，我在等电梯时还盘算着，生日那天要请郑建文和我一起庆祝。突然有个女人径直过来问我，12楼是不是有个传媒公司。我点头说是，她又问我认不认识郑建文。

我说认识，但是不熟。她冷笑着说道：“你很快就会熟悉他的。”说着，她拎着一个小纸袋，进了电梯。

午饭时间，楼下的餐厅被议论郑建文的声音充斥着，说上午有个女人径直找到了郑建文的办公室与他摊牌，郑建文没有答应她的要求，还说：“不是你自己送上门，我会看上你吗？”

那女人气呼呼地找到了公司老板，把袋子里和郑建文合照的私密照片抖了出来，还说她怀孕后，郑建文给她留下了做人工流产的费用，就溜走了，这是一个对女人极度不负责的男人。她还用双面胶把一些照片贴到了公司的玻璃门上，郑建文这回算是彻底栽了。

我气得浑身发抖，郑建文一周才与我约会一次是有原因的，老是不肯提出结婚也是有原因的，谁知他除了这个女人，还会不会藏着其他的女人呢？我和那个女人，不过是其中的两个傻子罢了。

这件事后，我再也没有见过郑建文，他的手机也停机了。我在餐厅里听到了后续八卦，说那女人上来闹过一场后，郑建文在公司里颜面无存，就辞职了。

范菁说我算是幸运的，虽然在等待中浪费了5年，但是看清了一个“三不男人”的真实嘴脸，吸取了教训，未尝不是一件好事。

可是，这件事对我打击很大，使曾经自信的我开始怀疑自己。

早就结了婚的范菁十分关心我的婚姻大事，经常托人或者亲自给我介绍对象。根据介绍人的说法，那些人都是精英。我被郑建文吓怕了，见到条件好的男人都抱着怀疑态度，不知他们是不是像郑建文那样的男人。加上我错过了最好的择偶年龄，婚姻对我来说，已经很难实现了。

[心理解码] 对付“三不男人”，按兵不动是比征服更有力的武器

“三不男人”，是在爱情上“不主动、不拒绝、不负责”的男人的简

称。这种男人，往往都有吸引人的资本，或玉树临风、英俊潇洒，或才华横溢、风趣幽默，或财大气粗、衣冠楚楚，或事业成功、有车有房。

作为符合未婚女择偶条件的他们，就是不喜欢表态，让认为“女追男，隔层纱”的女孩产生跃跃欲试的冲动，对男人有征服欲的女子，极易被他们迷住，辨别能力突然下降，屡败屡战，越挫越勇。

杨郁在感情上一向自信，当遇到郑建文这个“三不男人”时，她把俘获他的心作为目标，一步步地被郑建文以“欲擒故纵”的手法带入了情感陷阱。因为郑建文不明确表态，杨郁对他更感兴趣；因为目标越高，难度越大，征服就越有刺激，到最后她孤注一掷，献出了自己的身体。遗憾的是，任她怎么付出，郑建文就是岿然不动，从来没有承诺过什么，更别提婚姻了。

在一年年的等待中，杨郁变成了剩女。识破郑建文的真面目时，她已经变成了择偶的“老大难”。她恋爱受挫的原因，是遇上了一个花心的“三不男人”，并将他视作不愿放弃的追求目标。

杨郁的最大教训，就是征服欲太强。得不到的就是最好的，越是得不到就越想抓住它，这是部分女性对待爱情的态度。正因为想将那个对自己爱理不理的男人的心抓住，才会一而再，再而三地想办法让对方屈服于自己，越没有办法使对方就范就越想努力。这正中“三不男人”的下怀，他们这样坚持着对女性冷淡的态度，目的就是让女人自动放弃防御之心，变被动为主动。

在这种男人面前，按兵不动是比征服更有力的武器。别轻易就被一见钟情的感觉吸引，要学会理智地看待他们：

如果有人故作冷淡清高，对你视而不见，却又极力地展现他的优势；如果他对你的邀约从不拒绝，却从不主动约你，这时就应该当他不存在了。

如果你忍不住主动出击，你在感情中已经走错了第一步棋，主动权就掌握在看似不动、实则操控着一切的“三不男人”手中。等你付出了所有，他却使出“不负责”的撒手锏，“挥挥手不带走一片云彩”，你就输了全部。

第3章 婚姻之痒：我们的爱不能输给时间

婚姻需要用心经营，一个不经意的疏忽，一点细微的误解，都可能使婚姻逐渐步入危机之中。既然相爱，那就好好相处，积极沟通，学会宽容，才能将心墙打开，将温馨和爱意传递。

一、距离的落差，是我婚姻的定时炸弹

口述/曹丽敏

他升职了，我失眠了

那天，我送儿子宁宁去幼儿园后，在拐去菜场的路上，遇到凯明的同事李大姐。她告诉我，凯明被提为设计二室的主任了。这对我来说并不算好消息，他的升职拉大了我与他之间的差距，反而更让我担心。不过，我还是买了一只宰好的土鸡，打算做他最爱吃的蜜汁烤鸡，慰劳慰劳他。

下午，我正往鸡身一遍遍地刷蜂蜜和酱油，手机响了。凯明告诉我，他手头上的活很急，晚上要加班，不回来吃饭了。我有些生气，说，你中午不回来吃就罢了，晚上陪儿子吃个饭也没时间，工作真的那么忙吗？他在那头道歉说，单位的事忙起来就没完没了，家里的事只能让你辛苦些。

烤鸡出炉了。我把一只鸡腿递给宁宁，他吃得很香，边吃边冲着我笑。

想起以前，凯明亲手做烤鸡，我拿着鸡翅冲着他笑，心里甜蜜蜜的情景，好像还是昨天的事，可现在呢？在工作和家庭之间，他把太多的精力放在了前者，忽略了我和宁宁。

凯明回来时已经是深夜了。我把吃剩的烤鸡用微波炉热了热，给他当夜宵。他边吃边夸我手艺更长进了，我则旁敲侧击：你好像还有什么好消息瞒着我吧？

他笑笑说，没什么呀。我白了他一眼：升职的事，你打算不说？是不是想把提的工资、奖金当作私房钱？

他正色道，我的工资卡，一向是你保管，提不提工资你是知道的啊。再说，我身份再怎么变，总有两个是不会变的，就是你的老公，宁宁的爸爸。所以，升职的事，说不说都一样。

这话说得我眼睛发潮。细心的他发现了，拍拍我的肩：丽敏，你怎么变得多愁善感起来了？要是在家待久了不习惯，就去找份工作吧。

真是哪壶不开提哪壶。自宁宁上幼儿园后，我就把档案和简历放在了人才市场，可现在公司招财会人员都要懂新的财务软件，我的知识已经老化了，别的一些对文化要求不太高的岗位又优先照顾“4050”人员……高不成低不就，我只能继续在家里做全职主妇。

得知凯明又升职的那个夜晚，我失眠了。相恋一年，结婚九年，不长不短的十年间，我们的位置却来了一个彻底的转换。难道夫妻之间，真的是一个上另一个就必须下，没有相对的平衡吗？

互相扶持的幸福

十年前的我，财会大专毕业才两年，在经济效益很好的市电厂财务科做了一名财会人员。我出身于干部家庭，家境不错，相貌也过得去，替我介绍对象的人不少。

在几个候选对象中，父母亲看中了在市建筑设计院工作的凯明，说他来自农村，又是大学本科生，人老实，有前途。我对他的第一印象也很好，他个子高，长得白净帅气，带着书卷气，如果不是身上的白衬衫蓝裤子透着点土气，还真看不出他是农家子弟。加上他谈吐大方，知识渊博，对人有礼貌又体贴，几乎找不到什么缺点，我就接受了他。

当时，父亲对我说，嫁给农村的孩子，要做好受穷的准备，因为他们家庭负担一般比较重；但生活就是这样，先苦后甜总比先甜后苦好；如果确实困难，家里也可以帮助你们。

凯明没有隐瞒他的家庭状况：他还有个读高三的弟弟，学费和生活费大部分由他负担；他工作五年来没有什么积蓄，更别提买房了。

我的想法很单纯，只要人好，别的都可以慢慢来。所以，在父母亲的资助下，我们付了首期6万多块钱，在市中心买了一套三室两厅。凯明说，剩下的那一半贷款由他来还。我很欣慰：他真是个有担当的男人。

为了增加收入，除了完成单位的设计任务，他还接了外活，晚上常常加班到很晚。可是，每天中午下班他都会准时回家，把饭菜做好了，和我一起吃完饭，才到办公室去。冬天我替他洗洗菜，他都会心疼，怕我把手给冻坏了。那时，我就像个娇娇女，十指不沾阳春水，同事看见我依旧白皙细嫩的手，说我真是个幸福的女人。

我们依旧供小叔子读书，给乡下的公公婆婆寄生活费，每月还要还六百多块钱的房贷，生活显得捉襟见肘。父母心疼我们，时常邀我们上家里吃饭。一同进厂的姐妹们有了孩子，我只能羡慕地看着——经济条件还不允许我太快要孩子。偶尔会为钱的事和凯明闹别扭，但回头想想，当初我是抱着吃苦的决心嫁给他的，应该接受这个现实，很快就又对他笑了。凯明感激地对我说，幸好有我支持他，否则他不知道自己能不能支撑这个家；他一定要永远对我好。

艰苦而甜蜜的婚姻就在我们的互相扶持中起步，小叔子大学毕业工作后，我们的经济紧张缓和了，我一边在为孕育孩子做准备，一边改造凯明的形象。他也很配合，在我的采买和搭配下，他的形象变得“洋气”起来了。朋友们说我们越来越般配，我心里甜滋滋的。

那时我在家里的地位是优越的，凯明处处让着我、宠着我，感激着我的牺牲和对他家里的扶持。我心安理得地接受着他的爱，为他点点滴滴的进步而欣喜：他评上工程师了，他的作品获奖了，他被提为副主任了……

当他告诉我，房贷终于可以一次性提前还清时，我兴奋得跳了起来：我们可以过上宽裕的生活了！

失业了，我的地位岌岌可危

可是，高兴来得太早。当我做上了准妈妈，带着既快乐又担忧的心情来往于单位和医院之间的时候，传来了厂子要停办的消息，而且，已无回旋余地。一切手续办完，参加完培训，领着失业保险金时，我也要临产了。凯明握着我的手说："别担心，一切有我呢。就算找不到工作，我也有足够的能力养你和宝宝。"

宁宁出生后，婆婆来家帮我带孩子。她从别人口中得知我下岗，对我的态度有了微妙的变化：对孙子是捧在手心里宠，对我虽然也照顾有加，却不时地蹦出两句冷言冷语。我出了月子后，她就要我自己做饭。我支吾着说，我不太会炒菜。她马上说，是我们家阿明太迁就你了，一个女人家连饭都不会做，像什么话？阿明一天到晚在外头忙，你还好意思让他干家里的活？不会，我教你！

本因失业而感到失落，被她一刺激，自卑感就爬了出来，止也止不住。就是从那时起，我知道自己在这个家的地位已经无足轻重了。我学会了炒菜做饭，在菜市场和小贩们讨价还价，拖地和清洁厨房的动作也越来越麻利。凯明还要抢着干家务，当着婆婆的面，我说自己能应付得来，我在家就应该做这些事的。

和婆婆在照顾孩子和生活方面都存在着分歧，宁宁一岁后我就独立带孩子了，有事时就把宁宁送到娘家。我决定把他带到三岁再去找工作。身材像馒头一样发福了，以前的衣服穿不下，时装店里的漂亮衣服也不合身，我只好穿T恤运动裤，曾经出众的我已经变了形，在大街上竟然有老同学认不出我来了。

尽管凯明说，无论我变成什么样，在他心目中我都是最美的，我却对他的话产生了怀疑。有一次我们一家三口去逛街，正好遇见他们单位的几个年轻女同事，打招呼走过去后，耳尖的我听到有人在嘀咕，那就是何主任的老婆？又老又胖，配不上他。

我脑子里"轰"地响了一声。曾经，我为自己的家境、单位和容貌而自豪，当这些慢慢地改变，凯明又慢慢地超越了我之后，我越来越觉得自己在家里的地位岌岌可危。特别是今年，频频到人才市场找工作一无所获之后，我对自己彻底失望了。

现在的凯明，衣着打扮讲究了，人也比年轻时壮实了，充满了中年男性的魅力。以前只知道帮我做家务的他也讲起情调，出差还给我带香水首饰之类的礼物了。这让我越来越感到危险。我想：他是不是嫌弃我了？是不是有人取代了我在他心中的位置？

一天晚上，我把宁宁放在娘家，和久未见面的好友喝茶，乘车路过凯明单位时，看见他有说有笑地和一个很有气质的三十多岁的女人一起走，那女人的身材保持得很好，比我强多了。我真想下车揪住他问，那个女人是谁，他老是加班，是不是和她在一起？

回到家，我冷冷地对着凯明，把我在车上的疑问倒了出来。他解释说，那是他的大学同学，新近才调到设计院的，有空我们两家可以带孩子一起玩，再吃吃饭。

我的心应该放下来了，但它还是悬在半空。我的危机感比任何时候都要强烈——这次是个误会，但他们单位年轻的女孩子那么多，以后难保他遇到诱惑时不会嫌我。我觉得，我和他之间越来越远的差距，就是我们婚姻当中的定时炸弹，一个不小心，就有可能使婚姻解体。我该怎么办呢？

[心理解码] 消除自卑，在婚姻中找准平衡的支点

曹丽敏的困惑，在婚姻进入平淡期，曾与丈夫一起共患难，现在丈夫却越来越出色的女人当中，或多或少地存在着。

以前，他是穷小子，她是父母眼里的娇娇女；他环境一般或较差，她却比较优越。而现在，他事业有成，她却熬成了黄脸婆；他的工作顺风顺水，她的却停滞不前……

生育期是女人婚姻中的一次转折，有人因此失去了工作和外表的优势，为家庭和孩子付出了全部。特别是做了全职太太的女性，更是如此。夫妻之间就是这样，一方进步了，另一方原地踏步甚至倒退，后者肯定会产生一些不安的想法。这是因为，一再受挫，当初的自信已因境遇的改变而变成了自卑，心灵变得敏感，对对方产生了不信任。

婚姻就像跷跷板，总有一方上一方下，但只要找准一个支点，两个人都找好平衡，婚姻就会在你起我落、你追我赶中始终幸福。

丽敏与凯明的婚姻，一开始就不是平等的。但凯明却一直在努力向上，不断进步，逐渐超越了丽敏。凯明知道怎么去维持婚姻中的平衡，而丽敏呢，却安于现状，慢慢落后，在遭遇挫折之后丧失了向上的力量，导致了两个人在婚姻中的失衡。

丽敏的当务之急，是驱除内心的自卑，在家庭之外，重新找到自己的存在价值。恢复自信，需要外表形象的改善与自身价值的提升。她可以设法恢复身材，亦可通过再培训来增强自己在人才市场上的竞争力。另一方面，她要拓宽自己的爱好和交际面：在与人交往中找到自己的优点；在培养爱好中放宽自己的视野，不再局限于家庭这个小圈子里。这样心情也会逐渐开朗起来，自身亮点也自然闪现。

二、隐忍不是婚姻的美德

口述/李子瑜

两张蹊跷的票根

我曾经以为，自己的婚姻很稳定。可两张蹊跷的票根，让我发现了丈夫吴展的秘密。

每次出差回来，吴展的脏衣服总是堆满旅行箱。那天，我照例把衣裤的口袋翻了个遍，再把它们扔进洗衣机。在最后一件牛仔裤的裤兜里，我翻到了两张票根。“这个冒失鬼！”我心里嗔怪道，正要把它们放在桌子上，最上面那张却吸引了我的目光。那是从武汉起始的回程火车票，而另一张，是从北京到武汉的。看看日期，吴展正好在武汉逗留了一个周末。

从北京回来是不必转道武汉的。我的心像被针刺了一样难受——票根刺中我的痛处。吴展是在武汉读的大学，初恋情人卢璐如今在武汉，听说他们当初爱得很深，如果不是吴展的父母当初极力反对他们结合，我根本没机会成为他的妻子。我一直装着不知道吴展的这段往事，但看到这票根，酸酸的味道还是从心底泛了出来。吴展一定是瞒着我去会旧情人了，否则，不会不告诉我路过武汉的事。我急忙把票根塞回裤兜，不想让吴展发觉我知晓了他的秘密。

一直以来，我都很在意自己是个替补。我常常想，如果吴展一开始爱的就是我，这个家的基础必然牢固。我想尽办法鼓励吴展发展事业，把家务和教养女儿的责任都揽在自己的身上，就是为了巩固我在他心中的地位。在别人眼里，我在外是个优秀的高中教师，在内是个手脚麻利的家庭主妇，出得厅堂，入得厨房，脾气又好，称得上是个贤内助。吴展的生意渐渐做得顺利起来时，亲友都议论说，这可有子瑜的一半功劳。

可是，直觉告诉我，我与吴展之间，有什么地方出了问题。我又想把票根翻出来，当面质问他，但最后还是失去了勇气。我默默地做好饭菜，和平常一样与他及女儿一起吃饭，不时说说话，一点也没表露出内心的疑虑。

我习惯了隐忍，除了三年前联合公公婆婆叫吴展从那个半死不活的企业辞职出来单干，从没跟吴展闹过。

知道拉业务少不了娱乐场所的应酬，有时吴展回来，身上带着酒气和陌生女人的香水味，我也不说他什么，虽然心里有些怨气。我心里明白，男人嘛，逢场作戏难免，只要心还在我身上就够了。既想家里有钱，又不想牺牲点什么，这不现实。

但想到他其实还在牵挂着卢璐，我的心就莫名其妙地难受起来。和吴展结婚七年来，我一直为这个家倾尽心力，难道这么久的日夜相伴，都无法把他的心拉到自己身上来吗？

两个可疑的手机号码

我以前教学忙没去注意，学生们高考后我留了心眼，发现吴展真的和以前不一样。以前吃饭时，他夸我菜做得好吃；半夜我睡得迷迷糊糊，他回来了还会和我亲热，直到我下意识地把他推开。现在，即使一同上床，我们却背靠背地睡了，他连碰也不碰我一下；吃饭也是一副若有所思的样子，连话都懒得多说几句。难道，这还没有问题吗？

我趁他换衣服的时候，偷偷把他钱包里的身份证拿了出来，去营业厅打他的手机通话清单。有两个手机号码经常出现，而且通话时长都很长。我心里咯噔了一下，拿其中那个外地号码在网上查询了一下，没错，是武汉的。十有八九，便是卢璐的了。我本想打电话去试探一下，又怕卢璐告诉吴展后，不知道会闹成什么样，想想还是算了。

还有一个本地号码，又是谁的呢？他不会在本地也有一个相好的吧？我到电话超市去拨了那个号码，想看看手机的主人是男是女。一个甜美的声音传了过来："喂，您好……"我急忙说打错了，挂掉，心凉了。不知这个，是红颜知已呢，还是地下情人？

从电话超市出来，我看到附近一幢楼的墙上，贴着一张私家侦探所的广告，有一项业务是调查情人。我记下了那个电话号码，打算请人弄清整件事的来龙去脉。回到家里，我把那个电话号码输入了又取消，取消了又输入。犹豫了一会，还是放弃了。如果这电话打出去了，我和吴展的声誉，也许就因为这一个调查而被毁掉。

送女儿去了幼儿园，我把家里的地板擦了又擦，心情才渐渐平复下来。自己真是闲不下来的人，才放假休息几天，就忍不住胡思乱想了。

吴展回来后，看着光洁的地板赞了几句，我马上觉得他是心里有鬼才会说我的好话。我有些鄙视自己，一向以为自己很看得开，到了关键时刻还是个患得患失的小妇人。那两个手机号码，就像两块不大不小的石头，压在了我心上，让我透不过气来。

那一刻我有些恍惚

七月，师大的同学忙完了手头的工作，打了电话来，相约去桂林玩。好久没有去过那个山水明丽的地方了，正好去散散心。我和吴展商量，把女儿送回娘家，我要尽情地玩。吴展开玩笑说："不带女儿去，方便和旧情人重温旧情吧？"我想起卢璐，气不过，反唇相讥："你以为我是你呀？"吴展噤声，我在心里冷笑：戳到痛处了吧？

大学里谈点恋爱很正常，我也有过初恋情人，他叫李海航，当年是学校的风云人物，交往了一年多，我觉得他不能给自己安全感，最后还是分了。在爱情上我算得上理智的人，毕业后挑挑拣拣最后选了吴展。他不是健谈的人，性格也有点内向，但他的沉稳气质让我觉得可以托付终身。不曾想，人是会变的，譬如现在，他有了点钱，我们的婚姻就开始潜流暗涌，不知什么时候就会冲垮我用七年时间精心筑好的"防护堤"。原来，不知不觉，我们已经到了七年之痒，莫非会熬不过这个非常时期？

我见到了十年未见的李海航，他还是像过去那样风流倜傥，身材保持得很好，而且更成熟了。同学们说他还没有结婚。他笑问我，他还有没有机会，我笑说自己女儿都有了，哪还有什么竞争力，李海航却说，他更喜欢有女人味的我。在西街的酒吧，有些暧昧的灯下，我听着他有些暧昧的话语，那一刻有些恍惚。我甚至想：吴展，你可以背着我和其他女人在电话里卿卿我我，还不知道做了什么不该做的事，我偶尔出格一次，也不算过分吧？

但最后我什么也没有做，嘻嘻哈哈地和李海航开玩笑，叫他好好找个人结婚，也就把话题扯过去了。我想起聪明可爱的女儿，还有吴展。他虽然有些事情瞒着我，但我想，谁没有些秘密呢，我不希望女儿没有完整的家，只要能将就着过下去，委屈一点儿，我也能承受。

一个电话引出的真相

我决定抛开那些疑虑，心情顿时轻松了不少。回到家，我陪女儿玩耍，教她英语，女儿安静时就备点新课，日子就这样不闲不淡地过了下去。只是，我和吴展之间，因为有了猜疑，暗中已产生了隔膜。我想，如果那天不翻他的裤兜多好，一切就还是老样子，我也会快乐许多。

我带女儿到动物园看海豚表演，海豚卖力地顶球时，我的手机振动了。号码有些陌生，又好像在哪见过。对了，是那张通话清单上，反复出现的本地手机号码！我的手不由得抖了一下：接，还是不接？是打来摊牌的吗？

手机继续振动，我叫女儿不要乱跑，走到僻静处接听。是那个甜美的声音，我听过一次就不会忘。她自我介绍说姓田，问我是不是李老师，有些重要事情找我，希望我约个时间，到心理咨询室去一下。

心理咨询室？原来是自己错怪了吴展，这个手机号的主人与他并无情感瓜葛。可吴展为什么有话不当着自己的面说，偏偏去找心理咨询师呢？我的好奇心被勾了起来，迫不及待地想知道答案，下午便去了心理康复中心。

答案被田咨询师一点点地揭开的时候，我心里五味杂陈。我没想到吴展的情绪已被困扰到去找心理咨询师倾诉，更没有想到，一切问题的症结，竟是因为他不适应经商！

以前，吴展曾对我提到过对新工作的不习惯——他不喜欢东奔西跑地应酬，受不了太大的压力，希望能重新找个单位安定下来。我那时以为，刚换工作不适应是正常的，要说压力，我年年带高三，又得照顾女儿，还不是一样挺了过来？我劝过几次，他就不再吱声了，我还以为他想通了。

没想到那些压力累积下来，竟影响了他的情绪。他找初恋情人诉说过自己的烦恼，但因为怕影响对方的生活，最后还是通过朋友找到了田咨询师的电话，希望后者能帮助自己。通过电话和面谈聊过一段时间，田咨询师建议找我沟通，我才知道了事情的真相。

相互隐忍，还是敞开心扉

我怔住了，自己这些日子的猜疑，就这么轰地倒了下来，心空空的。本该庆幸婚姻里没有第三者，我却偏偏高兴不起来。

结婚七年来的种种琐碎的事情，在那个闷热的夏日午后，像潮水一样涌进我的脑海里。我记得临出嫁时母亲的叮咛，母亲说要避免婚后的摩擦，最关键的就是“忍”。这么多年，我一直隐忍，以为这就是婚姻和美的良方。

曾经，我们两个人的感情很融洽，没有红过脸。我工作忙，吴展帮我分担家务，让我没有后顾之忧。女儿出生那天，他特地请了假，在产房外焦急地等着，为了照顾我，一夜没有合眼。意见不合时，我们很快就互相妥协，那时我还以为是两个人都能包容，现在想想，他和我一样，心底也有不快，只是没有表露而已。

潜在的矛盾是在吴展辞职以后产生的。我觉得他在企业没有发展前途，在同事的攀比之下有些自卑，才极力叫他下海，却没有替性格偏内向的他考虑过，迎来送往、独当一面的工作是否适合他。而他，在反对无效之后，在我面前，选择的也是隐忍……所以，才会有我这段时间的心神不定、疑虑重重。

晚上，我哄女儿睡下后，与吴展有了很久都没有过的推心置腹的长谈。我对吴展说：“如果生意不好做，就重新找个自己喜欢的工作吧，钱少些，但是过得开心呀。”我看到吴展眼睛里的感动。我们商量好了，以后有什么想不通的事，还是把它拎到桌面上谈，憋在心里实在太难受了，还不如敞开心扉，痛痛快快地说出来。能解决当然最好，解决不了的，摆出来也比藏着掖着让对方猜好得多。

我没有告诉吴展自己对他的怀疑。我想，就把这作为我隐忍的最后一个秘密吧。以后，我不会那么傻了。

[心理解码] 沟通，婚姻静默的一剂良药

婚姻，考验的是两个人相处的能力。当新鲜感结束，家庭生活在柴米油盐和各种琐事中变得平淡琐碎；伴侣之间因为熟悉了彼此的面目与性情，一方面会产生默契，一方面也会产生审美疲劳。导致的结果就有可能是：慢慢地，大家都变得不爱说话了，甚至貌合神离。

有人说，他想什么我一眼就看得出来，用得着说出来吗？也有人说，说多了他会嫌我唠叨，我不如不说。还有人伤心：以前他的甜言蜜语一箩筐，现在是不是看我黄脸婆了，一天到晚闷声不响？

此时，你应该意识到：婚姻，进入了静默期。因为沉默，伴侣之间逐渐会产生隔阂和猜忌，因一点小事而心里不痛快，却不愿或懒得再说出来，日积月累到一定程度，势必会造成矛盾爆发，甚至有可能一发不可收拾。

还有的人，夫妻关系不错，却受到老一辈的思想影响，认为“忍”就是夫妻之间最佳的相处之道——可以避免争吵，维持家庭的和睦，这样就在一忍再忍中，再也不想表达自己，使静默期提前到来。

李子瑜便是一个例子。她对丈夫吴展有外遇的猜疑，就是因为他们在吴展做生意这件事上存在分歧，各执己见，而最后吴展采取了“忍”的态度，致使压力过大，被迫找人倾诉；而她在发现吴展的反常表现后，同样也是“忍”，在猜疑中悄悄地展开了“调查”。几经波折，才发现是一场误会。如果不是心理咨询师主动联系李子瑜，这个误会还可能进一步扩大。有多少婚姻走到尽头，都是因“误会”得不到澄清而致。

李子瑜和吴展之间的误会，其实是可以避免的。沟通，就是最有效的一剂良药，也是处于婚姻静默期的夫妻改善关系的一个途径。他在你眼里不像以前那么好了，但是不是就真的一无是处了呢？朝夕相对，再细微的缺点也会放大，不妨多想想他的好处，在心里对他宽容一些，可以去除一些心结；若还是不能解开，不如在不损害对方尊严的情况下，大方地把自己的想法说出来，争取得到对方的理解。即使再倦怠，也要像以前那样，不要疏于表达自己的感情，要多信任对方。若是遇到了争执不下的情况，还是要多考虑各自意见的可行程度，理智一些，关键时刻向意见中肯的一方让步。

当婚姻出现了静默，学会改变自己，打破沉默，主动沟通，重新找寻婚姻生活中更适合双方的相处方式，婚姻才会出现转机。

三、我无微不至，他却不想要我关怀

口述/苏琳琳

初次相识，他的弱势打动了我

我和余敬的恋爱，从一开始就遭到了我家里人的反对。原因很简单，我们是姐弟恋，他比我小3岁，又不懂得照顾人。在我妈眼里，女孩子就是需要人照顾需要人疼的，可不能低三下四干伺候人的活。

我可不是这么看的，这么多年，我也不是没遇过追求我的好男人，但那只是别人眼中的好男人而已，我对他们提不起兴趣，反倒是余敬，从看到他的第一眼起，我就心动了，他就是适合我的另一半。

我妈断言我和他在一起不会幸福，百般阻挠。她并不知道，我需要的，是一个供我照顾的大孩子——像余敬这种不太强势的人。也许是因为我从童年开始就习惯了照顾别人。

那时，我只能用羡慕的眼光看着那些躲在父母怀里撒娇的孩子，因为我的父母并不能给我那样的幸福。父母是单位里的工作积极分子，忙得不可开交，无暇照顾我。我早早就在脖子上挂着钥匙，在父母不在时不哭不闹，跑到邻居家蹭饭吃。没有人会想到用更多的时间关心我，照顾我，除了我的外婆。可外婆来家的时间并不多，我非常希望常有人在我身边陪伴我。

弟弟出生后，我终于有了伴儿。他聪明乖巧，父母工作忙，只能由我来照顾他。我带他去玩，帮他洗衣叠被，学着做饭炒菜，给他很多的爱。我渐渐迷上了这种被弟弟依赖的感觉，并随着年龄的增长变得越来越强烈，扩展到其他人身上。

在学校，同学们有什么要我帮忙，我都会想方设法地去做。我的脾气越来越好，学会了忍耐和宽容。我是寝室年龄最小的，却是最会照顾人的，室友病了都是我负责照顾。我外表柔弱却内心坚强，成了别人依赖的对象，我也习惯在生活中充当这样的角色。

在我心目中，我始终把弟弟放在第一位，因为他和我在一起玩的时间比父母陪我的时间要长得多。他读大学后越来越独立，放假回来，抢着帮我干家务，说话也变得客气起来。我感到很不安，他有一天总会离开我，不再把我当作他的依靠。特别是他找到女朋友之后。我急需一个人来替代他在我生活中的位置。这时，余敬出现了。

他是弟弟的大学同学，外地人，在我们这儿找着了合意的工作，但熟人不多，和弟弟在读大学时就是好朋友。我看过他的照片，第一感觉就是这人长得又高又帅，表情也很阳光。但当时我没有什么其他的想法，毕竟他和弟弟一样大，而且照片给人的感觉毕竟是比较表面的——我可不会傻到因为他帅就喜欢他。

可是，当那个周末，弟弟说他要请个朋友来家里吃饭，并带着余敬出现在我的面前时，我被他眼睛里的单纯和调皮吸引了。那是一个还带着童心的年轻男人，吸引我的就是他的那种调皮劲儿吧。而且，我留意到了他衣服上有一处发黄的污渍，看得出他连衣服都洗不干净，并不是一个善于打理自己的人。我突然就对他产生了温柔的同情。

自我工作后，父母放心地把下厨的事交给我，忙于事业的他们，做菜远不如我做的好吃。我在厨房里忙得不可开交，母亲则在一旁打下手。我做出了一桌色香味俱全的菜，让余敬赞不绝口。后来他告诉我，就是那一次，我给他留下了很好的印象：因为年轻一辈的女孩，会做家务特别是一手好菜的不多了；当时围着围裙、扎着马尾辫、麻利地装菜上碟的我，看起来特别地贤惠，特别地美。

几经波折，我们才走在一起

这良好的第一面，给我们的爱情翻开了第一页。每个周末，余敬只要有空，就来我家吃我亲手做的饭，每次都夸得我心花怒放。而我，看着他这么帅气阳光，却穿着不够干净的衣服，每次都很心疼。看着弟弟和女友两情相悦的样子，我挺羡慕的。

不知什么时候起，我和余敬的目光超越了我弟弟和他女朋友，碰撞在了一起。我的脸微微红了，他的眼睛也悄悄地避开了我，但我知道，我们内心都有特别的情绪在涌动。

当时我26岁了，在这个中等城市的本地人中，也算是过了适婚年龄。我妈很着急，说我眼光高，为什么喜欢我的人我都不正眼瞧人家一下。她不知道，只要感觉对了，我也有想托付终身的感觉，比如，在面对余敬的时候。可我不敢。

我知道余敬的身份比较尴尬，他是我弟弟的同学，在一定程度上，他只可以把我当姐姐看待。但没想到的是，走出勇敢第一步的，是他。弟弟出差的那个周末，余敬没有理由到我家吃饭了。我洗完碗后和父母在客厅看电视，心里还是记挂着他，好像少了什么似的。不久，我接到了他的电话，问我能不能出去逛逛，他的衣服旧了，想换两件，请我做他的参谋。

那天陪他买完衣服，他又约我到广场上走走。走到一处没什么人的树下，他轻轻地对我说："我们能不能发展一下？我觉得你挺好，挺喜欢你的，你能不能和我在一起？"还说，今天没吃到我做的菜，挺遗憾的。

听了他的表白，我的心里像揣了只小兔子，怦怦地跳个不停。我反反复复衡量了利弊，还是答应和他开始。因为我知道，要遇到彼此喜欢的人是不容易的，爱情不应该讲条件，喜欢就是喜欢。

没想到，这事掀起了轩然大波。尽管我的长相比较嫩，两个人站在一起并不显得我比他大，可是，我妈却极力反对。她说，再过10年，你再看，你人老珠黄了，人家才三十三，一枝花，你看人家还会不会跟你好，女孩子怎么能这么短视呢。

弟弟也很生气，他说如果我和余敬好，他在同学当中就抬不起头了。他后悔带余敬来我家吃饭，导致这样的后果。当然，他以后再也没有带余敬来过家里——他们闹翻了。

我的立场却很坚定，没有谁能证明女比男大铁定不幸福，再说，幸福又不和年龄有关。我们在我家人的反对下，还是亲密地交往着。余敬说，我给他的感觉实在太温馨了，他舍不得我。另一方面，他家里人的支持也是我们坚持下去的动力。余敬的妈妈本来就不放心他一个人在外地，听说我很会照顾人，就很安心。她说余敬这个人是很念情的，我对他好，他这辈子也会对我好的。

恋爱1年后，我27岁了，结婚是当务之急。余敬很理解我的想法，主动向我求婚。我妈知道后，严格规定我上下班的时间，我加班时她还打电话到办公室查岗，周末更是把我锁在家里，把我看得很紧。可我们的感情越被反对，就越变得热烈，越能冲破所有阻碍。我妈想介绍对象给我，我更是发了狠话：不让我跟余敬在一起，我就算老死也不嫁！

我妈实在没辙，只好答应了我们的婚事。我弟弟虽然心里不舒服，可是时间一长，还是和余敬和好了，但他从来没叫过余敬“姐夫”，说开不了这个口。

我的照顾，使他习惯于依赖

婚后，我和余敬过得很幸福。我曾一度被失落感填满的心，因为有他在，变得无比充实起来。上着班，有了空闲便会想，他这会儿正在干什么呢；今天下班回家，给他做什么菜好呢？每天早晨，我总会比他早起20分钟，做好早餐，替他挤好牙膏，才叫他起床。而当天他中午需要带的便当，我都是在前一天晚上就精心做好了。吃完早餐帮他装好，嘱咐他带上。

他衣服洗不干净，有时还像个孩子似的沾上了菜汁，即使是大冷的冬天，我也亲手用洗洁精把那油渍搓洗干净。看着我冻得通红的手，他挺过意不去的，我洗完衣服，他就用双手替我捂暖，他的手很宽大，暖暖的，我的心也暖暖的。我对他要求不高，只要他惦记着我，记得我的好，我已经很满足了。

我最享受的日子，就是他发烧时需要我照顾时。那个时候他嚷着不舒服，头很晕，身子发烫，就像个可怜的稚气的孩子。我陪他去医院输液，替他擦汗，帮他换洗衣服……他乖乖地让我照顾着。我忙乱不堪，心里却很甜。我知道，在这个城市，我是他最亲的人，他离不开我，需要我。

余敬不用费心挑选衣服，衣服都是我根据他的身高和肤色给他挑的，别人都说穿起来很精神。我把他的衣裤尺码记得一清二楚，他工作忙时，我不用他去也一样可以给他买合身的衣服。他临出门，我还帮他检查衣着，有时领子还没翻好，我就踮起脚尖，帮他翻好。

我出差在外时，担心他丢三落四，早上便打电话催他起床，晚上必问他一天的行踪，嘱咐他要记得做哪些事，空调别开太低，别感冒了……同住的姑娘问我，你打电话的那个是你儿子呀，别太关心了，到时他长大还依赖你就惨了。这话我听着很不舒服，就不置可否——如果她知道接电话的是我的爱人，想必会瞠目结舌的。

我不在他身边时，每天晚上，他都会给我打一个电话，说他想我，需要我。我想，自己喜欢的，就是这种被需要的感觉吧。他在我的照顾下，像个被宠坏的孩子。即使有应酬，他也会早点回来，只为了喝一碗我为他煮好的糖水。

结婚3年，我们准备要一个孩子。余敬说，这下，孩子就得跟他抢我了，以后不知道我还会不会对他这么好。我笑笑说，怎么会呢，最多忙点累点，我心甘情愿的。他就说：“你对我真好，你是我妈之外对我最好的女人。”这话，听起来真的叫人心里舒坦。

在我的照顾下，他习惯了依赖我，他妈说，有了我这个懂事的媳妇，她就放心了。我妈心里依旧还是不爽——这个女婿连买适合的烟酒茶孝敬老丈人都不会。刚结婚时她看见余敬拎着我爸爱喝的普洱和女儿红来家，还高兴过，不久无意中得知这是我买好让他带回来的，她对余敬刚好转的印象又变回来了。她说，我这么全心全意为他，到时候如果出什么事了，最难过的就是我。

外出工作，他脱离我的视线

我的肚子还没动静，余敬就接到单位通知，要外派他到兄弟单位协助设计工作，和他一起去的，还有几个同事。虽然我很舍不得他离家，但也不能拉他的后腿，毕竟这是一个很好地展示他才华的机会。可他离家时间一长，我心里就莫名地烦躁起来，总觉得生活中少了重要的东西。虽然我也回娘家帮父母做饭干家务，但是，这只能转移我一时的注意力——他们其实并没有那么需要我，我去也行不去也行，活儿干也行不干也行。

余敬那儿的工作很忙，三个月他才能休一次假回来几天，平时我们只能通过电话和网络以解相思之苦，但他上线的时间很少，都在赶活儿。时间一长，我就发现事情有点不对劲儿。他的电话越打越少，我的电话打过去，有时他还会掐断，事后才解释说他工作忙，或者正在开会，不方便。他回来一趟，也主动帮我干起家务来了，还说，以前我太辛苦了，觉得挺对不住我的。我却不习惯，和他抢着干。

可是，当我问起他在外地种种生活细节时，他变得不耐烦了，说工作久了，他也成熟起来，很多事情自己会处理了，其实我也不必太费心的。他穿的衣服也不再是以前的风格了，他说，他发现我帮他挑衣服虽然省事，但却不是他喜欢的那类，他觉得舒适休闲最重要，我却喜欢把他的外表修饰得一本正经。

我开始担心，当他脱离了我的视线，心会不会也跟着离开。如果我少了个可以照顾的人，我以后的日子怎么办，是不是又得空空落落地过着，变得无所适从？

余敬在外工作已经1年多了，我也超过30岁了，我的婚姻危机感越来越严重。我没有孩子能够绑住他，这几年把心思放在他身上，我自己倒不注意保养和打扮，正在向黄脸婆的行列迈进，别人已经明显地看出我比他老了。他会不会因为我不够年轻漂亮而抛弃我呢？我老担心他不肯要我了，常常在半夜梦见他狠狠地摔开我的手，决绝地离开，然后我就醒来，再也睡不着觉，精神几乎都要崩溃了。

可是，这事我从来不敢跟家里人说，特别是我妈。我怕她难过，更怕她生气，我不想让她骂我不听老人言，吃亏在眼前。

一个人待着时，我总忍不住掉眼泪。真的，我很喜欢有一个最亲近的人依赖我，我喜欢这种被他依赖的感觉，这是任何人都替代不了的。可是，为什么我越来越感到空虚？只是因为他不在我身边吗？

[心理解码] 关怀强迫，留一点关爱给自己

无微不至的照顾，对被照顾者来说，是一种过度关怀，甚至会成为一种负担。

独立性强的成年人，其实并不需要这么多的照顾，他们也需要自己的空间，需要有自己的想法和选择。

可是，对于喜欢照顾人的一方来说，自己付出那么多，对方由习惯而变得不再领情，那就是不再爱了，那种空虚得似乎被人抛弃的感觉是相当难受的。所以，事必躬亲，对爱人照顾得格外贴心的女性，很容易变成怨妇。

譬如苏琳琳。当依赖她的人离开，她就无所适从，产生失落感，主要原因就是因为她失去了让自己得到肯定的对象，自信心产生了极大动摇。

童年缺少大人关心照顾的经历，使苏琳琳不敢表露出对大人的依赖，只能把这种感觉转移到照顾他人身上，只要得到别人的依赖和赞扬，她就很满足，渐渐地就依赖了这种“被依赖”的感觉。她时时处处照顾人、关心人，给人以值得信赖的依靠，却从不抱怨，有着宽容的心，这其实是情感依赖的表现——只要她最看重的人始终接受她的照顾，并表现出乐意，她的心情就会非

常愉快。

婚后，苏琳琳把照顾的目标转移到了爱人余敬身上，并把这当成了工作之余的重点，达到了忘我的状态，忽略了自己的外在与成长。

像苏琳琳这样，喜欢照顾人、被人依赖，表面看来是性格坚强的表现，但细究之下会发现，这是不够自信的软弱表现。这种依赖被依赖、需要被需要的行为，被称为“关怀强迫”。这样的行为，往往致被照顾对象无法独自完成想做的事，甚至还心生被操控的不快。

对有“关怀强迫”的人来说，一旦对方不再想依赖他们，他们的生活就会失去重心，从而出现情绪波动，甚至受到打击。

想要改变他们的现状，暂时不能放弃对他们的肯定，要使他们在心情平静的前提下，认识自己的不足，慢慢地改进。那具体如何助其改进呢?

一是助其恢复自信。被依赖的人同样也渴望依赖，只是被压抑了。父母也好，爱人也好，可以给予他们一定的照顾，使他们认识到自己同样也有依赖他人的权利，也需要他人照顾，并且要多鼓励他们，表扬他们，使他们充满自信。

二是使其认识到自由对一个人的重要性。要使其树立这样的观念：成人也好，小孩子也好，都需要有独立和自由的空间，别人不可能包办代替。

三是要提醒其腾出时间关怀自己。帮助其逐渐避免一味“忘我”“利他”，使其学会多把时间放到自己身上，多争取机会享受一下他人关怀自己的感觉。

四是帮助他们摆脱无人依赖其时的无助和困惑，认识到生活中真正的重心是什么。亲友可多带他们去参加有益的团体活动，在团结互助中体会到别人和自己一样，同样可以照顾人帮助人，如此在相互给予的爱中，体会到人与人之间的温暖和平等。

四、没有第三者的婚姻，也会有解体之忧

口述/季 甜

我的支使，令他身心俱疲

女儿睡了，我无趣地看着肥皂剧，不时地看看墙上的挂钟。10点半了，

刘之亮的加班快要结束了。我打通了他办公室的电话。

“之亮，我有点饿，你下班后一定要替我买李记的鲜虾馄饨回来！”我嘱咐着他，用我一贯的命令语气。

他在那头“嗯”了一声，回答得并不爽快。我当然知道他不爽的原因：馄饨店在城东，他单位在城西，路程是有点远，不过，这不正好考验他是不是在意我吗？女人要强势，才能在婚姻中占据有利地位。

之亮11点多到家，把装着馄饨的外卖递给我。我斜靠在沙发上接过去，看到馄饨和汤没有分开装，就抱怨了一句，说那样馄饨皮泡软了不好吃。他的脸色一变，想说点什么，又没有说。

这些天来，他对我不像以前那么有耐心了。当初他可真的爱我，我叫他干啥他都心甘情愿，现在却变了。

我和之亮在大学的同乡会就认识了，那时我是他们班长吴鑫的女友。我自然是知道自己的资本的，我在英语系女生中算是比较出挑的，还做过晚会的主持人。当时，之亮虽然很喜欢我，却碍于我是别人的女友，只能把这份感情埋在心底。毕业后，吴鑫回了南京，向我提出分手。这对我打击很大，那些日子我吃不下睡不好，瘦了10多斤，憔悴得厉害，一副风吹就倒的样子。毕业两个月后，我在街上遇见之亮，他看到我时，眼里闪过诧异，但很快就知道了我变化的原因。

后来他跟我说，从那时起，他就暗暗下了决心，要给我足够多的爱，让我快乐起来。

他要了我家的电话，对我展开了长达两年的追求。他对我实在太好，可我还是没办法那么快就从被抛弃的阴影中爬起来。我没有表示过明确的拒绝，只对他说，给我忘记过去的时间。他答应了，并且一直在等我。

在我心情苦闷的深夜，之亮听我诉苦，借肩膀让我哭个够；在我无聊时，他陪我逛商场；我说过想要什么，他总记在心里，千方百计地买了送给我。他还做义工，帮我修电器扛重物。以前，都是我迁就吴鑫，之亮对我的关爱，慢慢地让我的心向他靠拢了。

我的亲友都催我快点嫁给他，说过了这村就没那店了。在他们眼里，之亮是个“三好男人”——长得好、人品好、工作好——对我又千依百顺，打着灯笼也难找。

我也知道，这辈子可能再也遇不上他这么好的人了。于是，在他试探着向我求婚时，我终于答应嫁给他，他高兴得抱着我呵呵傻笑。

我不怎么会做家务，只懂得用电饭锅做饭，大部分的家务活都是他做的。我怀孕后，妊娠反应剧烈，他变着花样做菜，增进我的食欲；我半夜想吃什么，他就爬起来替我做。我承认，那时的他，真是一个模范丈夫。

女儿出生后，婆婆从乡下过来帮带。我对婆婆做事很不放心，怕不卫生，怕不科学。他下班回家后，我就支使他干这干那，不让婆婆插手。

我知道婆婆心里不痛快，我曾经听到她背着我对之亮说："小甜这么厉害，儿子你的腰都直不起来呀。"之亮还帮我说话，说："妈，你不懂，谁叫我这么爱她呢。爱一个人，就要爱她的全部，包括她的缺点。"这话，曾让我心里甜过。

女儿半岁时，之亮被破格提拔做了单位的业务副科长，工作繁忙多了，经常加班或者应酬。我晚上照顾女儿也很累，女儿一整天没见着爸爸，也老是找，让我挺心烦的。我可得让他"多做贡献"：半夜女儿哭闹，我醒了就用脚踢他，叫他起来给女儿喂牛奶、换尿片。不支使他我心里还不平衡呢。

时间一长，他的不满就表现在脸上了。我记得那天下班，他是皱着眉回到家的，看起来闷闷不乐。这模样让我看了心里堵得慌，我指指女儿换出来的一堆脏衣服："你帮我洗吧，水太冷了。"

之亮斜着眼看着我，终于忍不住爆发了："我一天到晚都忙工作，你就不能帮我分担一下家务吗？"

我把责任推到了他头上："这不都是你包办造成的吗？谁说要宠我爱我的，还不是你？终于忍不住了，露出狐狸尾巴来了吧？"

他沉默了，乖乖地去洗衣服。我又占了上风。但我知道，他不像以前那样掏心掏肺地对我了。对我的诸多要求，他虽然都会去做，但已经变成了敷衍。

之亮回家的时间变得更晚，他的精神也显得颓废。但是，他已经懒得向我解释什么了。我知道，有了孩子的年轻人一开始都不会适应这种压力繁重的生活，但既然他爱我，就要肯替我分担，我支使他干点啥又有什么不妥呢？

我的猜疑，令他忍无可忍

女儿两岁时，之亮的高中同学吴晓虹调到了他的单位，和他做了同事。

他们夫妇到过我家，我为了显示自己在家里的地位，在客人面前并不掩饰对他的颐指气使。之亮还没来得及和他们聊上两句，我就叫他到厨房去准备饭菜，我在客厅里对吴晓虹他们问长问短。吴晓虹告诉我，她和之亮在高中时关系不错，之亮可没少在学习上帮过她。

晚上，我用审视的眼光看着之亮，问："吴晓虹是你同学，也是你同事，以前你为啥没跟我介绍过她？我们的婚礼也没请她参加？"

之亮解释说，以前吴晓虹跟随丈夫在东北生活了一段时间，不适应那儿的气候才回来的；那么远，当然没法参加我们的婚礼。再说，他的所有心思都放在工作和照顾这个家上，哪有这么多闲工夫聊从前的事儿呢，他把他们邀到家里做客，也证明了他和她没什么，才会那么坦然。

我半信半疑。说真的，我很担心之亮有外遇。人生总是有高有低的，我工作后安于现状，得过且过，收入不高；他却已成为单位的业务骨干，职务和薪水都有很大提升，家庭的大部分开支都是他负责的。

我开始不安了，如果有人对之亮"虎视眈眈"，要把他抢走，我可舍不得他这个依靠。一定得紧紧地抓住他！可敏感的我也感觉得到，他这么多年来为我迸发的热情渐渐地冷却了。主要原因，说不定就是这个吴晓虹！她的相貌和身材都比我保持得好，又是同事，人说同事间的恋情和奸情都很容易发生，我可得密切注意他们的动向！

我对之亮的行踪越来越留意了，只要在家没事情干，我就不时地打他办公室电话查岗。有一回我打了好几次电话，办公室都没人接。后来他回拨了，我劈头就是一顿骂，问他为什么不接电话，上哪干坏事去了。我看着钟，他停顿了至少半分钟，才告诉我，他出外晒图纸，没有带手机。我冷笑："理亏了吧？是不是和那个吴晓虹在一起？"

"你……我是被你气得说不出话来了！"他气呼呼地说道。

他加班回得稍晚一点，我就反复盘问。尽管他多次跟我强调，他和吴晓虹没什么，人家家庭幸福，他哪有可能去插一杠子？就算和吴晓虹来往多一点，他也只是和她聊聊天，他们毕竟是老朋友啊。我气道："我和你原来是怎么成的？最初还不是一般朋友？你现在越来越不爱和我说话了，是不是对我已经没兴趣了？"

他又不说话了。我最恨他不说话，谁知道他在想什么。

他不说，我难道不能自己查吗？晚上我把女儿哄睡之后，让婆婆照看，自己到之亮的单位附近等他下班。有一天晚上，正好看见吴晓虹在单位门口上了之亮的摩托车。我看了看时间，今天他下班早了点儿，才10点。

11点多，之亮才回到家，我瞪着两眼，指指堆在椅子上我们的脏衣服，叫他放进洗衣机。他做完了回到房间，嘟哝了一句："你在家可以洗呀，按两个键就行了，为啥那么懒？"

"我懒？"我压低声音，气势却一点不减，"今晚我看好戏去了，就在你们单位门口，你和吴晓虹骑同一辆摩托车，都十点多了你们还能去哪儿？足足花了一小时你才到家？"

"那又怎么样？在吴晓虹的家门口我们是聊了一会儿，但只是工作上的事儿。"他辩解道。

"在办公室还没聊完，还得在家门口聊？"我不相信，"再说了，她自己不能回去吗，非得你载她？"

"那是因为，她的脚摔伤了，她爱人又不在家，我才送她回去的。"他继续解释说。

男人干坏事，什么瞎话都可以编得圆。自己家的事还管不完，还管到人家头上去了。我"哼"了一声，把枕头和被单扔到他手上："今晚你去做'厅长'吧！"

想着他和吴晓虹有说有笑的样子，一点都不像在家时这么郁闷，你说我不怀疑才怪呢。越想越生气，越睡不着，正好听见婆婆在客厅里叹气，她告诉之亮，公公病了，她要回去照顾，我们夫妇俩的事，一定得好好处理。

之亮是个"三好男人"，要他离婚，他肯定抹不开面子，这点自信我是有的。可是我还是担心，吴晓虹会夺走他的心。

婆婆走后，我把女儿送去父母家，让他们帮忙照看。我刚到家里，还没坐定，之亮竟然就来找我摊牌，把离婚的想法告诉了我。他的这一决定对我来说是晴天霹雳，我抹着眼泪骂他："刘之亮，你这个见异思迁的家伙！你走着瞧，我跟你没完！"

一个计划，在我心里悄悄地成型了。我用电脑一个个地敲着字，心里异常冷静：刘之亮，你让我过不好，我也不会让你过好！

一周后，之亮铁青着脸回来，一见我就问："你是不是给我们单位领导寄匿名信了？还有你这样害自己老公的老婆！”原来，今天领导找他和吴晓虹谈话，说有人写了匿名信告他们有不正当关系。他们糊涂了：他们只是比较好的同事和朋友关系，这有什么不正当的？吴晓虹的丈夫特意打电话给领导对我们的人品作了担保，这让之亮更难过，因为同是配偶，我的表现让他伤透了心。所以，他一定要离婚。

我歇斯底里地说：“我不甘心！为什么你不在有了女儿之前提出离婚？你忍心让女儿没有正常的家庭吗？”

他说，我说的也有道理，可是，他问自己，还能忍下去吗？答案是不能。这次是吴晓虹，下次可能是别人，只要有了猜疑，还会有第二次，第三次。他告诉我，他反复地问自己，还爱不爱我。他想从婚后的生活中找出我点点滴滴的好，可是，却少得可怜。不知什么时候，他已经对我没有爱了。他离婚，和任何人没有关系，他只是想告别现在的生活。

这场婚姻，莫非以离婚收场

得知之亮打算离婚，亲友们都替我说话，要之亮设想这个家的将来。结婚6年，我被他宠得像个孩子，会做的家务有限，要我单独带大孩子，是件不容易的事。

他跟我说，他可以把女儿留在身边。我可怜巴巴地拒绝：“不行，没有了女儿我就什么都没有了。之亮，再给我一次机会，我们重新开始吧，我一定会做个好妻子的。”

周末，之亮加班回来，桌上已经摆好了饭菜，我和女儿在一旁等他。我告诉他，这菜是我亲手做的，尝尝味道怎么样。

我知道这些菜卖相好，滋味佳，上桌前我已经尝过了。青菜绿油油的勾人食欲，嫩生生的，味道很好；红烧肉、清蒸鱼，火候和滋味也不比之亮做得差。他笑着夸我真人不露相，我带着点羞涩说，在网上学的。

卧室里的床上，已整整齐齐地摆着从阳台收下来之后叠好的衣服。我想，之亮看了这些，一定会感动的。

那一夜，他是真的被打动了。他将我搂在怀里，又恢复了新婚之时的温柔如水。我说：“吴晓虹和我谈过了，她解释了你和她之间的事情，还劝我对你好一些，多关心你。我错了，以后我会改的。”

我们很甜蜜，他说，如果我真能改变，他相信自己会是这世上最幸福的男人。

可惜，这样的幸福持续不了多久，就被现实打破了。我从娘家带着女儿回来，看到脸无表情的之亮，心里一阵慌乱：他一定知道了些什么。

之亮没有说话，逗了逗女儿，帮她洗了手，一家人默默地吃饭。等女儿睡了，他才叫我回卧室，要和我好好谈谈。

原来，他提前回家收拾出差带的行李，刚打开门，就被房里系着围裙的一个陌生中年女人吓了一跳。那女人也吓得不轻，手上的瓷碟摔了下来。他看着厨房里刚炒好的菜，什么都明白了。

他冷笑道："原来你请了个按时计费的大厨。怪不得你炒的荤菜比我做的好吃，原来是雇人做枪手啊。"

我低声下气地说："那还不是为了挽回你的感情吗？"

他说："你没有诚意，如果你真的愿意改，就算菜做得再不好吃，我也不会介意的。可是现在呢？你欺骗了我，我们也没有继续下去的必要！"

我放下了强硬的态度，问他，能不能再给我一次机会？

之亮问我："你真的能改吗？我曾经以为，我的爱，我对你全心全意的付出，有朝一日会得到你的回应。可是没有，你能笑，已是对我的最大嘉奖。我等来的，是你更多的要求，更多的挑剔……这样单方面的付出，让我越来越心灰意冷！"

他顿了顿，继续说道，"对我们之间的婚姻，我这段时间都在考虑，应该怎么对待才好。没有尊严、没有互动的婚姻，我要它来干嘛？明白这个道理，我足足花了6年时间。在这6年的婚姻里，我从来没有真正地从你那儿得到过一个男人的尊严，也没办法以我的真心换来你的真爱。如果我年轻时就明白这一点，就不会千方百计地去得到你这个我爱的人，更何况是一个被爱伤过、追求完美之爱的女人。在我的呵护下，你越来越自我，越来越不懂得去回应我的爱。这样的婚姻，还有必要持续下去吗？"

我不知所措，这是我第一次听到之亮对我们这场婚姻的完整评价，也更深刻地明白了，自己在他心里原来如此糟糕。我想，为了女儿，我还是得把这婚姻维持下去。我想找亲友劝说之亮，但我知道，最重要的还是自己要改变，否则，这婚姻，还真是得以离婚收场了。

[心理解码] 换位思考，善解人意的人婚姻更幸福

“三好男人”，自然是众多女子心目中的好丈夫。与这样的男人结婚，如果懂得珍惜，婚姻会很幸福。

季甜却没有好好珍惜，颐指气使，一味索取，让之亮这么一个包容她、工作能力又强的男人，被她一次又一次地伤了自尊，又受到猜疑和欺骗，心离她越来越远，直至双方陷入离婚危机。他们的婚姻中没有第三者，纯粹就是夫妻之间相处存在的问题而导致的危机。

季甜已经习惯了只顾及自己，把伴侣的付出看作是天经地义的事，但另一方面，却抛开了对方的感受，从来都没有站在对方的角度看问题。有了女儿后，之亮肩上的压力加大，又没办法在她那儿得到关心和安慰，累积多年的苦闷才会令他感到身心俱疲。工作和生活的双重压力，压得他透不过气，他才会想到自我突围，离开这个令他窒息的环境。

之亮曾经太宠她，使她更加关注自我，不曾认真去了解他的喜怒哀乐，不体谅他工作的繁忙，并且心胸狭窄，喜欢限制他的自由，结果使两个人本可以融洽的关系闹得越来越僵。

这段婚姻能否挽回，当然还是个未知数。季甜努力的方向是，认真接受这次教训，在婚姻中重新找准自己的定位。爱和照顾是相互的，信任也是相互的。最关键的一点，是要学会换位思考。

在支使伴侣做这做那时，不妨想想，换了是你，在加完班疲惫不堪时，是不是希望有人帮忙分担一些，而不是再添麻烦；你主动多做些，或者和他一起做，他不是更愉快吗？

在对伴侣的忠诚产生怀疑时，要先退一步，想想万一是误解了他怎么办；尽量消除无端的怀疑，一切以证据说话，防止不必要的争执，因为你自己也不会甘心被人冤枉的。至于被人欺骗，谁都会生气，所以，要对伴侣诚实，保守得再好的秘密，也有纸包不住火的时候。

说到底，婚姻中的改变，还是要设身处地地替伴侣着想，多倾听他的心声，才能摸透他的想法，让自己的表现合乎他的心意，使双方的感情更为融洽。善解人意的女人，婚姻才会更幸福。当然，前提是，另一半也在为婚姻的美满而努力。

五、我们眼中的幸福背道而驰

口述/辛采

二人世界里，关注的重心偏移

被噩梦惊醒时，我看了看床头的闹钟，两点零五分。叶铭还没有回来，房间显得空空荡荡，如同我的心。我下意识地去看手机，没有短信，也没有来电显示。下了决心去拨叶铭的手机号码，最后还是没有按下拨出键。我想起叶铭说，辛采，你老查我岗，别说我朋友，连我手下那几个年轻人都笑我了，说你怎么管得这么严。想着这些，我心里有些委屈。

记不清是第几次独守空房了。有时候他回来，醉醺醺地吐了一地，我煮了醒酒汤，和衣坐着看他喝下，替他换洗衣服，忍着恶心去处理他留下的一地狼藉。叫他不要喝，他总是说，不喝能行吗？似乎应酬是多么大的一件事。慢慢地，我就懒得再去管他。

在床上翻来覆去了好一会，终于听到门响。我装着睡着了，听他拉开衣柜拿换洗衣服，闻到他身上散发的酒气，泪悄悄滴在枕头上。

次日一早，把衣服放进洗衣机前，我检查着领口和衣袋，各个角落都没有放过，试图寻找蛛丝马迹。这已成为一种习惯。我还偷偷翻过他的手机，找不到暧昧短信，就想：是不是删了？

女儿读寄宿学校后，我的生活重心转移到他身上，精心做一桌菜等他回来吃，想他陪自己散散步，说说话。可他总说忙，在家的时间越来越少。我们结婚13年，彼此越来越熟悉，每个细节和动作如同设置了固定的程序，没有一丝新鲜感。36岁的我的确老了，看着镜子里自己的脸，笑起来眼角的细纹触目惊心，即使常去美容院，也无法除去岁月留下来的痕迹。怪不得他宁愿在外面挥霍大把时间，而把家当作临时停留的驿站。

我以前并不疑心他的。但徐洁说我傻。徐洁是我唯一称得上是朋友的同事，她因为爱人外遇，跑上门跟第三者闹，既动口又动手完全丧失了教师的风度，像只被人扯住了尾巴的疯猫。我跑去将她拉回家，她不停抹着眼泪指着一旁沉默的丈夫对我说："你看看，这就是当初口口声声说要宠我到老的男人。你说，男人的话能信吗？"

离婚后的徐洁是个怨妇，总要我提防叶铭变心，她说生意场上逢场作戏的女人不少，小心叶铭定力不够。说得多了，我的心便七上八下起来，看着叶铭，越看越不像还爱我的样子。

曾经，他是个顾家的好男人

我很怀念叶铭没做生意的日子。那时，叶铭在一家国有商场做部门经理，单位分了一套两室一厅的房子，我们精打细算地生活，每月为女儿存教育储蓄，给婆婆存养老钱，日子过得有滋有味。对我而言，能衣食无忧当然最好，但男人一定不能太有钱，有钱的男人遭遇的诱惑太多，容易变心。

叶铭是个踏实爱家的男人，一下班就往家赶，下厨炒菜，逗女儿玩，侍弄阳台的花草。吃完饭我要洗碗，他却抢着把碗筷拿过去，说："我洗我洗。"我嗔怪地说，你想让我游手好闲啊？他抚摩着我的手，温柔地说："这么白嫩的手，要是被弄粗了，你爸你妈来看你的时候，会后悔把你嫁给我的。"

我的心像浸在了蜜罐里，当初选择叶铭，从湖南远嫁到无亲无故的广州，真是值得的。对女人来说，有个把自己宠得像宝贝一样的丈夫，有相互厮守在一起的生活，那就是幸福了。

不料，商场的经营越来越惨淡，叶铭的工资也逐渐减少，我们迎来了婚后的第一次冷战。叶铭要下海经营食品厂，我不同意。叶铭劝我，说再这么下去他担心我们以后过得不好，没有保障。我反对道："有个稳定的单位，有养老和医疗保险，怕什么。做生意提心吊胆的，谁敢保证能挣钱？"叶铭急了，说我没有危机意识。

我们谁也说服不了谁，索性谁也不说话，女儿把我们的手拉在一起，我们还是白着眼，把女儿都惹哭了。我心软，替女儿拭了泪，妥协了。

叶铭辞了职，从此为了生意奔波，我也告别了养尊处优的日子，买菜，做饭，接女儿，忙得像打仗。我替他整理申报材料，工厂缺少人手时带着女儿去帮忙。生活的劳碌，使保养得水嫩的我开始衰老，手也变得粗糙了。叶铭也无暇顾及我的手是粗是细，累得厉害时，回到家倒头就睡。

幸运的是，经历了最初艰难的创业期，工厂的运作步入了正轨，我悬着的心放了下来。家里换了大房子，叶铭劝我辞职做全职太太，我却不想丢了自己喜爱的工作，那时我隐隐有了这么一个念头：万一叶铭不要我了，我还有工作养活自己和女儿，还有事业可以寄托。

对做了生意的叶铭，我一开始就不放心。我有不祥的预感，徐洁的话不无道理，只是缺少证据而已。

重走旧路，我寻找婚姻的症结

接到徐洁神神秘秘的电话，我急忙赶往她所在的小区丽金苑。地下停车场里，停着叶铭那辆帕萨特，徐洁的手机里还有照片，他扶着一个我从未见过的女子，走在小区的路上，很亲密。徐洁说，我认得是哪个窗口哪一家，我们在楼下堵他。我无力地摆了摆手，说，还是回去吧。我不想给他难堪，也不想给自己难堪。

这事给我留下了阴影：那女人到底是谁？要不要找人去调查她？最终，我还是放弃了。徐洁看不起我的懦弱，我却说，要慢慢习惯将叶铭放下，学会善待自己，善待生活。

我和徐洁去了安徽，把叶铭和女儿留在家里。我在纸条上写："我有点累了，想离开家休息一下，7天后，我再回来。"然后用磁吸压在冰箱门上。

两个失意的人登上了飞往合肥的飞机。出了机场，我开了手机，短信的提示音响了起来，都是叶铭发的。他问我去了哪里，为什么手机不开机，回到家没有看到我在做饭，他的心里很失落。

我犹豫了一会，没回他的短信，把手机关掉了。我打算在他的生活中彻底地消失一段时间，让彼此都冷静地思考，我们的婚姻到底出了什么问题，为什么幸福感没有了，反而多了猜疑，而更让我害怕的是，我的所谓猜疑很可能就是事实。

安徽是我和叶铭在恋爱中走过的地方。那时，我正在继续与他交往还是分手之间痛苦地徘徊。朋友说，如果想知道一个男人是不是适合你，那就和他去旅游一次吧，所有的优点和缺点，都会在朝夕相处中无所遁形。碰巧，叶铭的单位组织去旅游，我就接受了他的邀约。

那次旅游，我把心完完全全地交给了他。他对我的尊重和爱护，对年老同事的关心，让我注意到了他在高大英伟的外表下细腻美好的一面。爬黄山，我的脚崴了，又想看山顶的胜景，是他扶着我、背着我一路到达天都峰。就在那里，我们用同心锁许下了相伴一生一世的诺言，他深情地说："辛采，我会一直给你幸福。"

如今，和我一起故地重游的不是他。走到半路，徐洁就嚷嚷走不动了。我看着铁链上锈迹斑斑的同心锁，也没有了往上走的兴致。我和叶铭的婚姻就像这些锁，经过这么多年的风雨，早就磨蚀了，锈住了，只是我们都没有直接去面对罢了。

短暂的温馨，只是他刻意的讨好

飞机抵达广州。这几天我想把家里的事情忘记，却怎么也忘不了。我以为无牵无挂就是自由，但我没有能力去实现它。把手机打开，叶铭和女儿的短信源源不断，有思念，有着急，有惦记，女儿还说我不负责任，把她和她爸爸丢在家，像没人疼的可怜儿。

手机没电了。我用徐洁的手机给叶铭拨了电话，冷静地说，我回来了。他的语气很激动，说回来就好回来就好，我好好准备，迎接你。

打开门，女儿奔了过来，嚷嚷着看我给她买的礼物，还悄悄告诉我，她爸爸为了给我做一顿好吃的，专门休息了半天。我环顾四周，窗明几净，地板和家具一尘不染，茶几上还摆着一瓶我最爱的百合花。厨房里，飘来我喜欢的糖醋猪手的香味，那是叶铭的拿手菜，除了过年过节，我都没福气尝到。

一股久违的温馨气息弥漫在家中，我在刹那间品尝到了幸福的滋味。叶铭听到动静，系着围裙走了出来，露出欣喜的目光，说："到家啦？"看到他，前些日子所有的猜忌又涌上心来，这幸福，怕只是讨好，只是蒙在情感荒凉表面的华丽外衣罢了。

在女儿面前，我不好透露自己的情感，但敏感的女儿想必也知道我和他之间出了问题。她问我，为什么要瞒着她和爸爸出远门。我说："因为伺候你们太久了，想尽情休息一下，顺便也想看看，我离开了地球是不是不转了。"

女儿狐疑地看看我，又看看叶铭。叶铭把一桌菜都上齐了，搓着手说："尝尝我的手艺吧，我好久没做过饭了，这些天忙着工作，委屈了婷婷，她只能吃快餐，或者坐公交车到奶奶家吃去。"

看着略显消瘦的女儿，愧疚和对叶铭的怨气一同涌了上来，工作工作，他念念不忘的，还是他的生意！

我们眼中的幸福，竟如此不一致

夜深了。叶铭等在房里，静默着。灯下的他，有些疲惫憔悴。40岁，正是上有老下有小的年纪，他所承受的，自然比我多得多。我心一软，他的道歉也跟着一串串地来了。他说，我离开的这7天，168小时，他度日如年。我不在身边的日子，他才注意到，这个大房子里，所有的装修，家具电器，都是我一手置办；附近正在建新的楼盘，家具一天不擦就蒙上了一层灰，他才发现，我每天都把家具上的灰尘擦一遍；阳台上的花草，被太阳一晒，一天不浇就发蔫；他和婷婷的衣服，没有熨烫，晾之前忘了抻平，也有点发皱。

“你为这个家付出太多了，我冷落了你，真对不起。你下次再出去，把我和婷婷也带上吧，我们离不开你。”他深情地说。

我冷笑道：“你离不开的是你的生意吧，还有……”想了想，继续说了下去，“让你留恋的其他人。”

我的出走，是因为我觉得在他心里没了地位，瞒他也没有什么意思。

他说，除了我，他还有什么人留恋的？我冷冷一笑：“丽金苑那个女人，你不留恋？”

他笑：“你是为了这个人？她是我们厂的生意伙伴，那天喝醉了，我送她回家，那很正常啊。我早就要带你结识我的生意伙伴，可你老不肯去，要是去了，能有这种误会？”

我淡淡地说：“但你这些年，确实越来越冷落我了。你曾经许诺说给我幸福，幸福不就是两个人守着过日子，一起面对着生活的艰苦和喜乐吗？可现在，我们的距离却越来越远了。”

他解释说，他这么辛苦，是为了让我们的生活过得更好，对女人来说，拥有事业有成的男人，过着优裕的生活，就是幸福。所以，他一直在努力，是想让我和婷婷早日过上舒适的日子，等他挣够了钱，就提前退休陪我们。

我原来一直以为，我们之间是互相理解的。谁知，仅仅对幸福的定义，我们就有这么大的分歧。我不知道，是应该由我去迁就他，还是他来妥协我？如果把我的意见提出来，是不是会造成我们更大的分歧？

[心理解码] 婚姻里的分歧，请倾听心声彼此妥协

进入围城，彼此的真实面目慢慢地显露出来，男女之间在思维方式、生活和性情等方面的差异便越来越明显地体现出来。对婚姻幸福的理解，自然也是如此。不同的人对幸福有不同的看法，朝夕相处的伴侣也不例外。

辛采和叶铭都在渴望和追求着自己心目中的幸福，却在幸福的岔路口迷失了方向，与初衷背道而驰。原因是，他们在习以为常的生活中封闭了自己的心，以为自己所需要的对方都会感受和理解，却忽略了性别差异导致的对同一事物看法的不一致，从而出现了努力方向的不同。

女人更感性，会更在意另一半是否爱自己，对自己是否关心体贴，当牵绊自己精力的孩子可以逐步脱离自己的照顾时，这种关注会更加强烈。而男人在婚姻生活安定后，考虑更多的是如何发展事业，如何更有成就感。于是，夫妻双方在幸福的追求上，必然会有越来越大的偏差。

要取得共识并互相理解，彼此妥协，才能找到共同的努力目标。幸福如是，对婚姻中其他问题的看法出现分歧时，亦如是。好好倾听另一半的心声，商量怎样去解决问题。可以将两个人的分歧一条条地列出来，能认同的认同，不能认同的，有理有据地去分析，去争取对方的认可，或者找出适当的解决办法。

譬如辛采和叶铭就可以约定，今后为他们共同的幸福而努力，并尝试改变自己。辛采可以参加叶铭的应酬，扩大社交圈子，提升交际能力，还可以借此了解叶铭的工作，做好贤内助；叶铭可以在周末陪辛采买菜，有空陪妻女吃饭，帮辛采干家务等，满足妻子希望他陪伴的要求。这样一来，他们在婚姻中的幸福指数便会得到增长，实现夫妻关系的和谐。

六、攀比之后，我的婚姻走到崩溃边缘

口述/葛宁

在尴尬的时刻重遇他

我想，很多人都想象过与旧情人重遇的情景吧。我与卓非分手后，也无

数次想象过在街头与他重逢：我带着丈夫志辉和女儿快快乐乐地在一起，他穷困潦倒孤家寡人。

不要说我狠，有哪个女人希望自己甩了的男朋友过得比自己好的？那不是证明自己没眼光，错过了最大的那株麦穗吗？

但上天似乎真的想报应我。在我最忙乱、最没心情打扮的那个清早，遇见了卓非。

那是周六清晨，雨淅淅沥沥地下着，我抱着发烧熟睡的女儿乐乐，在公共汽车亭等车。志辉和我们母女一起出门，刚上了前面那辆开往他们单位的公交车——他必须加班，没办法陪我们去医院。我看着没完没了下着的雨，烦躁一丝丝地爬上了心头，可那趟七点半的车还是没有来。

忽然，一辆黑色的轿车缓缓停靠在我面前，有人开了车门，探出头来叫我上车。我定神一看，那不是卓非吗？6年没见，还是那么年轻，得体的衣着显示着他的品位。我犹豫了一阵便坐在了副驾驶位置上，发着烧的乐乐还是沉沉地睡着。

车子平稳地行驶，车上却是难堪的沉默。我笑笑，问卓非结婚了没有，他说自己才30岁，不急，再说，见了不少姑娘，却总喜欢拿她们与第一个比较，总觉得不够好。我的脸有些发热，因为他说的第一个，就是我。

到了医院，卓非执意陪我带乐乐看病。我拗不过，只好同意了。划价，付款，取药，都是卓非做的。等护士输液的当儿，我要把钱还给他，他不肯，只说，这么多年没见，就让我替你做点事吧。

我的心被刺痛了：难道我给他的感觉就这么差，潦倒到连医药费都要他帮我交？我说，我不缺这个钱，今天要等车，也是因为车子坏了送修理厂，还没取呢。

“那你老公怎么没陪着你来？”他问我，看样子是想找我的痛处吧。

我笑笑说：“他去外地谈生意了，不在家。”

他“哦”了一声，看了看表，说他9点钟有个会，得走了，然后问我的手机号码。我告诉了他，他用手机拨了过来，说下次联系，并给了我一张名片。名片上，他的职务是一家有名的商贸公司的副总经理。

在照料乐乐输液的那几个小时里，我的思绪像潮水一样退了又涨。如果，6年前我选择了卓非，过的一定是截然不同的生活吧。可那时母亲反对得很厉害，说卓非是独子，年轻不懂事，吃不了苦，非得要人侍候的；我是独生女儿，同样是父母手心里的宝贝，怎么说也得找个会宠人的男人来嫁。卓非立场不够坚定，不肯跟我一起争取，我一生气说了狠话，分手后就绝交，就这么断了来往。

志辉是后来母亲托人介绍认识的，比我大5岁，对我很好，我看他条件不错，已经是正科级干部，以后升职应该不难，不会让我过得太苦的，就顺理成章地和他结了婚。志辉总是抢着干家务活，把我保护得好好的，别人都说，我看上去还像20多岁的姑娘，一点都不像30岁的人。

可惜，志辉却没能再前进一步，还是一个小科长。我们家住的是他们单位的集资房，当初两家凑了钱买的婚房，5年了，都没挪过窝。车子坏了送修只是我的借口，我们这样的家庭，哪里买得起私家车？我最大的心愿是换一套大的新房子。在离市里的小学最近的那个楼盘，我拖着志辉去看过两次了。但对于房子的大小，我们还有着分歧，我想要个三室的，志辉说两室就够了，否则还贷压力大。

现在，看到卓非日子过得滋润，我心里相当别扭。我希望不再见到他，可是他却主动来找我了。

我必须设法捍卫自己的尊严

卓非打来电话时，我正在办公室里理着这个月的最新报表。他问我周末有没有空，以前一块儿混的那帮人听说他和我又碰上面了，都说是缘分哪，让他组织一个聚会，请我参加。

我说回家还要照看孩子呢，他却说，让你父母或老公代看一下也行吧，我是代表大家的，你不会不给面子吧。

我无奈地答应了。虽然有5年多没见他圈子里的那些人了，但那些人都是出身不错还很贪玩的主儿，想来我要像平时那样去赴会是不行的。我想，总得弄个像样的行头吧。到网上查了查手上那张银行卡的余额，还有4000多块，买个1000多块钱的包、一枚像样的戒指还是足够的。至于项链，我脖子上就有一条，估计他们不会细究那是铂金还是钯金的。我家里也有一两件穿得出去的裙子，选一件就可以了。

可是，万一卓非问起我的车呢？不行，我得借上一辆。单位里的同事一窝蜂地学车时，我也跟着报名学会了，但很少有机会开。闺蜜李莹有辆科鲁兹，我得向她借用一下。她听了我借车的原因，说，这种打肿脸充胖子的事，少做为妙。我说，我那是向旧情人示威，你借还是不借？她叹了口气，把车钥匙给了我。我和她约好，聚会完毕，立马把车还给她。

聚会是在卓非家举行的，楼中楼，客厅宽得让我眼馋，我家的顶多只有它的一半，搁了家具和乐乐的玩具，显得窄小而杂乱。

我是瞒了志辉过来的，借口公司同事约我逛街，带着乐乐不方便，晚上不回家吃饭了。客人都是卓非的朋友，当年我们谈恋爱时，常和这些人一起玩。一见面，他们就聊着各自的事业和家庭，我听得心里不是滋味，他们都过得比我好，女的嫁了有钱或是有权的老公，男的则有车有房。我知道自己不是他们这个圈子里的，从前就不是，自卑渐渐地涌了上来，止也止不住。

饭菜是附近的酒店送过来的，很丰盛，摆满了长形的大餐桌。席间有人问我，最近过得怎么样。我笑了笑，说还是在原来的公司当会计。那人“哦”了一声道，现在那里的效益不怎么行啊，索性嫁了我们卓非，在家做全职太太吧。

我的脸僵住了，礼貌地说我已婚。接着便是例行的询问，爱人是哪的，买了哪一区的房子，小孩几岁了。这顿饭吃得一点也不轻松，我如坐针毡。为了捍卫我的自尊，我必须得把我的生活现状说得好一些——我不想看到他们对我的轻视。

席间，有个女的很羡慕我保养得好，说看得出我生活优越，一定不用干家务活。我笑了笑，说，是啊，老公很宠我，活都让钟点工干了。

聚会散了，我开着李莹的科鲁兹往她家赶，心里却没有胜利的喜悦，虽然在这群人眼里，我没有露出破绽，很好地展示了我比上不足比下有余的生活，但我还是害怕有被人揭穿的时候，因为我的房子不在那个小区，我的车是别人的。

东借西凑，是为了圆一个又一个谎

为了让我的话站得住脚，我必须给自己圆谎。我对志辉提出，就是还上15年的公积金贷款，也得买上那个小区的房子，二手房也行。正好有房地产中介的电话，我马上联系，还找着了房源。那个急着出手的房子位置很合适，三室两厅，价钱也比二期的现房低。志辉拗不过我，拿着计算器，把家里所有的存款合计了一遍，卖了旧房，除掉装修费，付一半房款是足够的。贷款我们也符合政策，不难。我悬着的心总算放了下来，房子简单装修一下，就能入住，这下再有人问我住哪，我的回答可就理直气壮了。

卓非还不时地打电话约我，我都推了，我说我已经结婚了，老公对我很好，我不想让他误会。其实主要的原因，还是怕我的谎言露出马脚。为了证实我过得不差，我正在努力地补救呢。

家具，我要买全新的全友家私；橱柜，我要欧派的；窗帘，我得加上一层纱；门有点土气，得换；家用电器，也得换全套，要好看的，质量过硬的。我把我的装修和购买计划列成清单交给志辉，他一看就傻了眼："不是说二手房简单装修就可以了吗？现在你这个，没10多万拿不下来。"

我撒娇说，一步到位嘛，省得以后还得重新弄，那更花钱。他问我："这钱哪来？我们买了房，本来钱就紧，而且每月还贷、给乐乐存教育基金之类都是一笔不小的数目，到时候到哪找这些钱？"

我说："车到山前必有路，你哥不是有钱吗，向他借点。我也向我父母借点，他们退休金涨了，现在不急用钱。"

"可借还不是得还？压力一样大！"他急了。我反驳："难道你就忍心咱们一家三口一直苦下去？提前过有品质的生活又怎么了？"

他拉不下面子，我亲自出马。借钱，买材料，装修，买家具电器，都是我一手包办。最后买液晶电视还缺钱，我又向李莹借了3000。前前后后借了亲友10万多，我们才把房子弄好，搬了进去。

我觉得自己还是缺点什么，对，那就是一辆车——科鲁兹。可我再也不敢向志辉提了。我知道，提出来，他会一蹦三丈高的。

那个小区住的人一般都属于中高收入群体，为了面子，我更注重打扮自己，买好衣服，用好化妆品，无形之中提升了个人的品位。至于交通工具，我再也不等公交车，为了证明我不穷，我出门都打车。花销比以前更大了，我想，节流不成，就开源吧，一定得和志辉好好谈谈，我的科鲁兹还得指着他呢。

债台高筑，婚姻内外交困

我想和志辉好好谈谈，他看着手上的那几张借条，苦着脸。我对他说："没了钱，要还债，以后我们有努力的动力了。现在，你那单位稳定是稳定，可一点额外收入都没有，我们家的欠款什么时候才能还清呢？你和你哥商量一下，能不能入伙做点生意，这样可以多挣点钱。"

"还入伙？我上回跟我哥借钱，他就已经一脸的不高兴了，最近还催我早点把钱还给他。现在我上哪去找钱入伙？而且真交了，你以为他不要把我们欠他的债收回去呀？你还以为商人会跟你讲亲情？"志辉怒了。

"可现在这样，我们的手头太紧了。"我还想央求。

他说，手头紧也是我造成的，如果我不是非买大房子，非要好家具、好电器，用得着花这么多钱吗？

这是婚后我们第一次这么激烈地争吵，因为钱——我没想到志辉会这么在乎钱：我决定向李莹打听，最近可有公司在她供职的会计师事务所里寻兼职会计，我想兼上两三份做做。李莹说有是有，但业余时间做，还是挺辛苦的，劝我考虑清楚。我能有什么办法，只能兼了，不然，志辉爱理不理，我要花钱，钱从哪来？

晚上在家，我还得赶着做兼职，乐乐不乐意了，老在书房里跑进跑出，我烦了叫志辉管管她，他倒一副事不关己高高挂起的样儿，说："这么辛苦为了啥，不就为了你的虚荣心吗？这下尝到滋味了吧！"

志辉闲着看我受苦，还说这些带刺的话，让我很不舒服，可这是我自找的，我能有什么办法呢？

过了大半年，他哥说资金周转不灵，叫我们把借他的5万块还给他。志辉絮叨个不停："看吧，这回上哪拿5万？还有我们每月必还的1500，还有……"

我也按捺不住了——尽管我知道自己理亏——大声说道："我想办法还不行吗？我现在不正忙着挣外快吗？你还想怎么样？"

后来，这5万块有一半是李莹借给我的——她绝对是个好闺蜜——还有父母又从他们新省下的退休金里借了2万给我，还有5千是我自己挤出来的。在这个时候，我才知道，枕边人还不如闺蜜靠得住，我对志辉算是失望透顶了。

这段时间，我和志辉因为债台高筑的事，弄得关系很僵，而且公公婆婆和他哥哥对我的看法也很糟糕——他们说想不到我这个看起来还乖巧的媳妇，原来是个不懂得量入为出只懂得享受的人。

现在，我家的经济压力很大，我却不想降低生活水准。我和志辉的关系很紧张，没想到性格温和的他，会为了钱的事和我吵个没完。我觉得和他都快过不下去了，可是，万一离婚，这沉重的债务和房贷，靠我一个人又怎么还得清？我们分开了，乐乐怎么办？这些问题纠结得我睡眠都不正常了。我越来越茫然，不知我的婚姻会走向何方。

[心理解码] 克服虚荣心理，脚踏实地生活

人在社会中生存，必然会通过与他人比较以对自身进行评价，这是自我评价的需要。美国心理学家费斯廷格把这种比较现象叫作社会比较。

与条件相近的人相比较是相对准确的比较方式，但是，有些人却喜欢与条件比自己好甚至好得多的人进行比较。自己往往处于劣势，却偏偏要与比自己强的人相比，以此达到满足虚荣心或保护自尊的目的，这种行为叫作“攀比”。攀比的根源，来自虚荣的心理。

与旧情人卓非的重逢，使葛宁的自尊受到了刺激，因为卓非的生活远比她过得好。为了维护自尊，不让卓非和以前的熟人看到自己平凡的生活，葛宁以谎言描绘了自己生活的优越；为了圆谎向亲友借款，使家庭经济压力骤然加剧，并导致夫妻间的矛盾激化。

她不顾自身经济条件的不足，要在衣食住行上不输于卓非，这就是虚荣心理作祟引发的攀比，不仅她自己觉得累，而且牵连了家人和朋友，还要为此付出代价，得不偿失。

与志辉的关系，不是不能改善的，既然知道是攀比导致的结果，那就主动提高思想认识，克服虚荣心理，像以前那样，脚踏实地地生活。

要多顾及家人和朋友的感受，不能因虚荣而带给他们太大压力。在爱慕虚荣人的心理世界里，想到的只是自己的名声，想到的只是不要输给别人，却忽略了爱人、亲友的感情。葛宁一定要认识到，亲情、友情和爱情，远远比表面的风光重要，如果失去了这些，就失去了最宝贵的东西；而虚荣带来的副作用是长远的，要为之付出沉重的代价。

要认清外在的风光不如自己的能力重要。想要得到别人的尊重，住高档

小区、打扮入时、用品高级都是次要的，品质和才华、能力才是重要的；关键是要自信，多把修饰表面的精力放在提升自己的能力和内在修养方面，才会有更多的人佩服你、尊重你。

要有一颗平常心，养成量入为出的习惯。不要只把眼睛盯在生活比自己好得多的人身上，要多了解周围普通人生活的情况，逐步拥有一颗平常心；要记好收入和支出账，量入为出，经济压力大就节俭地生活，并与爱人商量，寻找增加收入早日还清债务的途径。亡羊补牢，未为晚矣。

如果想提升现有的生活水准，那就确定能达到的适当目标，并为之努力，这样，生活才可能得到稳定踏实的改善。

七、负面情绪，“家庭战争”的导火索

口述/凌燕燕

公司“地震”，我成了受气包

我认为夫妻之间性格互补很重要。我结婚10年了，家庭一直很和睦，这和我丈夫王森性格温和、能够容忍我的急性子有关。

我这人性格外向，办事风风火火，在公司里很受总经理赏识，工作上顺风顺水；家里，幼儿教师出身的婆婆帮我把孩子教得懂事听话，家务打理得有条不紊，我不用操心。所以，我其实也没发过什么大脾气，也就是有时使使小性子，只要我一装出生气的样子，王森就来哄我，把我逗得笑起来，就没什么事了。总的来说，我的生活很顺心，心情自然也不错。

可是，最近公司闹了一场“地震”，赏识我的总经理因为要照顾家庭而调回了总公司，总公司就空降了一个女老总过来。新老总年纪和我差不多大，一副尖酸刻薄的样子，我暗自觉得不妙：她的气场和我不对。我已经隐隐约约地感觉到，她的到来，对我不是福而是祸。

总公司和分公司的消息是相通的，没多久我就听到八卦消息说，前老总和现任老总关系不好，他们前几年就一起竞争过我们分公司的总经理职位，结果现任老总不仅落败，还因为没能在我们公司任职，与来我们市挂职的老公感情出现问题。我心里咯噔一下：这证明她和前老总有仇呀，看来我在公司的位

置有点悬了。

公司里流传的小道消息说，新老总已经着手暗中考察公司中层，很可能来个人事大调整，弄得人心惶惶。我作为策划部的经理，当然也难排除在外。再说，我可是前老总由一般的文案人员一手提拔起来的。这样一来，说不定她第一个开刀的就是我。

看着我闷闷不乐的样子，王森说，船到桥头自然直，愁不死的，你本来挺开朗的，为还没有结果的事发愁，这根本不像你的风格。我“嗯”了一声，其实他的话帮不了我，我还是愁，我怕被穿小鞋，怕被降职，因为我在公司里一向很顺，不想让人看我笑话。

我的预感没错，新老总心胸狭隘，遇事挑剔，尽管最后只是调整了两个部门副经理的职务，我的职位还在，但工作明显不如以前愉快了。她对我们部门做的事总是挑三拣四，指手画脚，做文案和美工的女孩子都快被她吓哭了。我们配合公司营销部做的大型宣传活动，就连舞台上的一盆花的摆放位置她都要批上几句。她说我这个经理不称职，公司的策划没有中长期的计划，营销部指哪打哪，没有前瞻性，工作很被动。

后来听说她最早时曾经在总公司策划部干过，怪不得这么爱挑我的毛病。我成了公司里的受气包之一，只要新老总一生气，我挨批的可能性至少在50%以上。我能不痛苦吗？能不委屈吗？辛辛苦苦忙个没完，还要受这种气。

无处发泄，家人变成出气筒

我是那种受了气就不想忍下去的人，可是，在公司里我一点都没敢发泄出来。毕竟，职场上那么多人在虎视眈眈，我的职位虽说不是什么肥缺，但中层与一般员工的收入还是有一定差距的，谁想被降职呢？我要是在公司里把对新老总的不满表现出来，很大的可能就是不知被哪个人告到新老总那儿，踩着我上位，吃不了兜着走。所以，我只能忍。被批了一通还装得很淡定，本不是我的性格，可是要保住现在的职位，我再难受也得坚持下去。

回到家，我可再也装不下去了。工作一不顺心，看什么都不顺眼。

婆婆的饭菜是做好摆在桌上了，可是那碟青菜炒老了，发黄，盐也不多放点，淡淡的，我吃时直皱眉，可我也没敢对婆婆的做菜水平作评价。

女儿吃饭速度一直很慢，看她模样，就像在数饭粒似的，不知道啥时候才能吃完，一会我还得辅导她做作业呢。我的火气腾地上来了，找到了发泄的出口："小莉，你磨磨蹭蹭的干嘛？瞧你那样儿，饭是药吗？这么难吃？"

女儿眼里马上浸满泪水，婆婆也看不过去了，说吃饭慢是孩子的习惯，这习惯也不算坏，以后让她稍微吃快点就是了。王森看了看我，没说话，他比较能忍。

我对女儿做的作业还是比较满意的，这孩子让人放心，可今晚她明显不在状态，数学题错了一道。我指着那答案问她："你怎么算的？这么粗心！"

回到卧室，王森才对我提意见，说今晚我的态度就像吃了火药，平时都能平静对待的事儿，现在怎么语气这么冲？把老人、孩子都吓着了，大家都不敢说话了。我对他说："你不知道我现在多窝火，老总老和我对着干，好像我跟她有仇似的，我做的事她就看不顺眼，我看迟早我在公司待不下去。"

他说，可能是因为你一开始就对新老总有了看法，所以才会处处觉得她针对你，看开点就好了。我马上刺了他："看开？换了是你你看能不能看开？你到底帮谁说话呢？"他知道我要吵架，马上不说话了。没了对手，我这火也发不下去了。可是，心里实在是太憋屈了。

第二天还得面对那个可恶的老总，不知道她会怎么挑我们策划部的刺儿。因为她对我的成见，不仅我受苦，还连累我手下的人，我很是过意不去。可是，除了忍，我又有什么办法？

这么一来，我的情绪就形成了恶性循环：在公司里不得不忍，在家里就得想法发泄；家人成了我的出气筒，我这个急性子的火暴脾气终于"全面绽放"。

他忍无可忍，"家庭战争"爆发

最近，按照总公司要求，分公司有个大型促销活动，公司旗下的几个大卖场都要重新设计和印制宣传海报和DM广告，还得联络有关单位，举办一场文艺演出。我们部门事先开会研究分工问题，认为时间紧任务重，人手不够，就写申请要求增加人手。老总阴阳怪气地说，有这写申请的工夫，都可以多打几个电话多设计几个图了。现在各部门人手都缺，抽不出人来，你们还是多加点班吧。

人手少你就不能多招几个来吗？我心里嘀咕着，可也只能无奈地从她办公室退出来。大家一听晚上要加班，都齐声表示不满。我只能强忍着内心比他们更大的不满，不露声色地鼓励他们，一定要按时按质完成任务，表现出我们策划部的工作水平和工作效率。

那一周，我们每晚都忙到十一二点。新方案一出来，老总就品评一番，叫我们返工，弄得大家怨声载道。我还是不能怨，还得以经理的身份做他们的思想工作。有一天路过茶水间，我听到有人在议论，说做我的手下最惨，看来老总知道我是前老总的人，正在拼命踩我，连带我手下都受苦。我一看，说话的正是我们策划部的人。

我现在可是风箱里的老鼠——两头受气。

更让我气愤的是，王森也不理解我。我在公司里四面楚歌，又气又累，加班回到家，王森看到我回来打声招呼就回卧室了，还没等我洗漱完毕，他已经呼呼大睡，对我没半点关心。有一天我实在忍不住了，把他给踢醒了，他睡眼蒙眬地看着我。我吼道："这日子还过不过了？老婆在单位受苦，老公心安理得地睡觉？你知道我心里多委屈？"

不由分说，我絮絮叨叨地把自己这段时间加班的烦心事说了一遍，可说到一半，这家伙竟然又睡着了。

我气得想哭，又推又掐，把他给叫醒，他睁开眼睛不耐烦地说："你又不是不知道我缺觉，我很能睡！这事儿明天再说好吗，你说过很多遍了。我也很忙。明天一早就得上班！再说，深更半夜说话，影响别人休息！"我只得放了他一马。

第二天，借着婆婆带女儿到楼下去玩的机会，我俩爆发了结婚以来最激烈的一场争吵。我说王森从来没为我的处境想过，王森说我心态有问题，加班对策划部来说不是常有的事吗，怎么换了个老总就气得这么厉害。再说了，这段时间我在家的表现很不好，经常绷着脸，好像全世界都欠了我似的，还有事没事有理没理冲着家里人发火。这状态再持续下去，大家都没法过日子了，散了算了。

"好啊！你是不是早就等着这一天了，和我摊牌，好和我离婚？外面早就找好一个了吧？好，我脾气不好，让你们看着不舒服，我成全你！"我气呼呼地狠狠推了王森一把。

就在这当儿，婆婆和女儿开门进来，都呆住了。女儿哪里见过这样的架势？哇地一声就哭了。

在婆婆的劝说下，我们暂时处于冷战阶段。我心里很烦，再这么下去，这个家迟早会散。我知道问题主要出在我身上，可是，人心里一难受，不发泄一下可真受不了。难道不是吗？

[心理解码] 调整心态，别让负面情绪影响婚姻

在外遇到令自己委屈或生气的事情，不少人都习惯忍受，然后把负面情绪带回家。对于他们来说，只有家，才是彻底放松心情、卸下面具的地方；只有亲人，才能忍受得了他们情绪的变化。特别是某些非常在意个人形象的好强的人，更是如此。

他们没有意识到，负面情绪却像感冒病毒，是会传染的，当它日复一日在家里蔓延，只会使人心理压抑，导致家庭矛盾产生。

因为上司的变动，凌燕燕遭遇了工作以来最大的不顺。她的负面情绪因上司的尖刻挑剔而产生，又因她对上司的成见和敌意而加重，而情绪的不良又使她的工作备受影响。为了事业，她在公司里必须忍，但负面情绪的累积却急需一个出口，于是便把这种情绪带回家。家人，特别是爱人王森，就成了她的出气筒。

但是，这种发泄方式并不能解决问题，她的怨气依旧在，而且越来越大，导致爱人王森也变劝说为针锋相对，因为她的情绪已经影响了他。发展到最后，便导致了“家庭战争”。

对于被负面情绪困扰的人来说，要维持家庭的和睦和夫妻之间的感情，就要调整自己的心态，把工作中和生活中的情绪分开，尽量把不愉快的心情在到家之前化解掉，或者暂时忘掉，别把负面情绪带回家。

在心情不佳时，要学会转移自己的注意力，做些自己喜欢的事，学会在业余时间找寻自己的快乐。

要珍惜家人和夫妻之间的感情，认识到单位与家庭是不同的地方，别把自己的负面情绪转嫁给另一半。让家里洋溢着笑意和温情，怨气也会在不知不觉中消散。

更重要的还是心态的调整。对于累积已久的负面情绪，要放宽心胸，学会找到根源，逐步将之解开，看待人和事物要客观全面一些。凌燕燕一开始就

对新上司有了先入为主的不良印象，随着工作上一些问题的发生，更是变得无法扭转，由此严重影响了自己的心情。

负面情绪若无法自我排解时，可寻求心理帮助，采用倾诉的方式进行宣泄，这也是一种极好的排解方法。

真的没有办法与上司相处下去，就换一个工作环境吧，借此换一种心情。切记不能做负面情绪的奴隶，要多从工作和生活中寻找和感受积极的情绪。

八、格差婚，我的婚姻遭遇冷暴力

口述/谭晶莹

感情受阻，我赌气嫁给他

那天，在报纸上看到“格差婚”这个词，我猛然明白，我和郭斌之间的关系这么糟，十有八九是因为我们就是格差婚——郭斌是个帅哥，但除了相貌之外，其他条件都与我存在着一定差距，我们就是典型的“女高男低”的婚姻，当然这指的不是个子，而是个人条件。

我的家庭条件不错，父母都是处级干部，在单位担任领导职务，他们都很宠爱我这个独生女儿，希望我能陪在他们身边。在上海读大学时，我认识了一个外地男友，我们的家一南一北，相隔很远。自从我妈从我的电脑里看到了那个男生的照片，就不停地追问他和我的关系进展到什么程度，他肯不肯跟我来这边安家。我说，他家也只是他一个儿子，我很可能要跟随着他。我妈听了很不高兴，唉声叹气了好一阵。她说，要是我不在身边，她的心会没着没落的；其实以他们的能力，是可以帮助那个男生在这边找到一份好工作的。

我不忍心看到我妈发愁，就跟男友商量，看他愿不愿意跟我过来。可他不肯妥协，因为他父母在他心目中也很重要。在找工作的那段时间，我们开始拉锯战，最后他获胜，我跟他到他家所在的城市，同一家待遇不错的公司签了就业意向书。但过年回到家，我妈一听到我的决定就抹起眼泪，软硬兼施，坚决不同意我到北方去，要不她就不认我这个女儿了。我只能遵从她的决定，放弃了异地恋。

因为初恋就这么被我妈拆散，我很伤心，也窝了一肚子火，对追求我的男人一概予以拒绝。后来我想想，反正怎么也得结一次婚，那随便找个人嫁算了，反正我妈都不真正看中我的意愿，嫁谁还不一样？

就是这种想法害了我。那时，我妈单位有个秘书来我家给我妈送文件，对我很有好感，我妈觉得他人不错，工作又踏实，就叫我和他处处对象看。我无所谓了，就打算讨讨她的欢心，才和秘书谈了两个月“恋爱”，就火速结婚。

这个秘书，就是我现在这个不争气的老公郭斌。

在我妈眼里，他是个理想的女婿人选，家在农村，兄弟两个，负担不重，人又老实，因为没钱买房，可以在我家住着，我还可以照样陪着她和我爸。再说了，他写得一手好文章，领导对他印象不错，人又长得高大精神，换套像样点的衣服，和我一同走在街上，也是一对引人注目的俊男靓女。

我赌气地想，好呀，我喜欢的人你们反对，那我就看看，你们选人是不是眼光就很准！

他不长进，我恨铁不成钢

刚结婚时，我对郭斌的感情虽然不深，可并不讨厌他，他也体现出农村孩子懂事吃苦的特点，对我很体贴，在父母面前表现也很积极，家务抢着干，好话一箩筐，平时也爱说点笑话逗我笑。我也想开了，结婚不就是过日子吗，找个老实人过点安稳日子就算了，什么情呀爱的，都是过眼云烟。

有了这样的想法，加上郭斌分担了所有家务，我就把精力放在了工作上。为了封住同事的口，证明我是有真才实学不是只靠关系进来的，我很卖力，也很快在单位里展现出了自己的工作实力。除了休产假之外，我几乎没有休过一个年假，把大量的时间扑在工作上。我的努力得到了回报，职位不断上升，儿子读小学时，我已经是单位的办公室主任，作为单位最年轻的正科级干部，还参加了党校的处级后备干部培训。

我妈却看走了眼，郭斌比我早工作两年，竟然还是个一般干部。为了照顾家里和孩子，他主动要求调到工作清闲的科室，更没出头之日了。更让我生气的是，他还学会了打麻将，我妈退休后负责照看儿子，他就借口应酬，和朋友玩去了。

我发现真相的时候跟他吵了一架。我说："你这人，怎么没半点长进？你看看这些年，我爸妈想帮你还帮不上！"

他怪里怪气地跟我针锋相对："谭主任，我是没你那本事，也没那么厚的脸皮，好意思借自己老丈人和丈母娘的关系来升职。谁叫你当初没眼光，找了个不配你的丈夫？"

这话把我气得够呛："郭斌，你吃我们家的，住我们家的，我们家还没少资助你们家，我们对你还不够好？你竟然还敢顶撞我？"

"原来，我在你心目中就是一吃软饭的？我为这个家做的一切，你都看不见？"他气冲冲地出了门，那个晚上根本没回来过夜。

我妈问我出了什么事，我说没什么，最近工作压力大，心里不舒服，所以就和郭斌吵了吵。我妈看起来并不怎么相信，还叫我不要发小姐脾气，对郭斌好一点。我暗暗责怪郭斌不懂事，我们可是和老人一起住的，他闹这么一出，那不是故意让老人担心吗？

第二天郭斌回来，我跟他摊了牌，叫他以后要是对我有意见，也不能让我父母知道。他面无表情地"嗯"了一声，以后没有再出现在家时跑到外面过夜的情况，我们有问题也是关起门来说，瞒着老人和孩子。可是，我一说了不合他心意的话，他就换了个表情，一副心事重重的样子，根本不爱搭理我。

沉默压抑，家庭氛围让我难以忍受

这事情起了个头，就没完没了。郭斌在我父母和儿子面前，还是一样抢着做家务、爱逗孩子玩，但和我说话却是在非说不可时才说，明显地可以看出我们关系的冷淡，说笑话更是刚认识和新婚那时候的事了。我想起来了，当我把精力都放到事业和进修学习上时，我与他已经存在着不少的分歧，但那时候没有精力去顾及这么多。直到那次他和我发生了语言上的冲突，我才意识到，其实他的心态早就变了。

他晚上回家也早了，不再打麻将，儿子一睡着，他就对着电脑不挪窝。那游戏他能玩到凌晨，我睡了的时候他才上床，其实我也没睡着，心里窝火着呢。第二天，我起来时，他呼呼大睡，我把他闹醒了催他上班，他就一声不响地穿衣服。

我干涉过他，他说："我都不像人家那样天天出去玩了，就在家里玩个游戏你也管？上班那么忙，休息时自娱自乐一下又怎么了？”再后来，他不理我了，嫌我烦，我说什么，他都当耳旁风，照样玩他的，直到我自讨没趣地撤退。知道多说无益，我也就不再说了。

我明白，郭斌是在刻意地疏远我。每当我要和他商量点什么事的时候，他都一副“听凭发落”的样子，懒懒地回应：“你定，我说了不算。”我的热情马上就被冻结。回到房间，如果我们两个人都没睡，他就总是把脊背对着我，不知在想什么心事。我主动叫他，他也不会理我。至于以前的亲昵动作，一概没有了。

在父母和儿子面前，我们还在维持着表面的和睦，不吵架，但也没有特别高兴过——除非刻意表现。母亲也看出不妥来了。她问我，你们是不是闹矛盾了？我说，妈，你想多了，结婚久了都这样，你和爸也差不多吧，现在的人工作忙，事情多，哪能天天笑着？

郭斌能配合我在别人面前表现出关系正常已经不错了。我总在想，我们能不能再调和一下关系——我是性格外向的人，天天要我这样憋着，实在是太难受了。夫妻俩天天对着，却像是陌生人一样，这种滋味我实在不想再尝。

虽说家丑不可外扬，我还是向知心好友吐露了这个秘密。她问：“他这么做肯定有理由吧？是不是有外遇了？你呀，可不能一心只扑在工作上，家里的事也得上点心！”

我认为她的话有道理，算起来，郭斌已经有大半年没碰过我了。这确实比较反常，可是，他晚上一直在家，按理没有机会啊！

“说不定是办公室恋情！”好友眼前一亮，“他们经常相处，倒不会在乎晚上这点时间！”

我摇摇头说，郭斌要钱没钱，要权没权，在他们那种机关单位，还会有姑娘看得上他？

好友说，不排除有只要爱情不要面包的女孩子，郭斌长得不错，有人喜欢也不奇怪啊。

可我还是不怎么相信——他这样没半点上进心的男人，还会有拈花惹草的魅力？

怨气累积，他的冷暴力因我而起

好友让我多个心眼，平时多留意郭斌的行为。单位里的事务实在太多，我经常推迟下班，哪有这么多闲心呢？再说，我们的感情已经淡漠到如此地步，不是为了孩子，也许早就散了，何必还计较这么多呢？

1个多月后，好友急匆匆地打电话给我，说她发现郭斌经常接送一个年轻女同事。好友的办公室就在郭斌办公室的楼下，只要一注意就发现了，而且郭斌一点都不避嫌。好友从QQ上给我传了手机拍下的郭斌和那姑娘的照片，我一看就心寒：怪不得他一直都不理我，也很久不肯带我去参加他们同事的活动，原来，竟是因为有了新欢！

郭斌哄睡了儿子，进书房来了，我打开照片问他："这下你还有什么话说？想离婚，你早说啊，何必那么辛苦地拖着，大家都不痛快！"

他没有说话，我最恨他这种木乃伊的样子——就当我是透明人一样。我把门关严实，把声音提高了些："你倒是说话呀，这算什么，默认？"

他很平静地说："你认为是什么样就什么样吧。"

我气极了，说："我们还是一五一十说清楚吧！我跟你没有任何实质性的交流，已经有八九个月了吧？说实话，这段时间，我非常压抑，再这么下去，我想我会疯掉的。坦白说吧，你为什么要这么对我？"

他还是那么平静地看着我："你问我，还不如问自己，你一直是怎么对我的。我可以忍，但能忍得了一时，不可能忍得了一世。现在，我就是不想再忍下去，才用这种方法向你表示抗议的。我们结婚这么多年，你有没有认真想过，你是怎么对我的？"

那些事从郭斌口中一一说出，我才知道，自己不经意的言行，在他心底留下了多深的伤害。他的心思是多么细密，每一件刺痛过他的小事，他都记得那么清楚。

我们结婚时，我回农村婆家，看到他们家那简陋的环境和油腻腻的碗筷时皱过眉，从那时起他就认为我看不起他家，并一直在寻找我的表现来进行佐证。我也不给他面子，在同事面前，总对他呼来喝去；向他征求意见，每次他说了都是白说；我老是要求他上进升职，却不知道他在单位受排挤，不得不去做了个闲职……那次我冲口而出的话，使他累积已久的怨气爆发，他就采用了对我不理不睬的方式来对抗。

原来，婚姻中他选择了冷暴力，只是因为受到了我无意中的伤害。我不知道，我们从现在开始改变相处的方式，会不会还来得及？我很后悔，如果早知道他的这种心理，也许，我会注意自己对他的态度，就不会走到现在这一步了。

[心理解码] 内心平等，才能彼此尊重

谭晶莹遭遇了婚姻中的冷暴力，是因为她的言行一再触及了丈夫郭斌的自尊底线。对于男人来说，面子很重要，但她偏偏拂了丈夫的面子，使他的自尊在她和旁人面前一再受挫，终于以沉默来表示抗议。

女高男低的婚姻，男方本就比较自卑和敏感，若女方在潜意识中存在着优越感，认为高对方一等，并为了让对方拉近与自己的距离而不停地改造对方，结果往往会导致彼此关系紧张，使男方的自卑感更加强烈。

既然你过了自己的心理关，选择了条件不如自己的男性作为伴侣，那就意味着你连带对方本人及背景的劣势都予以接受，那就要平等地对待他，并且必须是发自内心的平等，他才能感到自己人格被尊重。

尊重他，自然会尊重他的意见。在商量家庭大事时，他的意见若正确，就要乐于采取；如果不合适，也要解释清楚，不能走形式，让他感觉到你不重视他。

在外人面前，要给予他足够的面子，别为了固执己见而对他的做法指指点点或表示反对，有什么事回家再商量，别给人留下他“怕老婆”的印象；嫁给了他，请尊重他生活过的环境，尊重他的父母、亲友，这也是对他的尊重。

男人的表面是坚强的，其实内心也有脆弱的一面。抓住他们的心理特点，从各方面表现出你的温柔而非强势，表现出你也需要他保护和帮助的柔弱一面，使他在对你的帮助中找到自身的价值。

不要只顾着自己的感受而忘了另一半的感受，多留意他为你所做的一切，还有他身上的优点，而不是一味地看到他的不足，再普通的男人也会有他的长处。对他的付出，不要认为是理所当然的，不要吝于赞美，男人也是爱听表扬的，赏识的话语，会使他更有自信，有利于提升他的自尊。

只有相互欣赏的伴侣，才能产生真挚的感情；只有互相尊重的婚姻，才能稳定持久。

第4章　小三来袭：可恨之人亦有可怜之处

◇◇

小三，是插足婚姻的第三者，遭人唾弃，结局悲凉，极少有“转正”的机会，但仍有人飞蛾扑火。在伤害别人的同时，小三也在伤害自己，不如打开心结，自尊自爱，寻找只属于两个人的情感天空。

◇◇

一、情人，AA制也无法挽回你的尊严

口述/何绮

失意时，他在黑暗中给我光亮

我初恋失败的那年冬天分外寒冷，在这个绿树成阴的城市里，每天都会看到许多黄叶飘落。我的心，却比手里触及的温度还要冷。

独自在住处借酒浇愁只会倍感冷清和寂寞，所以我那段时间徘徊在酒吧，冷眼看着别人的热闹，喝着我自己的啤酒，这样才能觉得自己并没有脱离人群。

又是一个微雨的夜，我触景伤情，又一次走进那个常去的酒吧。将近子夜时分，有一桌人喝得醉醺醺地四处闹事，有一个还过来扯了我的胳膊。我想挣脱，他的力气却很大，手就像钳子一样紧。

我正害怕，突然有个高大的男人过来，帮我拉开了那个人，说："别碰她！"他不顾那人骂骂咧咧，把我带到了酒吧门外。

我在路灯下看清了那个高个子男人的脸，他称得上帅气，又带着点文质彬彬的样子。他把我带到他的车子旁边，说："我送你回去吧，一个单身女孩，为什么要来酒吧这么杂的地方呢？"

我不服气地反驳："以前我来都没遇上什么事，不就是这次不走运遇到醉鬼吗？"

"还好，你走运的是遇到了我。"他接了上去，那句话惹得我微微笑了一下。我已经有好些日子没有笑过了。

在路上，他问我为什么看起来有些忧郁，还要一个人来酒吧喝闷酒，是不是遇上不顺心的事了。我在同事面前已经压抑了许久，终于找着了向陌生人倾诉的机会。我把我的伤心事告诉了他，那是关于一个纯真爱情破灭的故事。

大学毕业后，我跟随男友来到这个南方城市，是打算和他过一辈子的。可生活有太多的变数，读书时纯洁的感情也会受到无情的现实影响，变得不再纯粹。工作第二年，他渐渐冷落了我，我的温柔和体贴已得不到他的明显回应。虽然我隐约感到爱情已开始变质，却还是抱着侥幸，希望是我的错觉。

我害怕的结果还是到来了。那天下午下着蒙蒙细雨，男友说他不回来吃饭，公司有应酬。我手中正好有张广告，单位附近的一条小巷有家餐馆开业，有我爱吃的家乡菜，便约了同事去尝尝。

才到巷口，我就看到一个熟悉的身影搂着一个高挑女人，有说有笑地往那家餐馆走去。那一瞬间我心乱如麻，对同事说："我们换一家吧。"

那是我有生以来最黑暗的一天，以前，我还没有过这样的失败。吃完饭，我和同事道了别，进了那家餐馆找人，果然看到了卿卿我我的那对男女，我故意走到他们面前，叫了男友的名字，男友却没有丝毫慌乱，仿佛我是陌生人。

我忍住了没有发作，但心痛得像被刀刺破了一样。能怎么样呢，既然男友不爱了，我撕破脸又有什么用？我只能像遇到一般朋友一样，挤出笑意勉强和他说了几句客套话，离开了。

那女人是本地人，家里有房有车，男友选了她，可以少奋斗很多年。他告诉我，和我一起熬实在太辛苦了，所以，他现实了一把，请我原谅他。

我不是爱抗争的人，主动退出了。可我想起自己以前对男友的好，就恨自己没眼光，看错了人。

那男人默默地听完了我的爱情故事。这时，车已经停在我所住的小区旁的树底下许久了。我的泪水静静地流淌，宣泄完内心的痛苦，这些天来压得我喘不过气来的那块大石头，竟然消失了。

男人说，有什么难过的事，说出来会轻松许多，何必去喝酒呢？这样对身体不好。

我感激地看着他说："谢谢你，不但送我回来，还愿意听我唠叨。"

"听多久都行，我愿意听美女讲故事。"他微笑着说道，从杂物盒里取出了一张名片，"我叫齐哲，有空欢迎骚扰，我乐意奉陪。"

我们就这样认识了。他像是一束光，在我心境黑暗时，给我送来了光亮。一开始，我对他虽有好感，却没有非分之想，他是一家广告公司的总监，作为事业有成的男人，应该有一个幸福的家庭，过着让人钦羡的生活吧。而我，无意打扰他生活的宁静。

陌生城市里，我需要他的慰藉

事情并不按我预料的发展，我以为我们之间只是友情，却在不经意间，感情偏离了发展的轨道。

在这个陌生的城市里，我除了同事并没有认识其他朋友，下了班之后是很寂寞的。想去消遣的时候，我就试着打电话给齐哲，他都爽快地答应。他是一个很好的倾听者，在他的开解下，我逐步淡忘了男友留给我的伤口。

男友离开后，需要花大力气的活没人干，我想到了齐哲，他二话没说就开车来帮我的忙。对他的好感，一点一点地累积下来，我发现自己竟对他有了特别的感觉。

那天，我卫生间的吸顶灯坏了，小区的电工推拖着不肯帮我换，我一个电话打给了齐哲。晚上，他赶过来帮我换了新的节能灯，卫生间顿时明亮起来。

我请他再坐坐，他同意了，问我有没有酒。我把冰箱里放着的一瓶红酒和一小碟泡椒凤爪拿了出来。他喝了两杯，脸上带着茫然的神色，他告诉我，他这段时间也很难过，家里出了很多事，他那个强势的妻子总是跟他闹得不可开交。这不，闹了一通，又带着孩子跑回娘家去了。他一个人在家，也很孤独，很想找人安慰。

我心里某个柔软的角落疼了起来，齐哲的话竟让我心动，我想，我也许可以做安慰他的那个人。他又喝了一杯酒，继续说着他在家里无法被人理解和体谅的痛楚。事业成功的人，在感情上竟然如此落寞，使我产生了同病相怜之感。与男友分手后，我一直渴望找到新的温暖，我突然很想抓住眼前的这个男人，让他成为我的依靠。

我轻轻地走到他跟前说："以前你听我的故事，现在我也听一听你的故事吧。"

齐哲苦笑了一下："有什么可说的呢？我只是觉得，我选择错了，如果给我一个机会，我宁愿选择一个温柔善良的姑娘和我在一起，比如你。"

我在他眼里看到了炽热的光，脸马上被这目光灼热。我心里隐约有些渴望，这被他看在了眼里。那一夜他没有回去，我们突破了最后的那道防线。两个失意的男女，终于在彼此的温暖中得到了感情的慰藉。

齐哲的家庭状况如何，我并不想深究，我和他只是各取所需。在这个举目无亲的城市里，在表面亲热暗里疏离的同事当中我找不到真情，他的适时出现，使我生命中燃起了温暖。

我做了齐哲的情人。我的住处和他的家，分别在这个城市的东头和西头，他总是在与妻子闹了别扭或妻子在外地的时候来我这里。慢慢地，我觉得自己已离不开他的温存。

齐哲比起我的前男友好太多了。从小就独立的他会做一手好菜，在外面吃饭会替我拉开椅子，给我夹菜；他记得我的生理期，会冲好热水袋给我缓解疼痛；会在下着雨的夜，撑着伞陪我去享受雨中漫步的浪漫……我是幸福的，尽管这幸福不能与人分享，但我相信，我很难再找到像齐哲这么好的男人，因此我知足了。

我的幸福，蜷缩在阴暗的角落

我从来没有想过和齐哲结婚，我不想伤害他的家人，只要他一直对我好，我就心满意足了。但我对齐哲越来越依赖，越来越想他花更多的时间陪着我，只要我寂寞的时候他不出现，我心里就会疙疙瘩瘩的。

他有很多规矩，比如，不许在他在家的时间给他发短信打电话，不许到他的公司找他，不许在他工作忙家里事情多的时候约他出去。我们的感情被许多条条框框束缚着，我知道自己就是一枝隐藏在阴暗之中的花，他永远不会让我出现在阳光之下。

齐哲说，如果我们太过张扬，有一天，感情就会枯萎。我想，这就是情人必须面对的无奈吧——得到了一些，就会失去一些。

但我力求在我们的交往中保持平等，至少在经济上，我一定得保持独立。我是有工作、薪水也还过得去的白领，我不需要男人养我。他送我礼物，我必回赠价值差不多的礼物给他；出去吃饭，这顿他请，下一顿我请。即便是外出旅游，我们也是平摊旅费。

其实他也试过要给我钱花，我认认真真地对他说："我们这是爱情，是不能用钱来衡量的。"

他很感动，搂着我说："绮绮，你对我真好，我会好好珍惜的。"他的话我相信，但事实却总让我伤感。

那个国庆长假，他跟我约好，陪妻儿玩几天后，剩下的时间陪我。可是直到长假的最后一天，我还是没有等来他的电话。我很难过，终于明白，在他的感情世界里，我逃不过局外人的命运，他最看重的还是家人，而不是我这个可有可无的婚外情人。

直到第二天上班，齐哲才给我打来电话，说他那几天确实脱不开身，对不起我，请我吃饭道歉。那天晚上他对我极尽温存，我在睡觉时却背对着他流下了眼泪。我听他的话，从来不跟他吵架，从来都是在他难过时劝慰他，可是，换来的却是在我寂寞时对着空空荡荡的房子。

AA制，在真相面前同样无力

不知不觉，我和齐哲手拉手走过了两年时间。那两年，我有时会为他一心顾着家里而冷落我感到难受，甚至偶尔也为这事发一下飚，但是，最后还是会被他安抚平静。我太寂寞了，如果没有他，我的生活里会缺乏许多快乐，也会失去依傍。

最近，齐哲没怎么和我联系，他告诉我，要到外地出差一段时间，因为工作太忙，与我的联络会比较少，让我不要惦念。

那天，我收到了盼望已久的他的短信，他约我在老地方见面，那是一家酒店名为玫瑰的包厢。我喜滋滋地赶到那儿，等了半个小时都没有人出现。这个时候，不知道他会不会在家里，我又不敢贸然打电话。

这时，一个打扮时尚气质高雅的中年女子走了进来，冷若冰霜地坐在了我的对面。我的心跳猛地加速，陪着笑问："请问您是？"

那女子冷笑着说："你不知道我是谁？难道齐哲没把我的照片给你看，让你小心提防着我吗？"

我最担忧的后果，竟在我毫无防备的情形之下出现了。我强迫自己保持镇定，问她："那条短信是你发的？"

女人笑笑："怎么可能？不过，这条短信很不凑巧被我发现了，我和齐哲大闹一场后，代表他来赴宴。我告诉你，别打他的主意，为了我儿子，谁敢破坏我的家庭我跟谁拼命。"

我心里发冷，身体也有了深深的寒意。女人继续说了下去："齐哲是离不开我的。离开我，他就得净身出户，他的努力就会泡汤。你以为他舍得放弃这样大的家业，去跟你这个没有什么根基的女孩子重新奋斗吗？他奔四了，折腾不起了。"她的表情里，有着掩饰不住的得意。

年轻时的齐哲，是像我前男友一样的人。为了舒适的生活，他选择了家境富裕、人脉广的妻子，凭借妻子的娘家创业。这么多年，他的利益与妻子的家族息息相关，已经无法分开了。

我知道，在这种情况下，即使我不愿意离开，齐哲也会主动地离开我。他的妻子来和我谈判，就已经预示了这样的结果。女人把一个装钱的纸袋从拎包里取了出来，砸在了桌上："你跟齐哲在一起，不就是图他的钱吗？好，我给你，5万块请你离开他，够了吧？算你的青春损失费。"

我哪里受过这样的侮辱！我把袋子推还给了她："你以为我图齐哲的钱吗？我图的是感情，感情！要知道，我和他在一起，一直是AA制的！"

女人哈哈地笑了起来："你不就一小三吗？再怎么AA，你也是小三，见不得光的。天底下还有你这么傻的女人，做人家的情人竟然不图钱！"

她把钱收起来，警告我说："如果你不离开齐哲，小心身败名裂！我认识你们公司的老总，别让我忍不住把你的丑事说出来！"

看着齐哲的妻子扬长而去的背影，我忍了许久的眼泪，终于刷地流了下来。我一直以为AA制就可以换来和齐哲之间感情的平等，却忘了这感情一开始就是错误：建立在损害他人的基础上的感情，就算在自己心里多么神圣高尚，在别人眼里也还是一钱不值，更没什么尊严可言。

真相揭开后，我才明白，齐哲并不像我想象中那么好，他也是个懦弱的男人，也是个眼中只有利益的男人。谁知道他对我的所谓爱，有几分真诚在里面，我不过是在心里美化了他，把他当成了这世上稀缺的好男人罢了。

这个城市已没有任何令我留恋之处，留给我的，除了伤心，还是伤心。我悄悄地回到家乡，不知道下一场爱情会在什么时候出现，我甚至相信它根本不会再出现，因为前两次的爱，已经耗尽了我的心力，使我不再相信这世界还有真爱，因为我已经丧失了对男人的判断力。

[心理解码] 摆脱光环效应影响，揭开已婚男的面具

光环效应，又称晕轮效应，是一种以点概面、以偏概全地认识他人的心理现象。因为看到一个人某方面不错，就认为他什么都好；发现一个人有缺点，就觉得他一无是处。这种认识上的偏差，在爱情上的表现更为明显。

“情人眼里出西施”，便是光环效应之一。当被某个异性的优势打动，便极易将其形象美化，将其优点放大，在情网中越堕越深。何绮对齐哲的所谓爱情，就是因光环效应影响，对齐哲产生的迷恋。

齐哲是在何绮最失意的时候出现的，他的帮助使何绮对他顿生好感，并无视他已婚的事实而与他开始了情感上的交往。有了前男友的对比，齐哲的事业有成、体贴温存对何绮来说尤显可贵，他在婚姻中的失落，正好与失恋的她同病相怜。

为了在这次爱情中赢得尊严，何绮在经济上采用了AA制的形式。但齐哲的利益与家庭密切相关，在地下交往被他妻子觉察后，自私懦弱的他选择了退出，他在何绮心目中的好男人形象顿时坍塌，而何绮白白付出了一腔的感情和两年的美好时光。

像何绮这样，被已婚男的光环迷惑而跌入情感陷阱的年轻女子，往往都被前者的表象蒙蔽，忽略了他们的缺点，直到被伤害才幡然醒悟，但此时却已名声受损，身心受创，这又是何苦呢。

摆脱光环效应的影响，清醒地看到已婚男的本质，就要在你的心还没有被他征服之前，全面地分析和看待他。可以在来往的过程中，透过优秀的表

面，看到他身后隐藏的缺陷和劣势，也可通过别人的评价侧面去了解他。但无论如何，一个有家庭的男人，在一段感情关系仍然存在的同时，却去寻找新鲜感情的刺激，又有何责任感可言？仅凭这一点，就可以对他一票否决。

如果你靠自己一个人无法清醒地判断，那就勇敢一点，让你的朋友替你分析，骂醒你吧！当局者迷，旁观者清，在她们犀利的目光的注视中，已婚男的面具会被她们毫不留情地揭下。与其陷入一段没有结果、被人唾弃的感情之中，不如在朋友的帮助下尽早抽身。

可惜，在感情里做了第三者的女性，却喜欢将自己的内心隐匿在避光处，不想让人看到。所以，她们往往碰得头破血流，才无可奈何地转身，悔之已晚。已婚男光环背后的阴影，足以令她们抱憾终生。

二、我们的爱，在舆论的漩涡里止步不前

口述/陆丹妮

相隔12年，对他依旧心动

到江南水乡参加一个学术会议时，我刚从一场没有任何激情的短暂婚姻中走了出来，压抑的心境豁然开朗。当车行驶在湖光山色之中时，我更感受到了心灵释放的快乐。

对我而言，结婚不过是完成了母亲交给我的使命。在她看来，人总是得结一次婚的。当我混到29岁还孑然一身，而且没有任何恋爱迹象时，她终于急了，找了亲友轮番上阵苦口婆心对我列举单身的害处，并亲自对我进行洗脑，说到动情处，声泪俱下。我被母亲的眼泪吓住了，她为了我的幸福独自拉扯我长大，也一直纵容着我过自由的生活，所以我才能拖这么久不结婚。我不想让她这么难过，就决定结婚。

结婚对我而言并不难，有个大学男同学依旧未婚，大家都想撮合我们，而他早就明里暗里对我表示过在一起的意思。我一点头，这事儿就成了。在婚宴上，看着母亲欣慰的笑容，我想，这个婚结得很值得。

可惜，这只是凑合在一起的婚姻，丈夫并不是我喜欢的对象，天天相对更让我觉得他的乏味无趣；我在事业上的优秀也使平庸的他更加自卑。再这么

下去，我会疯掉的。加上我们年龄都不小了，老人催我们要孩子，而我还想再多奋斗几年，这和他产生了分歧。再过下去矛盾会越来越多，我萌生退意，态度十分坚决，家人的劝说和他的挽留都没有让我动摇。

“结过一次婚了，至少证明你不是没人要了。”母亲只能退而求其次，在我恢复单身的那天无奈地对我说。

她当然不知道我为什么会这样，其实我的心一直都停留在高中时代，我暗恋的那个男人是李子余，是我的历史老师，也是我的班主任。

那时，父亲离世已经两年，我却一直还沉浸在失去他的悲痛中。当时母亲工作很忙，16岁的我只能自己扛着行李来到学校，才到校门口，就有一个热情的男老师迎了过来，对我说：“我帮你吧。”

之后的3年，李子余在生活和学习上给了我很大帮助，我慢慢变得快乐起来，我有了感情的寄托，那就是李子余。但是，他已经结婚了，我又是不起眼的小女生，我们之间的差距我是清楚的，所以，我不敢告诉他，只能默默地将这份感情埋在心底。

高考时，我填报了历史专业，和李子余学的是同一个专业——这也是爱的一种方式吧。后来在放假回家时我和同学想去看他，但他已经离开学校了，听别的老师说，他去读研了。

李子余就这样从我的生命里消失了，我觉得这辈子可能再也不能联系上他了。但不知为什么，我总会在安静的夜里想起他那阳光的笑容，想起他浑厚的声音，还有他对我的种种帮助。我忘不了他，他是这个世界上除了父亲外，我最在乎的男人。

不是没有尝试过恋爱，只是我发现我无法不把那个人和李子余比较，然后觉得相当失望，接着就想要逃离。对我的前夫即是如此，我们过不下去的原因，除了性格不合，更重要的还是——我跟他在一起时，仍然会想李子余。

既然如此，不如就一个人吧，那样我还能更自由地想念李子余，想念他关爱我的日子，尽管已经这么多年，我的心依旧觉得甜美。

在这次会议上，有学术交流的环节，当我听到宣读论文的学者名字时，心突然剧烈地跳了一下：“李子余？”他现在是邻省一家高等院校的教师。我不敢相信自己的耳朵。当看到李子余那熟悉的身影走上发言席，用他那依旧浑厚的声音宣读着讲稿时，我欣喜若狂。相隔了12年，我们终于有机会见面了，而我见到他时，依然像高中时代时那样心动。

李子余的身材虽然保持得不错——和当年相差无几——脸上却已多了岁月的沧桑。我记得我高中毕业那年他才34岁，现在46岁的年纪，正值年富力强，他却没了当初的神采飞扬，而是显得分外沉稳，眉目之间难掩倦意。我觉得有点不对劲：他是不是在工作上或者是家庭生活中遇到了不顺心的事呢？我希望能找机会和他谈一谈。

犹豫之后，我们还是选择开始

在会后的饭席上，我远远地看见了李子余，他在我心目中，一直是鹤立鸡群的。我端着酒杯走向他那一桌，紧张得心怦怦直跳，转了好几个念头，都不知怎么和他开口，担心他早已忘了我这个学生。

没想到，还没走到李子余跟前，他已叫出了我的名字。我极力掩饰着内心的激动，用平静的语气说道："李老师，您还认得我？"

他笑笑说："是啊，你是高材生，我的课你总是听得那么认真。"

我对他说了些感谢的话，说若不是他，我在工作上的进步还不会那么大；一个好老师，会影响一个学生的一生。

和他道别时，我们互换了名片。我和他约好，以后有机会去看他。

接下来的两天，散会后我们都会聊上一段时间。会议的最后一天，眼看就要各奔东西了，我忽然觉得非常不舍。和李子余在餐厅坐了坐，我提议到外面走走，他同意了。

此时街上流光溢彩，正是热闹光景。快到天心的那轮圆月，显得格外明亮。我默默地和李子余走了一段路，然后把藏在心里的疑问说了出来："老师，我看得出来，你不像教我们那时候那样快乐了……能告诉我是为什么吗？"

李子余站在一棵树下，沉默了半晌，说："那是命运的安排吧！你还记得你们师母吗？很不幸，她在5年前遇到了一场车祸，下半身瘫痪了。我们没有孩子，她又没有别的寄托，心情很坏，经常对我和保姆发脾气。不过，这么多年，我也习惯了。"说着，他苦笑了一下。

我眼前晃着我读高中时李子余乐观洒脱的样子，他的情绪总能给我积极的感染，无论是听他讲课，还是请教他问题，或者是打球、劳动，我都会受到他的积极情绪感染。没想到他的生活中发生了这么大的变故，怪不得他会憔悴。

我一直压抑在心里的感情，又翻江倒海地涌了上来。我很想告诉他，我这么多年来都在思念着他，并且因为他，对曾经向我表示过好感的男人都无法真正接受。可是，他却是有家庭的人，即使他的妻子令如今的他备受煎熬，可他毕竟还是处在婚姻之中。要侵入一个已经受到命运极大打击的女人的婚姻，对她的伤害是如此之大，我自问做不到，而且，我也没有那么大的魅力。

我安慰了李子余几句，但觉得没有说到点子上，很沮丧。他看看我，问："你比以前开朗多了，现在一定过得挺幸福吧！爱人是哪儿的？"

我告诉他，我刚刚结束了一段鸡肋婚姻，做回了自由人，并且让他明白，我是听从母亲安排，本着"人有我有"的原则结婚的，所以，离婚对我来说是一种解脱。

李子余说，人本来就是要找个人来相伴着过日子的，这个不好，那就找个合意的。我叹着气说，合意的早是人家的丈夫了，我哪里还排得上队？

他似乎觉察出了什么，没有再说下去，继续往前走。我希望脚下的路一直向前延伸，没有尽头，那我就可以和他走下去了。可是，他还是回转身，说："我们回去吧。"

我忐忑地提出了一个要求：回去后多联系。他同意了，还笑着说，如果遇到了烦事，他可能会找我聊聊，在人前端着架子太累了，他也需要一个倾诉的地方。

每个夜晚的11点左右，李子余才会上网。他说，只有师母睡着了以后，他才能有一段属于自己的时间。这么多年，他对她已没有爱，只是尽着丈夫的责任，既然结婚时承诺了要和她牵手，就只能不离不弃。

从李子余的话语里，我听出了他的无奈。他是个多么负责的男人啊！我对他的爱意又增加了几分。

碍于他的已婚身份，我不敢把自己对他的心意说出来，但只要看到MSN上他的头像亮起，我的心就暖暖的。随着交流越来越多，我们都在小心翼翼地回避着感情，又不由自主地想让心再靠近一些。

那天，我在街上见到了前夫，他右臂挽着一个青春靓丽的女孩，示威一般地走过我身边。我问自己是不是真的可以承受孤独，其实不是。虽然我没爱过他，甩了他，可一个人坐在黑暗中时，我还是感到深深的寂寞涌了上来，遍布整个身体。

我喝了酒，在线上等着李子余。他依旧是11点上来，我告诉他，我很想他，想得就要发疯了。一长串字发过去，那边却没有动静。我正在后悔自己的冲动时，他的回复过来了："我也是。"

就在我微醉的那个夜晚，我们包裹在深处的暧昧，经过长久地试探释放了出来。我们迫切地需要见面，需要厮守在一起，哪怕是短短的几天。

痛苦煎熬，道德与爱难以两全

我和李子余在各自所在城市之间的一个小县城见面了，那里风景虽美，但没有开发，是个避开人群享受自然风光的好去处。在那儿的一个小镇上，我们度过了快乐的5天。

尽管我们的感情很甜蜜，我却无法忘掉横亘在我们之间的最大问题。每当听到李子余打电话回家，询问师母的身体状况时，我的心总是酸溜溜的，为了避嫌，他从不打电话给我，也不发短信，并且提醒我不要电话联系，在看重名声的他眼里，妻子与情人的区别还是很分明的。

在小镇的最后一夜，我梦见了师母。她还是年轻时的模样，流着泪站在我面前，质问我："你为什么要抢我的丈夫？我已经够惨的了，难道你还想推我一把吗？"

我惊慌失措，我担心的就是她知道这件事，我嗫嚅着想说对不起，却怎么也说不出来。师母逼近了我，我的身后不知何时变成了悬崖，师母不哭了，阴阴地笑着，伸手向我推了过来……

我被吓醒了。从向李子余表白开始，我对这段感情从没有安全感。身旁的李子余也没有睡着。我们心灵处在煎熬之中，然而感情却战胜了理智，约好下次继续同时休假，再来小镇游玩。

回去后，我们越来越思念对方，忍不住要在电话里听听彼此的声音，想象着对方在那一头的样子。可惜，连打电话的机会都很珍贵，他顾及着内外形象，只有独处时才敢拨我的号码。

因为有了更深一层的关系，我们的交往更加小心，但3个多月后，我再也忍不住了，在MSN上对他说，我们还是找个机会再见一次吧。

那个学期李子余的主要工作是科研，自由支配的时间很多，他便答应了我，对师母说他要下乡几天。之后收拾行李来和先一步抵达的我会合。他说，出来散散心，真有种逃离苦海的感觉。

我问他："想不想彻底逃离苦海？"

他神色紧张地看着我："你想怎么样？"

我笑笑，没再说下去，心里却一片苦涩。与他天长地久相伴，只是我的奢望罢了。但我很快就把不愉快抛到脑后——我们相处的时间这么短暂，我要珍惜。

第3天，师母突然打来电话，说是很不舒服，叫李子余回去。我不得不送他到专线车牌下，看着载着他的车子远去。

那天之后，我的生活发生了很大变化。我发现别人看我的目光变得很怪，身后仿佛传来窃窃私语。以前，我从未有过这样的感觉，我相信这并不是幻觉。

没几天，朋友就给我打了电话，告诉我一个晴天霹雳的消息：在地方论坛上看到了我和李子余在一起的照片！她已经帮我申请删帖了，但帖子是前几天发的，消息已经扩散开来了。她也是听了别的朋友议论，才上论坛浏览的，叫我赶紧上去看看。

我急忙打开朋友给我的网址，照片已经删了，但帖子的文字内容还在，没有指名道姓，但一看就是说我和李子余。还提到李子余是个模范丈夫，妻子瘫痪后，5年多以来他一直悉心照顾，可由于我的引诱，他才出轨云云。

跟帖一边倒地骂我，字字句句都刺在我心上。我何尝不知道自己错在哪里：我太放纵自己的感觉，甚至将道德抛到了脑后；我的选择一被发现，注定是被人非议的，可我宁愿坠入快乐之中，也不去想严重的后果。

我给李子余打电话，他挂断，再打，他又挂断。我在MSN上挂着等他，他却再也不上线。我知道，他向现实妥协了。已婚男人顾忌的事情实在太多，我触动了他利益的底线，他是不会再与我联络了。

不用他提出，我知趣地退出了。彼此疏远和淡漠或许是最好的分手方式，不如我就成全李子余的完美，让他继续做别人眼中的模范丈夫和德才兼备的学者吧。

可我做不到淡忘，别人的目光和很久还没消失的议论也让我无法淡忘。

很多个夜晚，我都会想起我和李子余的过去，他影响了我的前半生，也许以后还会继续产生影响。他在我心底留下了太深的印记，就像父亲在我心底留下的记忆一样。

第一眼见到李子余，我在他的眉目间依稀看到了父亲的影子。亲近他，让他爱上我，是我这10多年来最大的愿望。愿望达成后，我从情感的高峰又跌入了低谷。我还会爱上谁？我不知道，也许，我已经不会再爱了吧。

[心理解码] 恋父情结，依恋的感觉并不是爱情

在情窦初开的年纪，爱上比自己年龄大许多的男子，是不少女性都有过的心理体验。青春期的爱意需要安放，而更成熟更有魅力、与少女们有一定心理距离的成年男子，特别是男老师，往往会成为少女暗恋的对象。

当女孩长大，暗恋经历一般都会成为过去，但有的人却依旧无法释怀，反而纠缠在对过去暗恋对象的思念和爱恋里，因为他们的无可触及，形象反而在一次次回忆中更加完美。究其原因，她们与父亲的感情很好，深深地依恋着父亲，形成了“恋父情结”，选择恋人也往往以父亲为模板。

陆丹妮便是这样的女性。高中时代父亲的离世，使她将对父亲的依恋转移到了班主任李子余的身上，之后一直无法忘记李子余，并在婚恋时将他与其他男子作对比，影响了自己的婚姻。

当与李子余重逢，得知他遇到生活变故，处于痛苦的婚姻中，陆丹妮几经犹豫，还是抛掉顾忌做了第三者。在饱尝了道德的煎熬和舆论的压力后，最后免不了分手结局。如果她还继续沉迷在对李子余的“爱”里，她以后的择偶道路依然会非常曲折。

恋父情结，并不是真正意义上的爱。只有改变自己对爱情的认知，才能去追求和获得真正的爱情。女人对年长自己许多的男子的爱，一般都经过美化，有机会去接触后，会因为代沟，因为对方家庭的束缚等原因而使感情慢慢变得与想象之中的大相径庭。认识到这只是在青春期特有的迷恋，早一天摆脱，就会早一天得到新生。

对你们的“爱”做一个预测，把它交给时间检验。交往之后，年龄差距大是感情的最大杀手。即使能够排除万难、不顾非议生活在一起，设想10年、20年之后，他已年老，你独力支撑着家庭，照顾着他，你可以承受这样的生活

压力吗？你会幸福吗？

和与你年龄相当的男人相比，年长男人正在走下坡路，在竞争市场上，他们很难比得上正处于上升势头的你的同龄人。清醒吧，不做影响别人家庭的地下情人，将已有家室的男人排除在你的感情寄托对象之外，去寻找属于自己的光明正大的幸福。

三、“小三”成瘾，我是职业偷心人

口述/叶雨

她的不屑，使我新一轮猎心行动开始

我喜欢跳槽，不为什么，就为了获得新鲜感，认识更多的人。在一个单位待久了，看到的都是老面孔，我会心生腻烦。已婚妇女又爱关心我的终身大事，打听我的男朋友是哪的，条件如何，值不值得嫁。被烦到一定程度，我就到人才市场或网上投简历，寻找新工作。

到新公司的第一天早上，我精心地打扮了一番，做好了惊艳出场的准备。我知道自己美，不少人都说我出现时会让人眼前一亮，还给人一种柔弱的感觉。对喜欢温柔女人的男人来说，我很有吸引力。到新的环境，我当然要把自己最好的一面展现出来。

报到后，人事部经理带我去认识同事。那些女同事说不清是嫉妒还是艳羡，我收到了许多复杂的目光。离开市场部时，我在门边听到一个女人小声说道：“公司怎么要这种花瓶？员工是用来做事的，不是拿来摆的！”

我的耳朵很灵敏，她的话钻进我的耳朵，我不露声色，却早已记住了她。当时市场部只剩下4个人，只有一个女的。她是市场部的副经理吴丽玲。她的名字和她的长相一样，很普通，但她的脸却透露出一股刻薄之相，是那种厉害的女人。做她的下属，肯定没少受她的气。还好，我们不在一个办公室，彼此来往应该不多。

但事实并非如此，办公室管理的事比较琐碎，有的也涉及市场部那一块。吴丽玲越看我越不顺眼，老挑我的刺，我明显感到她对我的敌意。

我和同事混了些日子才知道，吴丽玲虽然能干，做到副经理后却没有机

会升职，和她的脾气不好是有关系的。她谈生意时春风满面，什么好话都得说，可能就是在外面受了一肚子气，才回到单位发泄的。相貌一般的她为人好强，对漂亮同事天生抵触，所以背后说我也不奇怪。

她在家里肯定也不是盏省油的灯。我对她的老公产生了兴趣，想看看他为什么能受得了强悍的她。

我不好向同事打听吴丽玲的家庭情况，她们的议论告一段落，以后也不再提起，我只好自己留意了。但吴丽玲喜欢独来独往，遇到她老公的机会微乎其微。

一天晚上我和闺蜜去逛商场，忽然听到了吴丽玲独特的略带沙哑的嗓音："叫你别买你偏买，要不我们能再跑一趟来退吗？"

我循声望去，只见吴丽玲一副得理不饶人的样子，站在她身旁的那个男人唯唯诺诺，两个人正在柜台前退一张凉席，根本没注意到我。那男人温文尔雅，戴着一副眼镜，一看就是在家里吃苦受累的主儿。

闺蜜把我拉到一边，悄声对我说，有什么好看的，快走。下楼后，我问她怎么了，她说，那男的经常到她的羽毛球馆打球，她可不想让他尴尬。这世上还有这么剽悍的女人，当着商场这么多人的面指责老公，做她的男人，脸都丢尽了。

我对闺蜜说，以后也要多到她的球馆打球。她立刻反应了过来："你不是要打他的主意吧？那个母老虎可不好惹！"

我笑了："越高难度，我越爱挑战。怎么样，帮不帮忙？"

闺蜜叹了口气，我算她默许了。我和她是多年好友，她自然知道我这些年在感情方面都在忙什么，她劝我好好找个人结婚，可我听不进去。

现在，我又有了新的目标，我要开始新一轮猎心行动，在情感上战胜那个强势的女人。

她离婚收场，我欣然退出

在闺蜜的帮助下，我弄清了吴丽玲老公的大致情况。他姓张，在一家事业单位工作，工作轻闲，但薪水不高，怪不得吴丽玲一副高高在上的做派。闺蜜去球馆了解生意如何，我也跟着去，还像模像样地换了运动衣裤，带上羽毛球拍。

我逛了一圈，看到吴丽玲的老公正在球场上打球，与第一次见他时截然不同，打得很有气势。看到我在一旁呆看，他的同伴停了下来，问我是不是还没等到朋友。我装出生气的样子说："是啊，几个人一起放我鸽子，害得我傻等。"

他的同伴叫我一起打，他们还有个女的一起来，正缺个人打双打。我二话没说就同意了，心里想：千万不要是吴丽玲啊。还好，远处那个女人走了过来，我并不认识。

我和他们打了半小时，气喘吁吁。休息时，大家互通了姓名，原来他们是同事，吴丽玲的老公叫张启。他们问我在哪儿工作，我说是在私企做个小文员。要是被张启知道我跟吴丽玲一个单位，那就没戏了。

我们继续打球，我不小心崴了脚，只好叫暂停，坐在一旁当观众。张启关心地问，要不要贴膏药或者擦活络油，我说不必了，歇一会我再慢慢回家。

羽毛球馆即将关门，我站起来离开，每走一步都疼得钻心。张启说："我送你回去吧，顺便帮你擦点药，我包里有。"

我假意推辞了一会，还是没有拗得过张启。他送我到家，在客厅里帮我擦了药，又用力地帮我按摩，我的疼痛缓解了。

我向他表示感谢，说谁嫁给他，一定很幸福。他苦笑了一下："不见得，家家有本难念的经，你结婚以后就知道了。"

我借口要好好谢谢张启，请他留下了联系方式。从那天起，我变着法子和他联系，请他教我打球啦，请他吃饭啦，请他帮我修理东西啦，还问他为什么这么有空，家里就没什么事吗？他说他的爱人晚上经常有应酬，孩子又常年送给老人照看，家里基本没什么人在，他就出来锻炼身体散散心。

随着交往增多，张启对我敞开了心灵。他和吴丽玲是相亲认识的，没有什么感情基础，而吴丽玲老是仗着钱挣得比他多，在家里和外面都很霸道。最初他还和她针锋相对，后来知道这样是徒劳的，就再也不和她争了。但本来就不怎么样的感情，雪上加霜。

我以感谢张启的帮助为名，请他到家里吃饭，亲手给他做了一桌子菜，还把饭盛好，把筷子递给他。他的眼睛突然湿润了，说他已经很久没有享受过这样的温情，家早就不像家了。我借机展开攻心战，说我失恋很久了，想要做饭给人吃也没有人愿意来吃，像我这样的外地人，在这个城市没有任何归宿感，想要找个依靠是多么难。

我问张启，愿意做我的依靠吗？他说他已婚，怕是给不了我未来。我说我不在意。他的双臂伸出来，紧紧地搂住了我的肩膀。

吃完那顿饭，我们的感情又进了一步。但张启胆子太小，他要处处防着吴丽玲，偷偷摸摸的，怕她闹。但是我不恼，我要温柔大度，要处处与吴丽玲区别开来，我相信，总有一天他会完全倒在我这边。

事情果然在向我有利的方向发展。张启认为，像吴丽玲这样的女强人，只一心追求事业和金钱，其实就是一个冷血动物，有了与我的对比，他才知道什么是体贴，什么是爱。他越来越迷恋我，我才告诉他：如果想继续和我在一起，就离婚。

吴丽玲歇斯底里地在市场部办公室骂了她一个手下，那声音竟然传到了我们办公室。有同事说，肯定又有谁刺激她了。我突然有一个预感：该辞职了。

吴丽玲不简单，我离开公司后，她在小区门口找到了我。她有些憔悴，也没有了在办公室趾高气扬的威势。她问我："叶雨，你为什么要这样害我？张启要跟我离婚，我查了好久，才知道你是第三者！"

"是，"我坦然地面对她逼人的目光，"男人并不喜欢女强人，他们更喜欢温柔的女人，比如我这样的。"

"你……"她气结。

我告诉她："想闹就闹，我不怕。反正你老公不要你了，到底是谁更丢脸呢？我知道你好强，丢不起那个脸。"

在原配找上门时，我都要比她们有气势。在家里作威作福的女人，被男人抛弃之后，锐气就会受挫，我见得多了。从打算要打败吴丽玲开始，我就做好了被她发现的准备，所以，她这个手下败将，我并不放在眼里。

张启却等不到我结婚的承诺。我又一次离开了，下一次的征服，也许在另一个地方，我也不知道那个人会是谁。

我的变化，都是母亲所赐

听说，有人是为做小三而生的，我想我正是这样吧。这几年，我一直在变换着男友，我的男友都是已婚身份，他们的老婆都是强势的女人。我长得柔弱漂亮，性格也温婉，说话轻声细语，刚好和那种盛气凌人的女人是相反的类型。

男人是爱换口味的，特别是在家里处于弱势的男人，有压迫就有反抗，这样的男人更容易出轨。我不过是利用了自己的优势，把他们的心往我这里再拉一把罢了。

我同样需要新鲜感，当男人或者离婚或者与家中的女人大吵大闹，我取得了完全的胜利之后，我就觉得和他们在一起已经没有什么意思了，于是就会离开，任他们怎么哀求，我也不会回头。

母亲不知道怎么知道了我的事，打电话来劝我，我根本听不进去。我和她的关系早就在我发现她出轨时，名存实亡了。

从小我就喜欢父亲不喜欢母亲，父亲是那种性格柔顺的男人，在家的时间比较多，我的饮食起居都由他照顾，他做得一手好菜，对我又特别疼爱，我们俩在家的时候，总是其乐融融。

只要母亲一回来，宁静就会被打破，她的大嗓门儿，她的挑剔和呼喝，都让我觉得父亲可怜，在家里没有地位。父亲多好啊，她对我不管不顾，凭什么一不合心意就骂父亲？这使我更加和父亲站在同一阵线。

有一天父亲出差，我上晚自习时突然发烧，老师批准我请假回家。家里的大门在里面反锁了，我怎么拧钥匙都没法打开，还以为自己烧得没力气了。这时，母亲大概听到了屋外的动静，开了门。

我一看到母亲的上司掩饰着慌乱坐在客厅里，就明白了是怎么一回事。那时我已经15岁了，不是小孩子了，所以母亲送走她上司后，回来嘱咐我不要告诉父亲，我并没有说什么，但母亲在我心目中的形象落入谷底。

我决定帮助父亲报复母亲。我觉得他们俩一点都不相配，父亲应该找一个温柔的阿姨，日子才会过得和和美美。高一时的语文老师正是我喜欢的类型，又清秀又和善，可快四十了还没结婚。我打着小算盘怎么让父亲喜欢上她，虽然这样想有点不靠谱，但谁能说得清缘分呢。在家长会上，父亲见到了她，很惊喜，原来他们是邻居，以前关系就不错。

我发现父亲和老师联系比较密切后，就想方设法给他们制造机会，还对父亲说，如果他要和母亲离婚，我不反对，因为我也受够了母亲的气。

当父亲向母亲提出分手的时候，母亲一下子反应不过来，她没想到一向温顺的父亲也会背叛她。当时她那种错愕又失落的样子，使我心里很痛快。在我的配合下，在家里做惯了主人的母亲，终于变成了别人的手下败将。但她本人也不检点，有什么理由挽回父亲？

后来，语文老师做了我的继母，她对我很好，但我常想，如果她是我的亲生母亲就好了——我的心态就不会像现在这么扭曲了。如今见到性格跟做派与我母亲相似的女人，我就会愤恨起来，非要让她们尝点苦头不可。

引诱和征服温顺的男人，战胜他们强悍的妻子，是我乐此不疲的一项运动。我没想过为某个人停留下来，父母的婚姻状况使我觉得，与爱人白头偕老是不可能的事。闺蜜担心我再这么下去，年纪大了怎么办，名声坏了怎么办，其实我也知道自己不会有好下场，可却忍不住还要继续下去。我就像玩游戏一样上了瘾，不能罢手了。

[心理解码] 解开心结，避免报复心理

报复心理，是在心灵受到伤害之后，产生委屈和愤怒等不良情绪，从而产生要对对方进行攻击，以发泄愤恨和不满的情绪体验。

叶雨的报复心理是在年少时因对母亲的强悍作风不满而产生。她对母亲对待父亲的强势态度不满，尤其是对母亲出轨不满，遂采取措施帮助父亲摆脱了母亲，其目的是让母亲痛苦。长大成人后，她的这种报复心理出现了泛化，只要遇到与母亲性格和表现类似的女人，她就莫名地产生敌意和愤恨，并通过征服这种女人的伴侣来赢得胜利的快感，以致变成了专门拆散他人家庭的“职业小三”。

这种报复明显是不理智的，不仅伤害了对方，对自己今后的婚恋造成了不良影响，同时报复心理的反复强化也会使自己的心理更趋不健康。

叶雨不断插足强势女人的家庭，取胜后就迅速退出，缘于她对爱情和婚姻的不安全感。正因从情感中找不到稳定的因子，她才会一再追逐不道德的情感，又一再放弃。她成功离间了别人的夫妻感情，又从反面印证了她对婚姻的看法。

叶雨只有放下当年对母亲产生的心结，去寻找适合自己的未婚对象，让对方通过努力去转变她的观念，真心去爱她，她才能彻底消除对婚姻的不安。

也就是说她最需要克服的是报复心理。

要让自己的心胸开阔起来，重新审视过去的一切，包括与父母之间的关系；必要时坐下来与父母沟通，尽量通过倾诉和交谈改变自己对母亲的态度，

进而消除对强势女人的敌意。

做事要理智，当产生要报复他人、插足别人家庭的想法时，要想一想后果，如果换了是自己，受到伤害又会如何？如果这些事被曝光在光天化日之下，自己是否承受得了？征服已婚男人，形成这种双输的局面，值得去做吗？

学会调适自己的心态，把处心积虑去报复他人的时间和精力用到工作、恋爱和娱乐之中，修复不健康的心理。能勇敢地正视过去，并与过去告别的人，才能真正摆脱过去的阴影，远离报复的不良心态。

四、“被小三”，我的办公室恋情痛苦不堪

口述/赵凌燕

和我撞衫的女人，是他的妻子

秘密即使隐藏得再深，也总有一天会被发现的。

那晚在百盛闲逛，我看到迎面走来一个高挑女人，穿的连衣裙竟和我身上的一模一样，连颜色都相同！这件裙子，可是男友钱铄从上海给我买回来的。我好奇地看着她，她也注意到了我，然后两人相视一笑：“真巧啊！”

她问我：“你这裙子是在上海买的？”

我点点头：“是啊，我男朋友送我的。你的呢？”

“我老公送的。”她笑了笑，“我还以为它独一无二，没想到你也会有一件。缘分啊！”

我们像熟人似的交谈了几句，然后各走各的。我走了几步，忽然觉得不对劲：怎么会这么巧呢？我下意识地回头看那个女人，没想到她的目光也正对着我。我心里有点不安稳：到底是怎么回事呢？

下了楼，我在路边等出租车，没多久那女人也下来了。我挺尴尬的，一条街上和一个人撞衫，还老和她一起出现。

一辆熟悉的车子停在了她的身边，车牌号我可是记得一清二楚。钱铄，你这个该死的骗子，我会跟你没完！还好他没注意到我，我已经上了出租车。

但我相信，钱铄的妻子一定会告诉他，遇到了和她撞衫的女人。我看他会用什么花样的谎言来解释这件事！

他以往的那些甜言蜜语，在那一刻变得苍白无力，像是对我的讽刺。这就是爱吗？建立在欺骗基础上的“爱”，算是什么？

我突然觉得自己变成了世界上最傻的女人。钱铄以前给我定的“规矩”一条条地跃入了脑海：什么不要主动给他打电话，他喜欢矜持的女人啦；什么短信还是少发，浪费钱啦；在公司里举止不要太亲密，因为老板反对办公室恋情啦……当初我还以为他为我好，谁知道事实竟是——这个全公司都以为他未婚的男人已经结婚了！

我极力控制往自己的情绪，才没打电话质问钱铄，因为他的妻子此时可能在他身边。我拐进了街角的一处果汁店，灌了一肚子的冰冻果汁，想让自己清醒些，却发现了一个悲哀的事实：我想恨他，但记起的，却是那些和他在一起的甜蜜过往。

隐婚的他，引我落入情爱陷阱

刚出大学校门，我去参加公司的面试，第一个遇到的人就是钱铄。那天在电梯里见到他时，我着实被他小小地震撼了一下，脸有点红。他很帅，是带着点痞气的帅，如果说有人能把文气和痞气结合得很好的话，那非他莫属。

大学里的恋爱早就成了过去时，但那一刻喜欢人的感觉又回到了我身上，我是个相信一见钟情的人。我偷偷看了看他的手指，并没有戴着戒指，戒痕也没有。他未婚吧？我想。

“你是来面试的？”他忽然打破了沉默，问道。

“嗯，你也是？”看他主动和我搭话，我心里暗喜。

“不是，我早就在这里工作了。如果你面试成功，就是我的同事了。”他说。

听了他的话，我更想在这儿上班了，我告诉他，我一定努力。

没想到，稍后打开会议室的门，端坐在考官座位上的人，其中之一就是钱铄。那天我的发挥很出色，钱铄对我刮目相看。后来他私下对我说，本以为我才能平庸，没想到我竟是才貌双全。我顺利地通过了面试，但我从来都没向他透露过，是因为我想在他面前做最好的自己，才做到了超常发挥。

钱铄是由总公司派来分公司的，家在外地，和单身的同事们玩得很好。他爱唱歌打球，玩的时候很放得开。我看他的年纪，也就30左右，这个年龄段没结婚的人挺多的。他在工作上经常帮助我，得知我离开父母独自在外后，对我更是照顾有加。

和同事之间的热闹只是表面的，我回到自己的小房子，一切就回归沉寂。这时，钱铄对我的好就显得特别珍贵。不知从什么时候起，我们开始单独行动了。下班后，我往往磨磨蹭蹭地拖到最后，他也心有灵犀地等我，我们一前一后地下楼，接着我上他的车，一起到餐厅吃饭。

我本来就对钱铄颇有好感，这种好感随着与他接触的增多而发酵起来，竟然变成一日不见如隔三秋一般。他出差时，我心里总是空空落落的，直到他给我打来电话，我才回味着他的情话心满意足地睡去。

在我的出租房里，我们度过了不少甜蜜的时光。我已彻底地被钱铄征服，变得没有头脑，总是相信他所说的话，虽然我几次要求去他家里看看，他都没有同意，说是有其他同事住在他所在的那个小区，我去他那儿会被人发现。我就没往深处想。

我骂自己太糊涂，恨不得马上打电话给钱铄，质问他为什么要骗我，为什么要隐瞒自己已婚的事实？但我刚拨了几个数字，就停下了。这时他的妻子应该在他的身边，我这样贸然打过去，他岂不是要焦头烂额？

即使到了他秘密败露时，我竟然还在为他着想，真是没骨气。在辗转反侧的夜里，我决定硬下心肠，冷却我们之间的感情。

心太软，想离开却被他降服

星期一上班，钱铄见了我，像往常一样热情地打招呼，我只轻轻地点了点头。我到茶水间冲茶，路过他的办公室，他一闪也进来了，问我是不是不舒服。我不冷不热地说道："谢谢领导关心。"

看到有个女同事进来，我马上和她有说有笑，把钱铄冷落在一旁。我要表明态度：我和他之间已经有了距离。

他心里有鬼，回办公室后在MSN上问我，到底发生了什么事，为什么对他爱理不理的。我飞快地回了一句："你心里清楚。"他便没了动静。

下午下班时，我抢着做第一个离开的人，把东西收拾好了就下楼。才到楼下，钱铄的短信来了，说他10分钟后下来，叫我等等他，他有事跟我说。我还是心太软，拐进了一家饮料店买了杯奶茶，一边喝一边猜测着他会说什么。

我们去了一家有点偏僻的餐厅吃饭，他特地找了个包间。服务员上完菜后，他抓住我的手问我，今天表现为什么这么反常。

我使劲地挣脱了他的手："别碰我！"

他从我激烈的反应中觉察了什么，露出痛苦的神色问："你知道什么了？"

"有个人开着辆经常接我的车子接了另一个女人，那个女人穿的裙子和我穿的一模一样。钱铄，你用得着这样吗？你结了婚就早说，我就不用跟你开始！"

钱铄让我听他解释，说他是结婚了，但是和妻子没有共同语言，生活中也有种种矛盾，他离开省城来这儿工作，就是为了不想面对她。见到我，他后悔自己结婚了，看到我不知情，就一直想瞒着。

"你瞒了整个分公司的人，你一开始就动机不纯！"我的声音并不高，但态度却很鲜明。我心里还在嘀咕：夫妻感情不好，出差还想到给老婆带礼物，这可能吗？

"凌燕，原谅我吧，我真的不是有意的，你要知道，喜欢一个人就是想办法和她在一起。你给我点时间，我会给你一个满意的结果的。"钱铄信誓旦旦。

他欺骗了我这么久，我不再相信他的话了。我身心都很累，很难从目前的境况中摆脱。他送我回家，还是跟我上了楼。我开了门，他也厚着脸皮进来了。我不想惊动邻居，没有把他推出去。

回到屋里，我觉得安全了，就把情绪全释放出来，呜咽着让眼泪肆意流淌。钱铄把我抱住，我发狠地捶打着他。他说："你打吧，只要你打了心里舒服，我怎么疼都没关系。"

这个该死的男人，就爱用这种话来哄人。可我偏偏那么受用。我哭得没有力气了，还是倚在了他的怀里。那一夜，他没有回去。

他告诉我，他和他妻子之间已经没有爱了，只是在勉强维持着婚姻。我问他："那你愿不愿意为我离婚？"

他沉默了。我赌气背对着他，心又开始不舒服了。

付出太多，想抽身实在太难

那些日子我犹豫着，明知和钱铄的感情没有结果，被人知道后只会遭受侮辱和嘲笑，却总是下不了与他分手的决心。可是，他以后约我，我再也不去了。

最初是他帮助我，到我们恋爱之后，我却变成了付出多的那一方。我为他做了太多的分外之事——他处理进出口的生意，需要英文合同，我既帮他查阅和翻译英文资料，又替他写合同，帮了他的大忙。这些事我不敢在办公室做，都是晚上带回家加班，有时遇到合同文意不通或用语不够恰当，还得反复斟酌，很费精力。

我牺牲了自己的休息时间，放弃了自己喜欢的电视剧和小说，为钱铄事业的进展尽着力，他呢，就是说声谢谢，送我些小礼物，对我更温柔些罢了。而且，我已经不像刚出校门时那样纯洁了，我变成了一个情人，就算我现在放弃了钱铄去找男朋友，有处女情结的男人会选我吗？

我给钱铄的实在太多，从这段躲在暗处的感情中脱身，舍得吗？

我不敢向任何在家乡的同学和朋友透露我的感情现状，像我这样的“被小三”，是被卖了还给人数钱的傻子。

我在慢慢地培养着对钱铄的恨意。我想，恨到一定程度，我一定会果断地离开。但积蓄恨意的过程实在太痛苦了，我每天不得不见他，每见他一次就想到他给我在情感上的伤害，想到他欺骗我的一切。

我不再像以前那么心平气和，有时就像吃了火药一样，特别是在钱铄面前，常常是一语不合就吵起来，和他说话也带着刺，如果能把他的心刺痛，那就达到了我的目的。

我想过辞职，从此不再见钱铄，但公司的待遇很好，我离开后也许再也找不到效益这么好的单位；我也幻想过，万一有一天钱铄和妻子过不下去了，就是我苦尽甘来的时候了……这就是我目前的心理状态，后悔、愤恨、哀伤、痛苦和幻想兼而有之，精神不时受到煎熬。

我付出了这么多，凭什么要我主动抽身离去？说到底，我还是没法让自己接受“被小三”的现实，这是多么痛苦的人生！

[心理解码] 认清隐婚男，早日止损出局

隐婚，滋生了一部分不明真相的“小三”。她们本不想成为第三者，是被隐婚男吸引，以婚恋为目的误入情感陷阱的，故又称“被小三”。

在办公室恋情里，“被小三”不在少数。什么样的女性容易变成隐婚男人的猎物？赵凌燕这样刚出校门的单纯女生，辨识能力不强，容易被隐婚男的热情、乐于助人的表象所迷惑，再加上她孤身在外地工作，不时会感到寂寞，更会令别有用心的男人乘虚而入；还有性格比较内向、自信心不足的女性，本在婚恋中处于弱势，一旦被隐婚男看上，很快就会坠入情网，又因为她们性格的原因，这样的地下情更不容易泄露，使隐婚男觉得更安全。

所以，办公室恋情是最容易出现问题的。有警惕性的女性，是不会投入这样的感情中的，更何况，现在不少公司都有不成文的规定，不允许办公室恋情的发生。既然如此，就不如做个守规矩的人，也能好好地保护自己。与其睁大眼睛也看不清对方的已婚身份，还不如不绕进去，省得不幸变成“被小三”。

隐婚男虽然在各方面极力掩饰自己结婚的事实，但也是有蛛丝马迹可寻的。他们或者不喜欢女友在周末或晚上给他打电话发短信，或者失踪一段时间与女友失去联络，接某些电话时言辞闪烁，和女友谈恋爱总是偷偷摸摸。别相信他是为了保住职位才这么神秘，如果真的爱你，你们其中一个人辞职又有什么大不了的？

发现“被小三”了，像赵凌燕这样犹豫不决，总是下不了决心，白白忍受痛苦煎熬是不值得的。隐婚男没有几个是愿意离婚的，和未婚男相比，他们在女孩子的爱情股市里都是垃圾股。当发现男人一味索取你的爱，却不给你任何名分，那就赶紧抽身而退。别以为垃圾股捂久了就会升值，早一天止损出局，就早一天能找新的幸福。若一味在乎得失而不愿离开，只会越来越吃亏。

与其面对欺骗自己的男人痛苦不堪，不如果断舍弃眼前的工作，换一个工作环境，避免让坏的心境折磨自己，也避免给他再次伤害自己的机会。

做个自信的女人，扩大自己的生活圈子，别局限在小范围里挑选另一半，用一双慧眼去分辨男人的好坏，用心去体会他对你的感情，适合的伴侣总有一天会出现在你的身边。

五、落魄旧情人，重新相爱依旧分开

口述/陈可茵

再次见面，他的现状令我意外

命运是个神奇的魔术师，变出谁也意料不到的结果。

6年前，和廖志分手的时候，被刺激得满脸是泪的我甩下一句狠话："好，廖志你等着，我以后一定会比你过得好！"

是廖志不选我的。他是个听话的好孩子，带我回了一趟家，他父母没给我好脸色看，提了一大堆意见后，他就逐渐疏远了我。在我追问他为什么的时候，他终于提出了分手，说父母已经帮他找到了适合的对象，是他父亲朋友的女儿，与他青梅竹马。我在他的相册里看到过那个叫宋美的清秀可爱的女孩，但我怎么也想不通，我的条件真比她差吗？

只能说，我们3年的恋爱比不上他和宋美那么多年的感情，他早就想不要我了，以此为借口如愿以偿。我承认自己有大小姐脾气，相处久了他会觉得累；他是在街巷里混大的孩子，我是大院里被严厉家教管束长大的女孩，我们门不当户不对。可他早经过自己的努力进入了一家大型国企，收入不错，至少在学历上、在职业上我们是相配的。其他不合适的地方，我以为我们可以慢慢改变，相互妥协。可廖志没有这样的耐心。

他结婚的时候没有请我，朋友们也小心翼翼，避免向我提到他的消息。就这样，他淡出了我的世界，再也没有出现过。可他却影响了我整整6年。这6年里，我一心扑在工作上，职务和薪水步步提升，感情却没有丝毫进展。我不是没有机会，而是喜欢拿对方与廖志比较，总是觉得对方有这样那样的缺憾。

那6年发生了很多事，廖志所在的企业被兼并了，我想以他的水平，在新的企业里应该会有一席之地，说不定他已做了中层干部，那儿的薪水在全市可是排在前列的。我不得不加快前进的脚步，做了几家小私企的兼职会计，在收入上升的同时也能排遣寂寞。我有了房子、车子，再有一个幸福的家庭就完美了。

所以，在市商业广场步行街的一家童装店里见到廖志时，我着实吃了一惊。他忙得像只陀螺——在陪着笑脸熟练地给客人介绍着种种服装的特色。一看就知道他做这一行的时间不短了。6年的时间，竟然还没有洗去我对他的感情，我尽力让自己的表情平静，走到他跟前问："老板，能不能给我介绍两套用料和做工好、样式也漂亮的3岁女孩穿的衣服？"

廖志循声看过来，怔了一怔，然后礼貌地说，他帮我选。他像见到老朋友一样和我寒暄着，问我是不是给女儿买的，我笑着说是送人的，他便问："你的孩子几岁了？"

我告诉他，我还没结婚呢。他的表情顿时变得复杂起来。等店里客人散去，他把两套童装用礼盒包装好了递给我，不无歉意地问道："不是我耽误你了吧？"

"那倒没有，是没找着合适的。"我暗自生气——他以为自己是哪根葱！

和廖志聊了会天，我知道了他婚后的情况。宋美没有正式单位，是个能干的家庭主妇。4年前单位被兼并时，他不看好企业的前景，就买断工龄出来单干，从那时就开始做童装，和宋美轮班看店，日子还算过得去。

廖志不肯收我的钱，我把钱放在柜台上就离开了。站在街上，我看着明晃晃的天，眼睛有点发酸。我没有想到，竟会在这样的情形下与他相逢。和他相恋的一幕幕，那些美丽的温情岁月，一直没有离开过我的回忆，现在又鲜活地出现在我的脑海里。我一直没有恨过他，到了单身6年的现在，我竟然也没有一丝恨意。

如果不是他的父母干涉，也许我们早就结婚了，也许他过的就不是现在这样的生活。至少我们可以多商量，在他们企业发生变故的时候我给他出主意，他就不会做出草率离职的决定，以致现在荒废了专业，成为没读过多少书都能胜任的服装店老板。

我向朋友金雪道出了我内心的感慨，她笑我是瞎操心，告诉我做服装生意的利润很高，人家廖志说不定早就盖楼房开小车了。

我就是不明白：一个大学本科毕业生，难道就甘心做个小老板吗？他父母当年到底是怎么想的？竟然舍我这个条件好的，强迫他去接纳宋美！

本来，时间早就让我的心境平静了，可这次见面，又让我的心泛起了涟漪。

心生不忍，帮助危机中的他

廖志的童装店，成了我想去又怕去的地方。我想见廖志，又怕遇到宋美。在金雪的劝说下，我还是收了心，到步行街时再也没进过那个店。

金雪怕我想得太多，托人帮我介绍男朋友。我也想过，廖志已经和我是两个世界的人了，没必要留恋。我一个人可以过得很好，但如果找到一个条件相当的老公，我可以过得比现在舒适。可惜时间流逝，我已经变成了“三高”剩女，很难找到好的对象——条件匹配的，不是离过婚，就是长得不怎么样。我还是没办法把廖志的影子从我的心上彻底抹去。

金雪泄气了，她告诉我，她手上只剩下一个条件好的外地人了，他这些日子出差去了，还没机会和我见上面。他35岁，未婚，硕士，在一家驻我市的央企任职，是个北方人。我早就不抱希望了，敷衍地说，那就看看吧。

没多久，秋天来了，凉凉的风，街心花园变得有些萧索的小花，让我心头有了凉意。那天路过步行街，想起有段时间没见过廖志了，我的脚还是不由自主地迈向了那家店。

店已经关了门，卷闸门上贴着一张红纸：“旺铺转让，有意者请电……”那毛笔的字迹，和廖志的钢笔字有几分相似。我试着拨了那个手机号，那头传来了廖志熟悉的声音。当我说出“你好”之后，他沉默了一会儿，问：“可茵，是你？”

我说，我要和他见面，谈谈铺面转让的事。

我们见面的地方，我挑在了我们以前约会常去的一家咖啡厅。这么多年过去，咖啡厅依然兴旺，我们的感情却已不再。

廖志告诉我，他的服装生意是贷款做的，现在店铺的租金一个月七千多，银行又催要贷款，他没办法才转让铺面。

我很惊讶：“听说做服装很赚钱呀？你不做了以后还能做什么？还是继续做吧。”

“赚钱只是表面，其实我们也只是充门面。现在租金便宜的地方人流量小，生意不旺；生意旺的地方，租金又贵。两难啊！以后的事，以后再说吧。”廖志无奈地说。

“那……把那铺面转让给我吧。”我说。

廖志笑笑：“转给你干吗，你没做过生意，现在满大街都是做生意的，一不小心，就会赔个血本无归。像我这样，都挺难的。”

我生气地问，既然没有转让店铺给我的心思，为什么又同意和我见面。廖志轻轻地说：“我想见一见你，好好和你聊聊。上次在我店里，我们才匆忙聊了几句，我还不清楚你的情况。分开这几年，你过得怎么样？”

我已经从他的生活里退出了，他又来关心我的现状，这又有什么意义？我有点难过，却还是露出笑容说道：“我很好，没什么负担，也没什么牵挂。”我把自己的情况摆出来，告诉他，我完全可以负担开店的租金和费用。

廖志说，那就好，他就担心我现在过得不好。至于店面，他不会转让给我的，再等等看，会不会有人接手。

临别时，我再次嘱咐他，回去认真考虑考虑，如果认为可以，就把童装店转让给我，或者，我可以做他的合作伙伴，替他分担一些，如果生意有了好转，我不也可以赚一笔吗？

“你对我还像以前那么好。你有这份心，我已经很感激了。”廖志说着，走向了一辆溅着泥点的五菱面包车。原来他的日子，过得并不像金雪说的那样滋润，我真的很有必要去帮助他。

有人说，见到旧情人落魄会很解气，这至少证明了，自己当初没死缠烂打和他在一起是个正确的选择，也说明这种人不值得留恋。

可我一点也不解气，我只是觉得他可怜，还是想尽自己的能力去帮助他。以前和他在一起，他也帮过我家不少忙，我妈也把他当准女婿看待了，如果不是他父母的反对，我们一家人的日子应该很快乐。

第二天一早，我接到了廖志的电话，他说他考虑了一整晚，觉得第二个办法可行，但他不敢保证我一定能短时间盈利，请我好好衡量一下再做决定。

我不假思索地问：“没关系，我有耐心，也有信心。你需要多少钱？我去准备。”

“7万，你有吗？”廖志的声音里带着犹豫，在他眼里，这数目有点大了。

“有！”我答道。这两年我又存了4万元的定期，还有3万块的缺口，我可以先向父母借。

父母听说我想做童装生意缺钱，二话没说就去银行取了钱，还说这钱迟早是我的，还提什么借不借的。我感动极了，可还是坚持给他们写了借条。母亲说："可茵，对女人来说，钱挣多挣少不重要，最重要的还是得找个归宿啊。"

我点着头，转身离开时，泪已淌了下来。

情不自禁，久违的爱情复苏

我做了童装店的二老板。童装店的生意能继续支撑下去，廖志很感激我。金雪知道我们的事情后，说我不理智，本来就是廖志负我，现在我又心软了帮他，两个人接触多了，指不定会发生什么事呢。我说，廖志已经是过去时，我把他当作朋友，朋友有难帮一把很正常的。

为了证明我对廖志没什么想法，我去见了硕士。硕士很有风度，言谈也很风趣，相亲后我对金雪说可以考虑一下，她却支支吾吾地告诉我，硕士说我条件不错，但性格太独立，恐怕不是贤妻良母的人选。

高不成低不就，就算现在我听母亲的话，想找个人凑合着过，也是难事了。硕士的评价让我很受触动，看来在男人的心目中，女人的贤惠比能力更重要，怪不得，当年廖志选宋美不选我。

周末廖志要去广州进货，我要求跟着去，一来可以学一学进货的门道，二来可以散散心，我对自己的魅力已经没有了任何自信。30岁是女人的一道坎，过了这年纪，竞争力就越来越差了。

在宾馆附近的餐馆里，我醉眼蒙眬地看着对面的廖志，他好像变成了6年前的那副模样。我问他，宋美好在哪儿，为什么当初选她不选我？

廖志把我的酒杯夺了下来，说我醉了。我说我头脑清醒着呢，还可以喝。他说，你想知道为什么吗，知道了又有什么用呢，都过去了。

我倔强地反驳道："不，我一定要知道，你瞒了我这么多年，我今晚一定要问个明白！"

他替我要了半碗陈醋，叫我解解酒，他才说。我放下酒杯，他马上叫人把酒撤了。我在陈醋刺鼻的酸味中，听他讲了原因。我突然很恨他，真的恨，恨他的懦弱，恨他因感恩而放弃我。

廖志把我带回家时，他父母很吃惊，他们看到廖志和宋美混得很好，一直把这两个孩子看成一对，等着廖志提出恋爱结婚的事，不料廖志爱的却是我。他们就挑出了我的各种缺点，极力反对。

廖志父亲问儿子：“你还记得宋美父亲的脚是怎么跛的吗？我们可不能做忘恩负义的人啊。”

廖志听了父亲的话，坚持要娶我的话说不出来了。宋美父亲的腿是为了救廖志的父亲而残废的。这事儿，隔段时间就在廖家作为重要话题提起，目的就是不忘宋美父亲的恩情。

廖志是个孝子，他难受了一晚上，还是决定听从父母的意见，和我分手。他想明白了，与宋美结婚才是最好的结果，既顺了父母的意，报了宋父的恩，又使我免在他们家受气，一举三得。他没想到，我和他分手之后，竟蹉跎了6年。他很愧疚。

“说这些有什么用？晚了，太晚了！”我的眼泪不听话地流下来。廖志扶着我的肩膀，怜惜地用纸巾替我拭泪，说着对不起。

他手臂的温暖，让我的心温暖起来。封存了多年的爱情，在得知真相的那一瞬间复苏了。

第二天晚上从广州赶回，我们已经经历了内心的波动，决定在一起了。当然，这件事我必须瞒着其他人，包括金雪。

无奈道别，我们只是彼此的过客

和廖志恢复感情之后，我变得谨慎起来，不再在店里出现，店子交给廖志夫妇打理。店里的生意在淡季之后有了起色，廖志说，很快就能盈利了。生意和爱情两得意，我们都很高兴。我的房子，是和廖志会面的最佳场所，但碍于他的身份，我只能和他聊到晚上八九点，他就得离开，因为这个时间他女儿被爷爷奶奶送回他家了，他得回去照顾她。

和廖志的交往，就像我们当初谈恋爱时那样，我们还在保持着最后的理智。我的愿望是和他再谈一次恋爱，弥补当年的遗憾，能成为他的妻子当然最好。可是，廖志始终在徘徊。他一时想和我过日子，一时又惦记着宋美和孩子，担心她们离开他没法生活，对不起双方老人。我简直就要被他的优柔寡断弄疯了。

金雪发现了我的变化。一天她试探着问我，是不是谈恋爱了，最近脸色这么好，就像在蜜月中。我说没有。她又进一步挖掘证据，说我现在不爱和她出去了，可别把恋爱的事瞒到结婚那天才说啊。

我说，真能这样就好了，我这样的人，哪还有结婚的机会啊。

大半年后，宋美也发现廖志不对劲了，在家里闹，在双方父母面前闹，还威胁廖志说，再不把那个狐狸精供出来，她就在女儿面前揭穿廖志的真面目。廖志最疼的就是他女儿，听了这番话，痛苦地找我提了这件事，说他再撑不下去了。

我猛然明白，我与廖志，注定是彼此生命中的匆匆过客，错过了就不该回头。我们已经不可能像谈恋爱时那样随心所欲了，他有太多的顾忌，太多的负担，已经无法从这些牵绊中走出来了。

我又像以前那样，寂寞地在这个城市的一处房子里独自生活。廖志把我合伙的钱还给了我，还给我支付了利息。他说我的帮忙，使他渡过了难关，这辈子无以为报，希望有机会也能给我提供帮助，还我这个人情。

我没有拒绝，因为我知道，我再也不会与廖志联络，自然也不会向他求助。阔别已久的爱情，想要获得一个圆满的结局，实在是太难了。

[心理解码] 向前看，缺失的过去已无法圆满

当时间洗去分手时带来的伤痛，将两个人相处的甜美留在记忆中，旧情人的形象反而令人怀念。当与旧情人重逢，有人便企图弥补已经错失的过去，重新开始，寻求圆满的结局。

遗憾的是，那时不是一方结婚了，就是双方都结婚了，重拾感情多了牵绊和障碍，总有人成为可悲的第三者。

陈可茵就是这样沦为“小三”的。她与廖志的爱情影响了她之后的婚恋，廖志弃她而与宋美结婚，令她无法释怀。当与处在落魄期的廖志相遇，她对他产生怜惜，不仅全力在经济上帮助他，还在得知他当年与自己分手的原因后，想与廖志再次相爱，全然不顾他已有家庭。

可惜，廖志已非当年的廖志，婚外的爱再怎么深也不是正当的爱。当初一段感情不能走到婚姻这一步，对陈可茵来说是有缺憾的，所以她在多年以后，再找旧情人去圆未完成的梦，不料还是以分手收场，使自己再次受到伤害。

重新选择已婚的旧情人，是很不明智的做法。当年分手必然有分手的理由，时间隔得越久，他的变化越大，面临的麻烦越多，横亘在你们之间的老问题却未必能够解决。爱上这个熟悉又陌生的人，就要解决一个接一个复杂的问题，总有一天，你还是得知难而退。

人都是有弥补心理的，当经历过的爱情不是喜剧，就想与旧情人重温恋情，让自己的爱情再无缺憾。可是，缺失的事物再弥补也无法圆满，就像你用笔画了半个圆，隔了许久又换了另一个颜色去画，这圆怎么看也不一样了。多年不接触的两个人，感情早就变了，何必留恋呢?

向前看，让旧情人的形象在记忆中渐渐淡去，扩大自己的交际范围，放宽条件，给自己寻找新的机会，新的恋情会比与旧情人纠缠更易修成正果。

六、无以为报，以身相许却输了自己

口述/尤欣

独自打拼，他的赏识和帮助令我感恩

像我这种没关系没钱，刚从学校里出来的农村孩子，想在一个陌生的城市里打拼出属于自己的世界，难于登天。幸运的是，我进的是一个看重能力的公司，遇到的是一个开明的老总。

他叫许远山，我刚进公司的那年他36岁，是个锋芒毕露很有魄力的上司。他为人很随和，对我们这些新人不摆架子，反而老是督促老员工多带带我们，让我们早点适应公司的业务和工作节奏。

随着和许总接触的增多，我对他有了良好印象。上司对我好，我当然也充分发挥自身的优势，为公司献计献策，也更卖力地做好分配给我的工作。由于表现出色，许总时常在公司的大会小会上表扬我，不久更给我提了职加了薪。我的生活质量有了改善，也能给家里更多的资助了。

天有不测风云。我们一家刚以为生活的曙光在向我们招手的时候，母亲突然患了急病，要动手术，本就不宽裕的生活更是雪上加霜。

想到动手术和后期治疗需要花费至少十几万的医药费，我头都大了。如果放弃治疗，母亲才50岁就可能离开我们；如果不放弃，这么大一笔钱从何而

来？我被母亲患病的消息和筹钱的事弄得焦头烂额，精神恍惚，一不小心，犯下了工作以来出现的第一个差错。

许总把我叫到他的办公室，把那个错误指出来，还关切地问我是不是生活中遇到什么难题了，看我无精打采的，眼睛又红又肿，晚上肯定没睡好。

在他关切的询问下，我没办法忍住泪，把这几天困扰自己的事情告诉了他。他边把纸巾递给我边问，能不能在同事中发动捐款活动，请他们帮助我。

我摇了摇头，说不想欠太多同事的人情，医药费的事，只能慢慢想办法去借。他问我，已经到了这么艰难的地步，为什么就不肯接受别人的帮助？

我擦干了眼泪，告诉他，我虽然穷，但我不想低下头来做人。

傍晚下班后，我又像以前那样，在公司食堂买了饭，等公交车赶往医院。还没走到公交车站，许总开着车追了过来。他请我上车，送我一程，还是问我捐款的事。我说，捐款还不如借款，如果有人愿意借钱给我，我心里还踏实一点，以后总能想办法还清的。

许总说："这个想法当然不错，我也相信会有人借钱给你的。"

车到了医院，许总执意要和我一起去看看我母亲。在外科病区的四人间里，憔悴的母亲正躺在床上睡着，父亲在一旁照顾着她。

许总把钱夹里的钱都取了出来，硬塞给我。他说，他也是穷孩子出身，经历过母亲住院拿不出钱的困境，所以，这点钱请我一定要收下。

我拗不过他，只能把那叠钱收下了，连声说着谢谢。他问要不要送我回家，我告诉他，我得在医院里守到半夜，请他先回去。

父亲知道这个热心助人的中年人就是我公司的老总，很感慨，说现在这样的好心人实在太少了。他以为有钱人都是钻在钱眼里的，没想到许总却这么关心员工。

我心里也有暖流在涌动，父母一直教育我要感恩，我打算更努力地工作，回报许总。那天，我在我的记事本上记下了许总资助我的金额——3650元，并记下了日期。我对自己说，等母亲病好后，我一定要把这钱还给他。

当许总把我叫到办公室，写了一张10万元的支票递给我时，我的心乱了，这么多钱，我怎么还得清？不接受，再上哪儿去找这10万元？一时之间，我真的不知道要不要把手伸出去。

许总看出了我的心思，说："我不是送给你，是借给你的。你写张借条吧，以后好好工作，让工作价值最大化，这笔钱你迟早有能力还给我的。"

我把那3650元也加了进去，写了个借条。许总看着那个数字，笑了：“你真有骨气，连这点零头都没忘。”

对许总，我有说不出的感激，我总在想怎么报答他，却找不出能与10万块钱价值等同的报答方式。

相知日深，协助他并做他的情人

因为钱及时到位，母亲的病得到了有效的控制，不到两个月就能出院在家休养了。父亲照顾得很辛苦，但心情变得开朗了，他说看到母亲的病一天天地好起来，他再辛苦也是值得的。

没了后顾之忧，我对工作更加积极了，并且很注意动脑筋替公司的营销出谋划策，由此成功地打开了产品在薄弱销售区域的市场。许总表扬我很有经营才能，在开会调整中层管理人员时，推荐我做营销部的副经理。

人事部找我谈话后，我很兴奋，25岁的我成了公司里最年轻的中层！许总说，这是我应得的，那10万块钱，其实我已经还清，因为我为公司创造的价值，已远远不止这个数。

他要把借条还给我，我坚决不接受。我说，替公司打拼取得成绩的员工不止我一个，老员工们的奖金和提成在1年里还没有这个数，我怎么能够例外？我说：“请许总按照公司的规定，由财务部来给我计算奖金和提成，我再分期把钱还给您。”

许总欣赏地点了点头，说从我身上看到了当年的自己。他说：“尤欣，一个人要坚守自己的信念是不容易的，我希望你能坚持下去。”

为了使我的工作能力和交际能力得到更大提升，许总特意带我去认识更多的客户。这样一来，我们的接触更多了，我也了解到了他更多不为人知的成长和心理历程。同时我也把自己在工作和生活中的困惑告诉他，他以过来人的身份，给了我有益的指点。

我们相知日深，却一直保持着上下级关系，就算已经有了友谊，也是纯洁的。但我还是时常为怎么还清许总的钱而发愁，1年多过去了，我也只是还了1万块，毕竟母亲康复还是需要钱的。

也许，对于女孩子来说，最快速的偿还方式还是献出自己。我为脑子里突然冒出的这个想法吓了一跳，但随之就坦然了。我目前没有男友，与许总的关系还不错，如果他真提出要我陪他，我是不会拒绝的，这样，我反而更心安。

机会在一个冬天的傍晚来临。那天下班后许总约我吃饭，我到了包厢后，他早已等在那里，火锅里的汤底正冒着热气，配菜也已经点好。桌上，摆着两瓶女儿红。看到我，他露出了笑意，抱歉地说，知道我喜欢客气，他就估算了时间，先点了菜。

他替我涮肉片、夹青菜，给我斟酒。我说明天一早还有任务，只能象征性地喝一点。他说，他有酒德，不会劝女人喝酒的，适当喝一点就好。他一杯接一杯地喝着，我看不下去了，夺下他的酒杯，说这酒度数不低，再喝下去会醉得一塌糊涂的。

他安静了一会儿，说："是，但是我不想在你面前摆领导架子，下班以后我也需要放松，我也需要家庭的温暖，别看我在别人面前强硬，其实我活得很累。"

之前他也曾向我提过他的一些烦恼，但不太深入。我只知道他有一个事业心很强的妻子，爱情早就变成了亲情，孩子10岁了，也不要他费心思了，他就把精力都用在了打理公司的事务上。

"我需要一个人耐心地听我说心事，需要有人安慰，可我上哪儿找这样的人？"他夺我手上的酒杯，我避开了。

"想喝个酒都喝得不痛快！"他抱怨了一声。

我看着已经半醉的他，一个念头浮浮沉沉地在脑海里盘旋许久。我衡量了又衡量，终于说了出来："许总，我想做那个听你心事、安慰你的人。"

他很惊讶，酒好像醒了："你……你想清楚了吗？"

"想清楚了！"我的语气很坚定。我欠他的一时半会无法还清，我除了让他不再烦闷，还能做什么？

那天起，我做了他的情人——当然是地下的——我们隐藏得很好，在人前我们是上下级关系，我恭恭敬敬地称他"许总"，公事公办；私下里，他卸下了人前沉重的面具，我亲热地叫他"远山"，他的秘密和痛苦并不瞒我。

许总多次对我表示过愧疚，他说像我这样年轻漂亮又有才华的女孩，应该好好找个人来恋爱，他却让我做了见不得光的情人。我告诉他，这是我自愿的，我愿意和他在一起。他说，他好像又回到了十几年前的初恋时光，是我给他的生命注入了活力。

他要给我买一套房，我坚决不同意，我说我不想以物质来玷污我们之间的感情。我请他不用送我贵重的东西，在我最需要帮助时他给我的资助，已经使我感念一生。

他动情地拥抱了我，说我是上天赐给他的最好礼物，他一定会好好珍惜。

我和许总的交往持续了整整两年，有一天他突然找我，说省城的分公司需要人手，公司决定外派我去协助总经理工作，做副总经理。又说这是一个极好的发展事业的机会，请我好好把握。

我的心里有说不出的滋味。和他在一起这么久，我在他眼里已没了新鲜感，这或许是他摆脱我的最好机会。我想了想，两年，我已经足够还清欠他的情，没有什么遗憾了。

我与许总说了再见，正要打开他办公室的门，他补充了一句："以后工作上如果没什么事，就别找我了。我要联络你的话，会给你打电话的。"

我答应了，心里想，看来许总是要抽身了。

爱情无奈落败，饱尝自己种下的苦果

27岁，我做了外派公司的副总。在一众下属好奇的目光和猜测里，我保持着神秘感，与他们保持着距离。许总有时会用另一个不常用的手机与我联系，诉说感情；我生日或特别的日子，他会托快递公司给我送礼物，但寄件人的名字永远不是他的真名。

我感到了失落。我觉得许总对我不像以前那么好了，顾忌也更多了。虽然他没有明确表示和我分手的意思，但我已隐隐地嗅出了他的不安。

我告诉他，如果不方便，我们就不要来往了；他对我的恩情，我会铭记在心，如果他有什么需要我的，我会马上出现。

许总感叹道："尤欣，你真是一个善解人意的女人。可惜我们相遇晚了十几年，不然，我可能会过得很幸福。"

我释然了。两年多的时间，我对他关心备至，让他品尝到了温暖的滋味，他的恩惠给我心头带来的压力已渐渐地减轻了，离开已是时候。

以27岁的年龄再去寻找爱情，有点晚了。可我并不泄气，以我的条件，在省城找一个适合的对象，应该不算太难吧？

现实却让我屡屡碰壁：不年轻了，职位太高，又是非处，这对那些钻石王老五来说都是不可逾越的障碍，加上我有隐秘的情人经历，如果不一小心泄露出去，对我的感情也是致命的打击。

后来，我在业务来往中认识了一家公司的销售部经理冯平。他比我大3岁，除了职位比我低一些，其他条件都相当，他也向我表示了好感。我堕入了爱河，以为他就是我的真命天子。

没过多久，我发现冯平对我的秘书产生了兴趣，那姑娘才刚刚毕业，是个清纯可爱的小美女。小美女越变越漂亮了，那娇羞的模样，让我隐约觉得有点不对劲。和同事接触不多，我只是隐约听到，她谈恋爱了。

与此同时，冯平和我联系少了，我联想起他看小美女的眼神，心想，不会那么巧吧，难道是他俩在一起了？

又是一个周末，我独自到超市买日用品，刚刚停好车，忽然听见不远处传来冯平说话的声音。我循声看去，只见在停车场的一角，他正挽着小美女的手臂走向他的车子。

冯平表面上是要追求我，原来是醉翁之意不在酒。我很想跑过去和他们照个面，让他们知道我的厉害，但我毕竟是小美女的上司，不想在她面前失态，于是忍住没有打开车门，静等冯平开车离去。

晚上，我给冯平打了电话，他半天才接。我冷笑着问：“你和女朋友在一起吧？”

他在那头怔住了，大概是没想到我会这么问。我接着说：“下午我在超市地下停车场看见你们了，你女朋友天天帮我处理文件资料，没错吧？”

冯平没再否认，他说反正这事迟早要公开的，他正琢磨着该怎么开口向我提分手，没想到我已经知道了，这样一来，就省事了。

我问他，为什么舍我而选择一个小秘书？我究竟哪儿不够好？

冯平说，他看中的是小美女的单纯，他打了个比方：“如果你要画画，一张白纸和一张涂满了颜色的纸，你会选哪一张来用？”

我被这话刺激了，反问冯平这么说是什么意思。他含蓄地说：“你自己心里明白。虽说你是名牌大学毕业，也很能干，但这么年轻就做了分公司副总，别人能没想法吗？能爬得这么快，对女人来说，只有一种途径。”

“你……”我气得说不出话来。

冯平又进一步挑明：“我前不久刚听说，你跟你们总公司的许总关系非同一般。空穴来风，未必无因。虽然选择你可以少奋斗好几年，但我权衡利弊，还是选择了你的秘书。希望你能理解。”

我无话可说，挂了电话。在冯平眼里，我是如此不堪，但我敢理直气壮地说，自己的升迁靠的是个人努力！做地下情人，我是出于感恩之心！但有谁会看到这一原因呢？

25岁时的选择，影响了我以后的爱情婚姻之路。如果我采用另外的方式去报答许总，是会艰难一些，漫长一些，但至少我不会像现在这样，成为被人用异样目光看待的对象。现在，我已经联络了广州和深圳一带的猎头公司，我想彻底离开许总的势力范围，寻找属于自己的天空。这，也许是我唯一的出路。

[心理解码] 感恩不是爱情，请换种方式表达感激

一般人接受了别人的帮助，都会记在心里，产生感恩的心理，甚至觉得感谢是不够的，一定要用行动去报答。以身相许，只能证明女性不够自信，认为自己没有办法通过其他途径来报恩，只能采用最原始的办法。

尤欣成为许远山的“小三”，是出于感恩心理。她出身于普通农家，要还清许远山资助她母亲的医药费，是短期内不能实现的事。在这种情况下，她想到的最好的报答方式，是以身相许。

尤欣选择的报恩方式是错误的。一方面，她对许远山产生的不是爱，而是感恩，两人之间的年龄和经历都是影响他们产生爱情的因素；另一方面，许远山已婚，插足他的家庭会给他带来麻烦，这样报恩适得其反。他们之间的感情由于缺乏深厚的基础，最后以许远山的厌倦而结束。尤欣虽然在事业上受益，却在感情路上遭遇了挫折。

恩情可以转化为爱情吗？也许可以，前提是男女双方都未婚，但转化的概率很小。很多时候，施恩者不图报，受恩者就以爱情和身体来报答，这就让帮助变了味。特别是对已婚的施恩者来说，女孩子的以身相许未必令他欣慰，反而会让他产生心理负担，两人相处久了，看得太清楚，更容易产生矛盾。

接受了帮助，感恩是应该的，但要换别的方式来表达感激。尤欣最初替

公司卖力工作，为公司赢得更多的利润，这是种很好的报答方式，只可惜她报答的心情太急切，偏离了正轨，对自己也造成了伤害。报恩之前，要考虑清楚自己的底线，才不致走上错误的道路。

七、芳心寂寞，我沦为“泡良族”的猎物

口述/韩露

闺蜜夺走男友，我封闭了自己

失恋是件痛苦的事，如果夺走男友的人是自己的闺蜜，友情和爱情双失更是悲惨，可我偏偏就这么倒霉。

那天我出差去参加一个培训会，晚上有顺风车回来，就兴冲冲地去夜市买了男友爱吃的炒河粉，拎上他的公寓，想给他一个惊喜，但受惊的却是我。他的门反锁了，根本打不开；打他手机，听见屋里传出铃声，他却不接。

我知道男友在里面，说不定是在干什么坏事。出差回来就遇到奸情的事太俗套了，但越俗套的事发生的概率越大。沉得住气是我的优点，我不拍门不吵闹，安安静静倚在门边。运气挺好，我呆站的时间里，没有一个人路过。

1小时后，男友可能估摸着我已经离开了，打开门，送一个女的出来。那女的就算化成灰我也认识，不就是我从小玩到大的闺蜜王莉芳吗？我一闪身出现在他们面前，把他们吓了一跳。我的心早在1小时里经历波涛汹涌后平静了下来，语气自然也是出奇平静：“回房间，咱们好好谈一谈。”

手中的炒河粉早已凉了，如同我这颗正在冷却的心。我不哭也不闹，只问他们打算怎么办，是不是要在一起，想在一起我就成全他们。再说，不成全也不行啊，我不习惯和别人分享男朋友。

他俩还没从被我发现的惊慌中清醒过来，哑口无言。

我从书桌抽屉里翻出一个计算器和一个记账的笔记本，算完明细账，指着计算器上的数字对男友说：“你把这个数还给我，咱们就两清了。你们想玩就玩，想结婚就结婚，都跟我无关了。”

那一万多块钱，是男友按揭这套公寓和旅游时借我的钱，恋爱时我是个体贴的女朋友，但分手时我却决不含糊，男友绝情我当然不会心软。

我把那对男女晾在客厅里，收拾我的东西离开，回头对前男友说："别忘了把钱打进我卡里，不然我天天上你单位要。"

这家伙最爱的就是面子，我知道他不敢不还我钱。我把炒河粉扔进了垃圾箱，就像扔掉与前男友的感情一样潇洒。站在冷风拂面的街头等出租车，我感到特别冷清和寂寞，如果不是不时地有行人路过，我想我强忍的泪会夺眶而出。

在记忆里，我们仨快乐的日子历历在目。刚工作时我觉得很庆幸，男友和最好的朋友都在我身边，我以后可就有伴儿了。谁料，最后我却变成了孤家寡人。

我在王莉芳和前男友面前的坚强都是装出来的。回到住处，把行李箱打开，将饱含着恋爱回忆的物品一件件地拿出来。我崩溃了，眼泪决堤。

说到底，我是一个软弱的女子，由学生时代一同走来、维持了4年多的恋爱关系就此破裂，对我是非常沉重的打击。但王莉芳给我的打击更重，我和她是无话不说的好朋友，有将近20年的深厚友谊，她的表现令我对人与人之间的关系产生了怀疑：除了亲情，究竟还有什么感情值得相信？

我不再喜欢出去应酬，也不爱和同事扎堆了。我把心事藏在心底，再也不向别人透露，更不轻易表达感情了。人心难测，我没能力去猜透，不如就远离人群。

我变成了标准的宅女，只有一台联了网的笔记本，还能让我在虚拟的世界里找到感情的出口。

网络倾诉，他俘获了我的心

夜晚，没有工作转移注意力，寂寞便如影随形，令我觉得长夜漫漫。我厌倦了玩游戏和看电影，一腔怨愤又无处可诉。看到QQ上亮着的头像，一个个都是知根知底的熟人，我不想对他们说太多。这段时间的自我封闭，使我与他们之间有了一定的心理距离。

我该找谁聊聊呢？再不聊我就闷得发疯了。我进了以前加的一个QQ群，点开一个又一个头像的资料，寻找合意的聊天对象。女的，太婆婆妈妈了，没准和她们聊成怨妇诉苦会；男的，一不小心找到一个直奔主题的，不是自讨苦吃吗？

看完那些人的个人说明，我选择了一个叫作“指间烟”的男人。他的个人说明里是像佛谒的一段话：“由爱故生忧，由爱故生怖，若离于爱者，无忧亦无怖。”他在群里说过话，话里带着风趣和睿智，不像一般人那样浅薄。我觉得他是个有故事的男人，也是个心境澄明的男人，只有这样的人，才能给失去爱情和友情的我以有益的指引。我申请加他为好友后，一直没有动静，直到10点，他才同意了我的好友请求。

礼貌地打过招呼后，“指间烟”问我加他的原因。我说，只是没人说话，想找个说话的人，心情太郁闷了。

这个理由太牵强了，我担心他会拒绝我，没想到他很快就回复了一句：“我最喜欢听别人的故事了，你说吧。”

我压抑得太久了，早有一肚子话想说。和网络那一头不认识我的人倾吐，我觉得很安全，就没有了平时的顾虑，一串串的汉字便出现在聊天框里。

对王莉芳夺爱和对前男友变心的恨意，对往昔美好时光的追忆，交替地在我的脑海里重现，我把它们一一用键盘敲了出来。“指间烟”耐心地看着，不时地对我表示同情，并提出一些建议。

我的心结有了地方诉说和开解，心头堵着的石头没那么重了。我一看屏幕右下角，不知不觉已12点多，我感到非常过意不去——为了听我诉苦，浪费了他这么多时间，而且我还是一个陌生人。

在向“指间烟”表示感谢的同时，我也向他表示了歉意。他表示一点也不介意，说他是夜猫子，反正在网上挂着也是挂着，能倾听美女的心声，也是一种荣幸，并欢迎我多骚扰他。

之后，我把与“指间烟”聊天看作是一大乐趣，等待他上线的过程，就像在等待一场轻松之旅。他看问题很成熟，无论是在工作上或是感情上，给我的启发都不少。和他聊天，我在思想上有了很大的收获，我把他视作了网络知己。

有一天，我问起他QQ上的个人说明——这样无欲无求的境界，难道就是他的写照？

“指间烟”歇了一会，才回复我：“你想知道为什么吗？感情受过伤害的人，习惯不再去追求感情。”

我好奇地问道：“你懂得这么多，为什么感情还会受伤害呢？我以为看问题透彻的人，一般不会选择错误，也不会有失败的痛苦。”

“指间烟”发了一个大哭的表情：“美女你太天真了。恰恰相反，因为教训太多，感悟才更多。”

听了“指间烟”的倾诉，我才知道，他的感情经历比我更曲折。父母离婚后又各自再婚，使他从小饱受别人异样的眼光，受尽了后母的折磨，是个可怜孩子。谈恋爱后又一再被女孩子伤害，人家一听说他家的复杂情况，就离他而去。好不容易找了个人结婚了，又是个只会使唤人的母老虎——只要“指间烟”不答应她的要求，她就变着法子折磨，一口一个离婚。

忍无可忍后，“指间烟”在妻子又一次提出离婚时，扔出写好的离婚协议，让她签。离婚后，他再也没有找过女友，个人说明里的那几句话，就是他心境的最真实写照。

同病相怜，使我和“指间烟”的交谈越来越频繁，也越来越深入。我们的联系方式也由纯粹打字变得多样化，语聊、视频、短信、电话，他第一次见到我的样子时，说他曾经梦想过的女孩子就是我这种类型的。他的外形也不错，是那种引人注目、容易吸引女人的男人。

一天晚上，早就过了我们约定的时间，他还没有上线。以前他可是守时的，为什么会爽约呢？我焦急地等待着，担心他出了什么事。1个多小时后他才出现，解释说在外面应酬忘了通知我，我才放下心来。我意识到，他已经俘获了我的心。

现实交往后，我深陷其中

在网上交往了两个多月后，“指间烟”说，这段日子以来，他深深地被我吸引，已不像以前那样努力使自己对爱情免疫。他的个人说明也改成了仓央嘉措的诗：“来我的怀里。或者，让我住进你的心里。默然。相爱。寂静。欢喜。”看了让我心跳不已。

一旦认定了我这个目标，他的攻势很凌厉，我没了还手之力。当他知道我们之间只隔了短短的80多公里，更是执意要挑时间见面。

“不太方便吧？”我内心还在做最后的挣扎。

“有什么不方便的？”他问，“你再不答应我生气了啊！”

“我还得想想。”虽然在网上聊得很投缘，但真的要见面，我突然有点害怕，谁知会发生什么事呢，我还没做好心理准备。

他没再说什么，说了声再见就下了线。

接下来的几天，“指间烟”在网上销声匿迹了，弄得我心烦意乱。看来，他是真的生气了。

我在Q上给他留了言，说我想清楚了，请他看到留言一定要现身。晚上11点多，他回复了我，和我商量见面的时间地点。

这手法，怎么有点像“欲擒故纵”？和他约好了下周末见面，我才发现自己中了他的“圈套”。但既然已经爱上，总有一天要见面的，晚一点不如早一点，不合适就早点分开。这么一想，我就放下心来了。

“指间烟”比在视频里看到的更有风度，一副翩翩君子相，对我很照顾，是个好男人。但毕竟是头一次见面，我们在饭馆吃了饭，在江边吹吹风，在酒吧里聊了天，我就把他送回了宾馆，没有跟他上楼。

第二天我们依旧保持着距离。送他上车时，我笑了：“你原来是个君子啊。”

“那你以为我是什么人？流氓还是骗子？”他问。

“当然不是了。”我为之前自己的戒心而不好意思。

见过面之后，我们在网上说的话更是卿卿我我，蜜里调油。网上的恋情下载到现实中，我品到了一日不见如隔三秋的滋味。

第二次见面，我们在一起了。在“指间烟”的臂弯里，我的心暖暖的，前男友留给我的创伤，在“指间烟”的抚慰与关爱下，迅速淡化了。我陷在了新的恋情里，盼望他与我时时见面。

但有一点我不太满意，就是“指间烟”一直没把真实身份告诉我，我只知道他姓崔，是一个工程师。至于他全名叫什么，在哪个单位工作，我一概不知。有一天我特地郑重地问了他这个问题，他答道：“我们还需要很长时间去了解对方，我总有一天会告诉你的。”

可是，我再也没有机会知道他的真实情况了，因为他从我问他姓名、单位的那天起，就再也没有出现过，他的QQ头像，一直是灰暗的。

他的爱是假象，我追悔莫及

难道我遇到了专门玩弄女性的网络骗子？刚被前男友背叛，又被一个不明底细的网友甩掉，我的信心降到了最低点。我希望“指间烟”出差了，没来得及向我说明——但我们以前也用手机联络的，为什么一条短信也没有呢？

我抱着试试看的心态拨了“指间烟”的手机，听到的是“该用户已停机”。他是要和我捉迷藏了。我盘点了我和他相识相恋的过程中他替我做过的一切，全部与物质金钱无关，他从来没给我送过礼物，也没有对我表示过承诺。我太傻了，太想找个人来排遣内心的孤独了，结果受骗上当。

事情的发展出乎我的意料。过了些日子，我又拨了“指间烟”的手机试试，是一个温柔的女声接的电话，她说：“我是崔宁的爱人，有点事和你谈谈，如果方便的话，面谈更好。”

“崔宁就是‘指间烟’？他不是离婚了吗？”我问道。

“他一直没离婚。你有兴趣面谈吗？我们约个地方见面。”女人说道。

为了安全，我和她约在市中心的广场相见。她是个温柔娇小的女人，长相一般，却给人一种亲切感。她告诉我，崔宁是个喜欢在网上钓女人的男人，网友一串，她一再原谅他，他却一再出轨。这次，他又换了手机卡，但通讯录没有删去，她就用了他的卡，想看看有什么线索。当看到我的号码时，聪明的她联想起近段时间崔宁常到我所在的城市出差，就猜到发生了什么事。

她说，她知道我也是受害人，希望我早点忘记崔宁。他喜欢借悲惨的身世来博得女人的同情，故事越讲越精彩，大部分却是自己编织的谎言。

我问她：“崔宁这么坏，你为什么还不肯跟他离婚？”

“不是我不想离，而是他拖着不肯离。他是个吃软饭的男人，离开了我，他除了骗吃骗喝，又能有什么安稳的生活？你别再找他了，他已经断了跟你的联系，证明他已经不想和你继续下去了。祝你有一个幸福的未来。”女人伸出手，真诚地祝福我。

作为她和崔宁之间的第三者，我愧疚地接受了她的祝福。等我看清崔宁是个“泡良族”，口中的爱其实是假象时，一切都太晚了。我又一次变成了感情上的伤者。这次情伤带着被骗的屈辱，我不知何时才能彻底忘却崔宁带给我的伤痛……

[心理解码] 驱除孤独感，别被虚幻的诱惑吸引

“泡良族”，是挖空心思采取各种手段博取良家女孩特别是良家妇女的

好感，引诱她们成为手中猎物的男人。他们往往在骗取女子的感情和身体之后，及早抽身，消失得无影无踪。这种男人没有道德羞耻感，只是为了满足一己私欲，将一出始乱终弃的戏演得逼真到位而已。他们当中，有未婚男，有离异男，还有不甘寂寞的已婚男。

韩露是在闺蜜抢走男友之后，撞到崔宁这个已婚的“泡良族”的枪口上的。失恋之后的自我封闭和郁闷，使她急需寻找一个情感的出口，崔宁在网上的耐心倾听与开解获得了她的好感，他编织的可怜身世和不幸婚姻又使她产生了同病相怜之感，于是便一步步地进入了他设好的感情圈套，被他诱骗做了对方婚姻中的第三者。

“泡良族”的诱惑是虚幻的，他们往往抓住了良家女子在寂寞失意时渴望关爱的心理，以足够的耐心做足前期培养感情的功夫，使她们心甘情愿地投进他们的怀抱。他们往往隐瞒自己的真实身份，在女性不明底细的情况之下施展他们的勾引绝技，以便在女性要他们负责任时全身而退。

像韩露这样的女子，最重要的还是别让自己陷入孤独感的包围之中。孤独感是一种封闭心理的表现。韩露孤独感的产生，是因为失恋的经历使她不再相信友情与爱情，从而自我封闭了心灵所致。部分宅女就是为了摆脱孤独感而寄情于网络，在网络这一寄生“泡良族”的温床上寻求安慰，沦为“泡良族”猎艳的对象。

归根究底，要拒绝“泡良族”的诱惑，除了要有清醒的头脑，犀利的目光，识别“泡良族”在温柔多情花样繁多的追求方式之下赤裸裸的引诱真相，更重要的是驱除内心的孤独感。

要主动治疗内心受过的感情创伤。通过听舒缓静心或者旋律轻快的音乐来改变心情，通过欣赏大自然的美景暂时忘记孤独忧伤，通过倾诉内心的感受来获得释放心情的机会，通过走出家门与他人交往来感受热闹的氛围，通过寄情于工作或爱好来使自己忙碌起来，都是暂时告别孤独的方式。

无论怎样，都不要在情伤未愈、孤独感强烈时在网络上寻求异性的情感安慰，这很可能会令你成为“泡良族”的“战利品”。

八、寻求精神慰藉，却在世俗里沦陷成殇

口述/徐雯

为他动心，想谈一场柏拉图之恋

我的爱情理想，是找到一个精神契合的伴侣，谈一场纯洁的恋爱，过着只限于手拉手和拥抱的生活，就连吻也是多余的。朋友说我有恋爱洁癖，我认为她说得有道理。我希望这世上有一个男人也像我一样过着无性的爱情生活，我们志同道合，有许多共同语言，单是聊天就可以幸福地度过许多时光。

我曾经和几个男孩子来往过，只要他们想以更亲热的动作来表达爱意时，我就落荒而逃。再说，他们确实和我没什么可谈的，太幼稚，太前卫，听到他们浅薄的话语我就想笑，分手并不可惜。

后来，我没有再谈恋爱——这世上与我类似的人已经找不到了，我不想再做无用功。看着身边离婚的人日益增多，我觉得一个人过也未必不好。

26岁那年，我遇到了杨彦。最初是看到他在本地日报上发的一篇感悟散文，字里行间洋溢着的才气和思想征服了我的心，我便记住了他的名字。副刊部的编辑是我的师兄，我缠着他了解杨彦的情况，他很严肃认真地对我说：“人家已经结婚了，你不用再打他主意了。如果你是以读者的身份来向他表达对作者的喜爱，那当然可以。我们副刊部很快就要举办一个文学沙龙，到时候我通知你来参加，你就可以近距离接触他了。”

我一个劲地向师兄表示谢意，兴奋极了。为了多了解杨彦，我又上网搜索了他的不少作品。原来他是个才子，在多家报刊都发表过作品，文中流露的感情和思想，竟与我的有几分近似。一种寻觅许久才得到知音的感觉，使我对杨彦的兴趣更浓厚了。我盼望着那个文学沙龙快点举行，能与他见上一面。

师兄没有食言，让我以特邀的读者代表身份参加了沙龙。我来得最早，自告奋勇地负责签到，想借机看看谁是杨彦。一个面目清俊的30来岁的男人签下“杨彦”两个端正有力的魏碑字时，我产生了“文如其人”的感觉，对他的好感又深了一层。

沙龙上，杨彦侃侃而谈，对副刊近年来的文章风格进行了点评，我听了对他更加倾慕。我正想找一个他这样的才子，与我在花前月下谈谈风花雪月，聊聊文学哲学，写写画画，在这个世界上，我就不再愁没有知己爱人。

活动结束后，我把自己从网上下载打印的杨彦的文章集递给了他，索要他的亲笔签名。看到我把他的文章整理得那么齐全，封面又设计得那么精美，杨彦惊喜不已。我借机向他要了联系方式，说以后还要向他请教，他爽快地答应了。

这就是我们的开始，我对杨彦的追求充满了主动和预谋。在这个浮躁的年代，对很有可能发展成为我的精神伴侣的他，我是不会错过的。

师兄的劝告还在耳边，我也知道爱上已婚的人是被人谴责的。但我很快就替自己找到了理由：我要的不是杨彦的全部，我不会影响他现有的家庭生活，只是想和他谈一场柏拉图之恋。精神上的恋爱是不以结婚为目的的，是最纯洁的。未婚男人都奔着结婚的主题而来，为了不耽误别人的下一代，我寻找已婚男人来满足精神需求是道德的。

越陷越深，我走不出对他的爱

杨彦留给我的是QQ和电话号码。我权衡了一番，还是选择了QQ。电话限制了聊天的内容和时间，只有在网络上交谈，才能随心所欲，天马行空。

我把读书时写的几篇文章和几首诗传给了杨彦，请他指点。这些诗文已经在校报或者本地的报纸上发表过，是我的得意之作。杨彦看后，一一作了点评，还帮我改动了一些词句，在我看来，他的修改都是点睛之笔。

交谈从我对杨彦的崇拜开始，他看到我发过去的赞赏之辞很高兴，说现在爱好文学的人不多了，能遇到一个欣赏他文字的人，是他的幸运。我们聊起了各自的生活状态，他也有与我类似的遭遇，为了写好文章，他除了必要的公务应酬外一般不出去玩，在别人眼中很另类，有人说他是书呆子。在家里，他妻子喜欢的是时装美容类的杂志，有空就逛街、美容，一和她谈起有内涵的话题，她就嫌他说话高深听不懂。他太需要一个人与他一起聊聊文学和思想了，那个沙龙活动，将我和他联在了一起。

杨彦还给了我一个长篇连载的网址，说他是第一次写长篇，希望我去读一读，给他一点意见和建议。这是他用“尘缘”的笔名写的，如果他不说，想必没多少人知道作者是他。小说叙述了一个在银行系统的中层管理人员在工作中洁身自好，在感情上追求纯洁无瑕的爱情的艰难过程。

也许是因为与读者的需求有点距离，这个长篇的点击率并不高，却在我心底引起了共鸣，与主人公一起经历着工作和情感的波澜。我在每一章后都留下了评论，写下对主人公经历和情感的看法。

我认为，这个形象也隐藏了杨彦的真实爱情观——对写作者来说，在现实中不能实现的理想，往往通过故事来表现。

我不可自拔地喜欢上了文字背后的杨彦，我的真心追随也使他的心倾向了我。杨彦希望在繁杂忙乱的生活之外，找到一个让心灵宁静的港湾，体验精神交流的愉悦，弥补从未有过纯洁爱情的缺憾，这正与我的愿望一致。我们采用了能想到的种种办法来表达爱：通过电子邮箱发情书，通过网购给对方邮寄蕴含深意的礼物，在只有我们俩知道密码的私密博客上写诗互通绵绵的情意，一起写长篇的结局。

再后来，网络已经不能充分寄托我们的感情。他到外地出差，我们通过电话和短信来诉说思念。杨彦早就厌倦了他的婚姻生活，与我相恋，使他重新焕发了青春的光彩，好像回到了初恋时光。

由于我们在同一系统，我想办法调到了杨彦所在的分局，每一天我们都可以远远地见上一面，虽然不能直接交谈，思念之情却得到了缓解。这考验了我们精神之恋的纯洁程度——没有同事知道我们的感情，那种遥遥相对心意相通的感觉，让我十分满足。

杨彦说，他一直想去西藏青海一带看看纯净的高原风光，听说那里的天空蓝得让人想要流泪，可他妻子一听到他说这些就不耐烦，说去那种地方还不累坏了，什么蓝得想让人流泪，不就是装文艺青年吗？这话让杨彦很受伤——他对文学的热爱，在妻子的眼里一文不值。

我告诉他，青藏高原也是我向往已久的地方，如果没人陪他去，我陪。我期待和他携手在高原行走的日子，期待着我们的爱情在那没有污染的地方得到升华。

我们在假期分头赶往那儿，度过了快乐的6天。我们发乎情止乎礼，有说不完的话儿，也有依偎的温暖。我认为这就是精神恋爱的最高境界。这6个日日夜夜将珍藏在我的记忆里，我已经无法走出对杨彦的爱，心里满是他的影子。

证据确凿，感情破灭身败名裂

我和杨彦在青藏高原之行后，联系更加密切，每天晚上总要找机会上线聊天，周末抽空到郊外人少的地方见见面。我后悔调到他的那个分局了，这增加了被人认出的概率，我有了不安的预感，但又无法控制与他联络的冲动。

令我害怕的那天还是到了。一个女人气冲冲地闯进了我的办公室，问我是不是徐雯。我被她那要杀人的眼神吓了一跳，定了一下神才点头说是。这时，门外聚了几个隔壁办公室的同事，都在好奇地张望。一个年纪大点的女同事拉住了那女人，说："小张，有事好好说，杨彦办公室在另一幢楼，你怎么找上这来了？"

小张？这是杨彦的妻子？我的头"嗡"地响了一声，还真是东窗事发了。女人怒气难抑地说："我已经向你们局领导交了告发信，现在是上来看看这个红颜知已到底长啥样的。我也不怕扬了家丑，这，就是让我和杨彦不和的狐狸精。"

这话一出，门外又多围了几个同事。我的脸红得像火烧一样，连声说，不是那样的，不是那样的。

小张冷冷地"哼"了一声："什么不是那样？我的证据都全了，都放在给领导的信里。杨彦现在鬼迷心窍了，孩子不管，家务不管，就光顾着跟你聊天了，我还以为他要挣稿费呢。等着领导找你谈话吧！"说着，她转身出了我的办公室，留下我一个人站着发呆，周围是同事。

领导把我叫去，将杨彦的手机通话和短信详单、邮箱里打印出来的邮件一一摆了出来，还有几张洗出来的数码照片，那是我和杨彦放在邮箱里的旅游亲密合照，特别蓝的天空，高原特有的景致，把我们的行踪透露无疑。

我知道，在这个世俗的世界里，解释说我和杨彦纯粹只是精神之爱，别人是无论如何都不会相信的。我只能无力地低下头，服从了领导的安排，到乡镇的服务站去上班。

我在服务站没做多久就辞职了，我忍受不了别人的指指点点，在那个小镇，我过去的事情成为了笑谈。我远走他乡，想过全新的生活。而杨彦，在那次小张闹事之后，再也没有出现，连一句安慰的话都没对我说。

我的柏拉图之爱，不过是一场残破的爱情，选错了对象，只会让心千疮百孔。和我同样受伤的还有杨彦的妻子，我以为柏拉图之恋不会给他的家庭带来伤害，事实却证明，我错了。

[心理解码] 婚外之恋，再纯洁也要远离

总有一些女性想追求不食人间烟火的纯洁爱情，遇到志趣相投、思想交流融洽的异性知音，就想谈一场精神上的恋爱，并为之不顾一切，不管对方结没结婚。

甚至有人像徐雯一样，为了避免结婚，认为已婚男更适合谈柏拉图之恋——他们为了维护家庭的稳定，不会轻易肉体出轨，而精神出轨并不是真正意义上的背叛。徐雯经过主动追求，成功地将已婚的杨彦发展成为精神恋人，实现了她找一个有共同语言来谈无性之爱的梦想。

精神出轨的已婚男，大多都有几分才情，在生活中不是曲高和寡就是与妻子没有思想交集，急需懂得他的女性抚慰心灵。杨彦对妻子产生了审美疲劳，徐雯像一股清新的风给他一成不变的生活带来了改变，他需要的崇拜和温柔，徐雯都能给他，更重要的是她理解他，与他有相同的爱好，非常投缘。

两人的精神恋爱达到一定程度后，会把更多的时间用在两人的单独相处上，所以已婚男的心也会被第三者夺走，也会对他的家庭产生伤害，也会对夫妻关系产生影响。没有不透风的墙，也不会有永远不露破绽的婚外恋。被发现后，第三者总是处于劣势地位。

再纯洁的婚外之恋，都是不值得开始的，千万不要到了事情无可挽回时才后悔。要端正恋爱的态度，认识到爱情不是精神上的爱，而是“身心合一”的。学着去谈现实的爱情，克服对性的逃避，与适合的未婚对象恋爱，这是徐雯回归爱情的必由之路。

第5章　离婚后遗症：分手后，一地鸡毛

离婚，带来伤筋动骨的疼痛，留下支离破碎的残局，带来各种各样的后遗症。请本着一颗爱心，妥善处理复杂的家庭关系，善待曾与你生活过的那个人，吸取失婚的教训，在伤痛淡化之后，再开始新生活。

一、我们的情感纠缠在分合之间

口述/何梅馨

他有了新欢，我折磨自己

如果不是那个响了多次的电话，我也许会一直以为自己很幸福。

那是个寒冷的周末，林涛在洗澡，他放在茶几上的手机响了起来。我替他接了，对方却没有说话。我感到有些奇怪，挂断。隔了几分钟，手机又响了，显示的还是刚才的那个号码，尾数“9110”，很好记。我一共听着它响了8次，直到林涛从卫生间出来。

我装出一副不在意的样子对他说，刚才你手机老响，不知有什么急事找你。是吗？他问道，然后回拨。“嗯”了几声后，他告诉我，公司有急事，要加班，他可能晚点回来。

我心里有点酸，把关高三之后，我每个星期就只有周末晚上可以休息，本来想和他一起去看场电影的，可为了这个电话，他竟自顾自地出门。

我只好约闺蜜晓婷逛街，在路口等车时，顺便在公用电话亭里拨了那个奇怪的号码。“喂，你好！”话筒里传来一个悦耳的女声，我的心刹那变得冰凉。

我安慰自己，也许那真的是林涛的同事，找他加班的，怕我误会，所以才在我接电话时没有作声。毕竟，林涛和我结婚才一年多，这么快就出轨，可能性不大。在百盛试鞋子时林涛打了电话来，说事情很多，他只好忙通宵了。

潜在我心里的怀疑渐渐浓重起来，和晓婷分别后，我转了车，到他的公司去。办公大楼的窗户一片漆黑，根本就看不出有人在里面。我上了最后一班公共汽车回家，在空荡荡的车里，泪水悄悄地流了下来。

回到家，我没脱衣服就拧开了淋浴的冷水阀，让冰冷的水将我从头浇到脚。我冷得直打哆嗦，内心却强迫自己承受。我狠狠地骂自己：“何梅馨，你太傻了，活该让一盆冷水浇醒你！”

把和林涛四年恋爱的情景与结婚之后对比，我才想起，其实我们之间，早就没有当初那种甜蜜的感觉了。在繁忙的工作中，在琐碎的日常生活里，我们已经失去了当年的美好。

第二天上午，林涛9点多才回到家。我起不了床，浑身发烫。他看到我脸红彤彤的，摸了摸我的额头，马上帮我穿好衣服，送我上医院。在观察室里，看着一脸焦急的他，我想，昨晚自己所见的都不是事实吧，其实他还是那么在乎我的。

不愿再痛苦，我选择离婚

很快，我发现这只是一厢情愿。林涛“通宵”的时间，固定成了一周两次。他还躲在卫生间里，压低声音接电话。我半开玩笑对他说，你什么时候调保密部门工作了，打电话被我听到一句两句没什么吧。他脸上立刻就闪过尴尬，那尴尬变成针，刺得我的心很疼。

寒假有新食肆开张，晓婷约我去吃牛排。在人声鼎沸的大厅里，我看见了一个熟悉的背影。他不是说今天有应酬吗？应酬的就是他对面那个模样清纯的姑娘吗？还互相喂着食物，这种亲昵的方式，只有热恋中的情侣才会有。

晓婷也认出了林涛，她想拉我过去揭穿他，我却制止了她。她愤愤不平地说，这么忍着只是纵容他，还不如撕破脸皮闹上一闹，大不了就离婚，反正他的心都不在你这里了。

那顿饭我几乎没什么食欲。回到家，我又拧开了冷水阀……冷水浇头，才是惩罚我糊涂的最好办法。那一夜，林涛又没有回来。不久后我缠着林涛的同事打听，他吞吞吐吐地告诉我，林涛和那个叫胡娜的单位会计在一起快半年了。

从此，在认定林涛又和胡娜在一起的时候，我就用冷水浇遍全身，换来一场重感冒，林涛不得不照顾我，我的心才安定下来。近一年多时间，我就这样反复地折磨着自己，直到晓婷得知真相。那天在医院里，她责备我说，你这么做，受苦的只是你自己，不如向他摊牌，分手好了。你才27岁，还有很多机会。

晓婷的建议，让我犹豫了好些天，直到我亲眼看见林涛和胡娜在我自己的床上。那天晚自习，学校停电，我提前回了家。我出乎意料地冷静，等他们穿好衣服，然后说，好好谈谈吧，你们的事，我早就知道了。

胡娜头也不回地跑掉，林涛垂着头坐在床沿，抱着我的腿求我原谅。我对他说，我沉默并不等于我不知道。我一直在等你回头，可现在，我不想等了。

再给我一次机会吧小馨，其实我爱的是你，对她并没有真感情；男人的身和心是分开的，我是不够理智，但我会改的。他皱着眉，很痛苦。

我掰开他的手，冷冷地说，算了，你收拾东西走吧，这房子是我的婚前财产。

真的不能挽回了吗？如果你不是那么忙，我不是那么寂寞，我不会找她的！他解释道。我依旧坚持，叫他出去。结婚一年多就出轨，他太伤我的心了。他只好默默地将换洗衣服放进皮箱，离开房间，穿过客厅，打开大门，然后门“砰”地关上了。我看着紧闭的门，忍不住放声大哭。

双方父母为了我们的事开过家庭会议，一大家子人都劝我原谅他。我没有心软，因为，我不想再痛苦了。

再也遇不到像他那么好的人

离婚后，我们有了各自的生活。偶尔在街上遇见，我会远远地避开。面对面又怎么样，两个人已经没有任何关系。他曾给过我许多甜蜜回忆，也给了我最痛的伤害，那些爱和痛累积在我心里，那矛盾的滋味只有自己能懂。朋友们提起了他的近况。原来离婚还不到一个月，五一，他就和胡娜结了婚。他们的感情似乎并不是很好，隔三岔五就会闹别扭。晓婷说，这回他可遭报应了，又不是什么大款，还学人家搞婚外情。我装着没有听见，眼睛望出窗外，心里已经乱成了一团麻。其实我还是忘不了他。

离开他以后我一直在寻找另一半，但都不如愿。那些男人不是拖着孩子，就是年龄偏大，介绍人说二婚的女人就得打折。我偏不信这个邪，在频繁的相亲中碰着运气，却一再失望。

父亲因为中风入院，母亲一个人忙不过来，作为独女的我在工作之余又得跑医院照顾他，忙得焦头烂额。一天下了班赶去病房，在电梯里一抬头竟看见了林涛。电梯门已经关上，避开他已是不可能。他主动问我为什么到这儿来，我告诉他父亲病了，他一定要跟我去病房探望。父亲看见他，眼睛一亮，颤抖着手示意他坐近。他们翁婿一向感情很好，父亲在我们离婚后一直想我们复合，并不知道林涛已经再婚。

我默默地和他走出医院，看看路旁没什么人，谢了他，并叫他以后不要来了。他说，自己工作并不忙，父亲以前对他那么好，他以后尽点心，也可以减轻我的负担。我犹豫地问：可是胡娜……他打断了我的话，说不要提她了。

父亲住院的那段日子，他忙前忙后，帮父亲按摩、擦身——医护都说，这样的女婿很难得。我只有尴尬地笑笑。父亲恢复得很好，除了行动比以前稍微缓慢了些外，身体没有什么大碍。对林涛的恨，在他帮忙的时间里，竟渐渐地消弭了一些。

此后每次相亲，我都会不自觉地把那些男人和林涛作比较。剔除掉对我不忠这个大错误，他有情趣，对我很体贴，还会做家务，我带高三以后没什么时间打理我们的小家，家里大大小小的事情都是他帮我安排好的。这辈子我还会遇到像他这样的男人吗？

我成了第三者的第三者

一天，我和约好的相亲对象在公园附近的餐厅吃晚饭。由于对他并不满意，我建议AA制付了款，便和他道了再见。天很冷，孤单地走着，我忽然很想要一个温暖的怀抱。路过公园门口，我竟不自觉地走了进去，那里有不少我和林涛之间的回忆。走到我以前常和他坐在一起的长椅附近，我发现有一个人独自坐在那里，落寞地看对面的老人家跳舞练剑。

“林涛。”我叫了他一声。他转过头，路灯光照见了他脸上的惊喜。他说跟胡娜吵了一架，就从家里跑了出来。无处可去，想起以前我们谈恋爱的地方，就走到这张长椅上坐坐。

是前缘未尽还是对曾经的那段情难以割舍？两个分开了的人，竟又因为共同的回忆而巧遇。在医院里从未问过他的再婚生活，我便问他过得好不好，他摇摇头，说与胡娜除了单位里的事儿，几乎没有多少共同语言。两个人面对面的时间长了，就生出了许多矛盾。胡娜脾气暴躁，两句不合就大声嚷嚷，要不就扔东西。为再婚的事，他与父母闹翻了，根本就不敢告诉他们自己现在过得不好。

我望着身边的这个男人，我多么爱他，为他宁愿伤害自己也不愿骂他一句，可他竟在短短的时间里舍弃了我。我语带讥诮：谁让你这么急就和她结婚？我提出离婚，一定很合你的意吧。

她说怀孕了，我不负责能行吗？谁知，这是个骗局。我怎么会认识这样一个有心计的女人？说着，他抓住了我的手：小馨，分开的这些日子，我常常回忆起以前我们在一起的那些事。我始终觉得，你最重要。

眼前这个可怜的男人，就像一个犯了错找不到回家的路的孩子。复杂的感觉涌上我心头，不知是恨是爱还是怜悯，我真想去抚一抚他的头发，抱一抱他的肩，但终于忍住了。犹豫了好久，我才决定请他到家里坐坐。

给林涛倒茶的时候，他突然站起来，从后面抱住了我的腰，贴在我身上。一股热流传遍了全身，我微微地颤抖着，挣扎着想推开他，他却抱得更紧。我松开了手，把脸贴在了他的脸上，身体像着了火似的。我渴望这样的拥抱，已经很久了。

那天晚上，他留了下来。在他怀里，我觉得很踏实，寻回了久违的激情，觉得彼此都很需要对方……

有了第一次，就会有第二次。我推掉了别人的约会，他和胡娜吵架就到我这里过夜。久而久之，我的房子就成了他躲避争吵的地方，我成了他的安慰。

几经反复，我退出了那场争夺

周围的人很快就知道了我们的事情，对他们的指指戳戳，我却不以为意。晓婷劝我，你已经吃过了第三者的苦头，难道自己也要尝试吗？林涛已经骗过你一次，还值得相信吗？你现在反倒让他享齐人之福，这不是便宜了他？莫非，你是想报复那个第三者？晓婷说话一点都不留情面。

她的话像一盆冷水劈头盖脸地泼了过来，浇醒了我发热的头脑：沉浸在这段失而复得的感情里，我竟忘记了自己的本分。我给林涛打了电话，叫他不要再来了。我们的感情既然已经错了一次，没有必要一错再错。他在那头连声地问为什么，我却什么也没说，挂了电话。客厅的电话响起，接着手机铃声又响。他固执地打着电话，我拔了电话线，关了手机。耳根清静了，心却静不下来。

那个周末早晨，我起床时天旋地转，第一反应是拿起床头的手机，习惯性地拨出了一串号码。等我意识到是林涛的手机号时，他焦急的声音传了过来。我妥协了。每在脆弱的时候，我求助的人，并不是父母，也不是晓婷，竟然是他。那天他陪了我一整天，晚上，我又允许他留下了。

感情战胜了我的理智。以后，从猫眼里看到林涛可怜巴巴地站在门口，我就抑制不了内心的冲动，将他迎到家里。胡娜消了气，主动打电话找他，他支支吾吾后对我说，他要回家去了，我也没有意见，毕竟，现在偷偷摸摸的是我和他。我也问过自己，为什么要丢掉自己的尊严，或许是因为绕来绕去，还是觉得婚变以前跟他在一起的日子才快乐吧。

我们背着胡娜来往了大半年，她还是知道了，气势汹汹地扯着林涛闹上门来，要跟我这个手下败将摊牌。看着林涛缩在一旁一言不发的窝囊样，我忍不住泄出了蓄积已久的怨愤，说她以前的插足给我带来的伤害，说我实在忍受不了她的这种盛气凌人。

她冷笑，尖刻地反问：你现在就没给我伤害？你还怎么为人师表？小心我告到你学校……

别说了！一直沉默的林涛突然爆发，他拍了桌子，把所有的责任揽到了自己身上，说我们三个是要进行一个了断了。他告诉胡娜，他已经厌倦了和她一起生活，受不了她的小姐脾气，不如就分开吧。听到这话，我呆住了，胡娜则抽泣起来，哭她的青春，哭她的名声……

我打断了她的抱怨：别哭了，我离开他行了吧？我曾经被人拆散过家庭，我体会过那种痛苦。你带他走吧，我不会再见他了。我拉开门，强忍着眼中的泪，把他们请了出去。我提醒自己，不要再反复地和同一个男人玩爱情和婚姻的游戏，无论他对我的爱是真是假，我已经30岁了，再也折腾不下去了。

在与林涛的感情纠缠之间，我终于明白：没有一种感情可以承诺永远。可是，为什么在再次与他分手的这段日子，每每看到他那个熟悉的手机号码闪动，我的心还是忍不住一阵悸动？这段感情似乎已经落幕，我却看不到自己感情的结局……

[心理解码] 彻底放弃他，必须彻底摆脱依赖

从发现丈夫林涛外遇一直到离婚之后，何梅馨一直都陷在痛苦中无法摆脱。她的事业虽然出色，但在生活上却是一个依赖性强的人，习惯接受林涛的安排。她对亲近与归宿有过分的渴求，需要一名伴侣，满足她对生活的渴望，帮助她安排一切、决定一切。

林涛的爱，正是她获得安全感和归宿感的重要因素。她挽回林涛的方式，就是想办法让自己生病，得到他的照顾。即使最后因忍受不了他的背叛而提出离婚，当她需要帮助时，还是想到了他。

离婚之后变成了丈夫再婚家庭的第三者，这种事在一些心理脆弱、把前夫当作靠山的女性当中，一定程度地存在着，主要就是因为她们仍习惯对丈夫的依赖，这既包括心理上的，也包括物质上的。

尽管何梅馨下定决心与林涛分手，但以她这种左右摇摆的态度来看，能否一直坚定下去呢？其实，只有彻底摆脱对他的依赖，才能彻底地放弃他。

离婚之后，人往往会情绪低落，缺乏自信，害怕孤独，所以寻找依靠的心理会更强烈。因此，一定要重拾勇气和自信，相信自己一个人也能够面对生活中的一切困难，并独立地去做以前要靠前夫才能做好的事情。不要把情感停留在过去，既然前夫已经组合了新家，就不要再把情感依托在他的身上。

扔掉生活中的“拐杖”，学会独立行走，需要一个痛苦的转变过程，但只要坚持下去，便会慢慢摆脱依赖前夫的生活。给自己一个疗伤的时间，彻底地忘掉他，培养自己的自主意识和忍受孤独的能力，以独立的姿态去结识新的朋友，新的对象，开始一段快乐的崭新人生。

二、嫉恨，我对前夫的再次恋爱无法释怀

口述/姚瑶

现实击碎梦想，毕婚后离婚

读大学时，我和傅平对婚姻充满憧憬，认为既然相爱，在一起即使再艰苦，心也是甜的。我们可以一起奋斗，慢慢地我们的小家就能变成想象中的模

样。这样的婚姻，才能天长地久。

大四那年冬天，我在珠宝店看到一枚白金戒指，很是喜欢，请店员给我试戴。可我们都还在花家里的钱，怎么舍得买呢？我有点不舍地摘下了戒指。

情人节，傅平约我到广场，在草地旁打开首饰盒，拿出了那枚戒指。他告诉我，第二天就把钱取出来买下了它。自尊心很强的他不得不向同学借钱渡过难关。我对着天上的星星许愿，以后一定要嫁给他，这枚戒指就是信物。

毕业后为了在一起，我们没有回各自的家乡，在省会找到了工作。租房生活不够安定，租金也是一笔不小的开支，和双方的父母商量后，我们决定买房结婚。2005年的房价还可以承受，两家都出了一部分钱作为首付，月供由我们俩负责。这正符合我一同奋斗过日子的想法——那种有着共同目标而努力着的生活是多么充实啊。

结婚之后几乎日日相对，我发现了我们之间有越来越多不合拍的地方。恋爱时我们表现给对方看的都是自己美好的一面，在某些事情上，傅平都迁就我，但结了婚就不是这样了。他不再像以前那样对我那么体贴，反过来，家里的活大部分堆到了我身上。

傅平在家是娇儿子，不会做饭，而我们为了省钱必须在家吃，我必须对着厨房里的油烟——夏天更是汗流浃背。他的衣服从未主动洗过，晒干的衣服和袜子只要我不收，可以在我出差几天后回来还照样挂在阳台上，脏衣篮里还有他换下的一堆。

他的应酬不少，又时常加班——他说做销售就是这样，要挣大钱就得忙。我发现了我和他之间收入的差距，也在下班之后开始写稿做兼职。由于我在读书时偶尔给杂志投过稿，有一定的经验，不久后收入也有了增加。

我们各忙各的，累起来时，就没有太多的交流。有时，一说话就要吵，因为对彼此的表现都不满意。我问他恋爱时的浪漫跑哪去了，他说我为什么不可以像他同事的老婆一样把他照顾得好好的。我委屈极了：家务我都干了，还没把他照顾好？

婚后的一切，乱糟糟的，根本不像想象中的那么美。我们还太年轻，没有做好心理准备，无法面对太现实的生活。特别是在每个月还房贷时，想着还有10多年才能还清，压力无时不在，更是心烦不已。

那天我发烧，给傅平打电话，他刚听到我声音就不耐烦，说他正忙着呢。我在医院孤零零地输液，难受极了，他下班了回家找不到饭吃，竟打电话质问我跑哪去了，为什么不提前说一声。

我生气地说："我刚才打电话给你，你不是说忙吗？"他问我在哪，我赌气不说。打完点滴回家，已经是8点半了。走到厨房，没有半点烟火气，他吃泡面，把方便面袋子随便往垃圾桶里一扔，那泛着油光的碗还没洗！我那时的心情可以用悲愤来形容，我的头还有点晕呢，这收拾的活还得我干！

结婚不过两年光景，他就这样了，以后的日子我还敢想吗？我用尽残存的力气对他说："过不下去了，离婚！"

双方父母知道事情的原委后，请我原谅他。可我想起结婚以来自己吃的苦，实在不想再委屈自己，非离不可。他也年轻气盛，说："离就离！"

曾经让同学羡慕的大学恋爱修成正果的一对恋人，就这么分手了。

离婚不离家，生活在尴尬中继续

到民政局领离婚证前，我们冷静下来，探讨了房子的归属问题，发现很难解决。我们的父母都不是有钱阶层，所以给我们的资助各是首付的一半，月供是我俩婚后一起付的。

那时房价开始飙升，一方面把房子卖了不划算，我们也没法再买到合适的房子；另一方面，房贷没还完，如果一方退出，另一方也没有能力还款。我们找到了妥协的方法：房子两人继续供，以前付的款一人算一半，以后月供各付一半。在书面协议上签下两人的大名，我们正式离婚，但还是在同一套房子里生活。

书房小一点，做了我的卧室，客厅一人一半，厨房和卫生间共用。可傅平那炒菜的三脚猫功夫，我在旁边都受不了他那烧焦的鱼和熬糊了的粥的味道。后来他交我一半伙食费，我负责买菜做饭，他负担水电费作为我的工钱。因为有实惠，我做饭总算有了新动力。

新生活是尴尬的，我们不敢把同学带来家里做客，怕他们知道我们离婚后还住在一起。离婚了，也别提什么让不让的了，我们抢着用卫生间，抢时间用水洗脸刷牙，抢地盘晒衣服被子。他玩游戏也不顾忌我了，把音箱开得很响，那些音乐和刀剑碰撞的声音吵得我心烦意乱，别提静下心来写稿子了。我倒宁愿他多点应酬，最好晚上不要回来，他偏偏回来得多了，听说是专业对口，转到广告部去了。

从此我的夜晚不得安宁，我还为此跟他大吵过几架。因为和对方再无关系，也不再顾及对方的感受，我们吵得酣畅淋漓。

因为要写稿挣钱，我变成了“宅女”，交际很少，自然没有太多认识新对象的机会，我也爱面子，没提过自己离婚的事。傅平则不同了，他交游广阔，没半年，就开始把女孩子往家带。这一对比，让我心里愤愤不平：为什么他那么快就找了新欢？男人的感情，有多少是坚贞的？

我百般阻挠，他的恋爱一再失败

人不可貌相，读书时看起来还比较老实的傅平，竟还有做花心大萝卜的潜质。先后有几个姑娘来过我们的房子，先是看了看房间的大小，又看了看装修，觉得还不错，我就钻出来说，这房子有一半是我的，我是他前妻。

我的话还挺奏效，姑娘一听这话，看来也想到了财产分割的麻烦，皱了下眉头就走。我的想法很简单，凭什么傅平这么快就又开始找对象了？那些姑娘还比我漂亮，不是向我示威吗？我可不会让他那么快就得逞！他一向我抗议，我就反问：“我说的不是事实吗？我的确是你前妻，这房子也确实有我的一半！”

傅平换了对策，摸准了晚上10点以后是我关上门在房里奋战的时间，他就在那时候带女友回来，进他的房间就把门关了，我也不知道他们在里面叽叽喳喳地说些什么。等他们谈完，他就飞速把人家姑娘送出门去，根本没给我照面的机会。我那时要赶稿挣钱，没来得及去骚扰他们，再说他们也还比较文明礼貌。

我已经成功地把他的前几个不知是相亲对象还是女友的家伙给赶出去了，他虽然生气，但显然不是很受伤，看来，这次我也得改变策略，让他受一回伤害。那就先让他们培养培养感情呗，等感情深了再下手，那就不一样了。

傅平把那姑娘送到楼下，我从阳台往下看，她那身材挺标准的，高挑苗条。我安慰自己说，说不定她是个“背多分”呢。听到门响，我立即回到电脑前敲字，为自己这个聪明的决定暗自得意。

没想到这两个人你来我往的，竟然到了在家里过夜的程度。当我第一次发现大门没有响第二遍的时候，我的心有多愤怒！我发现，虽然是我主动提出离婚，虽然我很烦婚后的生活，但对于傅平，我抱有一种矛盾的心理，既见不得他找女朋友，但自己又不会再想跟他在一起了。

看到傅平频繁地更换女友，又有这么多认识人的渠道，我就莫名其妙地有一种怨恨。想起他结婚后的表现欠佳，应酬又多，离婚后反而在家的时间多了，我就不免怀疑：他所说的应酬，有多少真实成分在内，是不是在外面勾搭别人了。一想到这里，我心头就忍不住升起怒火！

我承认，离婚后我的心情比以前坏多了，特别是越看傅平越觉得不顺眼。后来他再把那高个姑娘带回家来，我就不客气了，不是去敲卫生间的门，就是算准了该到他们亲密的时间了，就去敲他房间的门。

姑娘不好意思出来，他气得出来跟我理论，说我无理取闹。我说："我哪里无理取闹了，我神经衰弱，一点细微的声音都会影响我写稿挣钱，我还不起房贷你帮还呀？怕我影响你们就到旅馆去，难道没钱开房吗？"

他气得把手扬起来想打我，我用挑衅的眼神看着他，他最终没有把手落在我身上——看来还是想在女友面前好好表现一下。

他再也不敢把女友往家里带了，因为我一般都在，还会捣乱，他要想恋爱有个好结果，就一定得避开我。

那姑娘没忍受多久，就和傅平分手了。傅平对我说："这下你满意了吧，再也没人来这儿跟你抢地盘了！"

他换了家公司，起早贪黑在忙，他说他得尽快多找点钱，再也受不了跟我一起住的气了。

他离开了，我仍在纠缠

年初，傅平把行李收拾好，说他找到了住处，不再和我住一起了，房贷还是两个人共同还。虽然以后我写东西会很安静了，我却没有解脱之后的轻松，心里空空落落的。我想到，自己是该找个人来陪了。

我托人帮忙介绍对象，但一提到我的年龄和曾经结过婚的经历，别人就面有难色，说我这样的条件，想找个好的男人并不容易。想起我的大好年华就在和傅平的斗气中消逝，我竟然连个合适的对象都找不着，我就生气。

还贷的卡在我手里，傅平每月都往卡上打他的那一半月供，尽量避免和我见面，他躲我躲得真是彻底。我却不甘心任由他这么做，留意起他的行踪，向同学打听他的近况。他有个兄弟告诉我，他已经找到了一个合意的女朋友，而且是有房有车一族，人家可没嫌弃他结过婚。

怪不得他躲我呢，原来找着了这么好的对象！我恨得牙痒痒的，想方设法找着了他的新住处，守了几个晚上，终于见着了他和那个新欢。我理了理头发，故作优雅地走到他们对面，慢条斯理地问他："傅平，你这个月还没给我钱呢，快拿来！"

新欢眼神复杂地看看他，又看看我，没等傅平解释，扭头就走。我心里产生了胜利的快感：哈哈，他的好事又一次被我搅和了！

傅平看着我，脸上是无奈的表情。他问："姚瑶，你还真是没完没了了。你到底要折磨我到什么时候？我们离婚已经3年了，都应该有自己的新生活。我已经把房子都让出来了，你还想怎么样？"

我百感交集，不知如何回答。其实纠缠了这么久，我也累了，有这时间，还不如多赚点钱，或者多去认识几个人——说不定我的真命天子就在那些人里。但我偏偏还是揪着傅平不放。我自问与他也没有爱情了，但为什么还是要那样做呢？3年时间也不算短了，我为什么还走不出来？我无法解释自己的心理。

[心理解码] 消除嫉妒，舍弃才会得新生

离婚，会对女性带来感情挫败和自尊受损的后果，对她们再次择偶产生不良影响。部分人因此影响了心态，深陷在愤怒和痛苦之中。她们当中，有人嫉恨前夫的女友或后妻，采用各种手段进行骚扰，将前夫的感情生活弄得一塌糊涂才罢休；有人对前夫在爱情和婚姻方面走在自己的前面感到愤愤不平，甚至想方设法进行阻挠，将他看作生活中的对手，只把眼光盯在他身上，非得跟他比较，容不得他比自己过得好，容不得他比自己早找到幸福，以证明自己的选择没有错。一句话：我不好，你也别想好！

这样做，只会使双方都无法摆脱痛苦，使本就破裂的关系更加势如水火。这种消极的心理，就是嫉妒。它令人通过损害别人而获得快感，同时也使人内心饱受煎熬，精神发生转移，是一种损人损己的行为。

婚姻的现实与爱情的浪漫产生了鲜明的对比，使姚瑶看清傅平并不像自己想象中的那样好，为了脱离琐碎而缺乏关心的家庭生活，她选择了离婚。可

是，离婚后的不如意，使她从自身感受出发，对傅平的恋爱一再进行破坏，嫉恨充斥着她的心灵，使她无法真正面对再度单身的生活。

如果姚瑶能好好地利用离婚后的这3年，而不是反复地纠缠在傅平过得好不好这一问题上，她也许会有完全不一样的人生。离婚时她还年轻，也没有孩子的牵绊，如果不把关注点狭隘地倾注在傅平身上，而是转向自身的提高和寻找更多的机会，她的事业和爱情，也许会有很好的收成。

即使她现在开始走出嫉妒的深渊，也不算晚。既然已与前夫分手，若做不成朋友，也没必要把他当成敌人。已经向前一段婚姻告别，那就彻底一点，把自己的关注点从前夫身上抽离。就算有共有财产（房子）的存在，只要认清双方已经是独立的个体，各自有各自的生活，从而把主要精力放在自己的工作和生活上，不再与前夫的现状比较，就能逐步将嫉妒从心中消除。

嫉妒的产生，与自我中心和不自信有关。自我中心导致心胸狭窄，想开一点，把心胸放宽广些，明确离婚已是过去时，早一点走出由它带来的心理阴影，就会早一点脱离痛苦，赢得快乐；不自信，才会在乎别人比自己好，才会担心自己超越不了别人，有时间纠结这些，还不如由内而外修炼自己，丢掉过去，寻找灿烂的第二春。

三、寂寞世界里，我只想借一点温暖

口述/许月薇

重遇，我几乎忘了他带给我的悲伤

和前夫罗凯重逢，是在省城一家宾馆的会议室，一次同行业的小型会议上。那次上司因公务繁忙，没空参加，临时派我替他参加会议。我看到罗凯时，除了觉得面熟，竟一下子想不起他的名字——这很荒唐吧——毕竟他是与我共同生活了将近4年的人。

直到散了会，他叫了我一声“月薇”，那个声音才使我的感觉复苏：这就是我曾经深爱过、也曾深深伤害过我的男人，也是我要刻意忘记的那个人。

我成功了，用短短的4年时间，努力地将他从我的记忆中抹去，即使现在见到他，我也几乎忘记了他带给我的悲伤，心情很平静。

我和罗凯是在工作中日久生情的。他是公司里的活跃分子，娱乐活动的台柱人物，声音非常有磁性，是公司晚会上当仁不让的司仪和歌手，喜欢他的女孩子不少，他却对我情有独钟，我也被他在工作和生活中处处对我照顾的热情打动了。那时我才23岁，刚出校门不久，在感情上还是白纸一张。我们恋爱不到一年就结了婚。婚宴时，我的亲友都替我高兴，说我找到了一个又帅又有才华的丈夫。

婚后，他和婆婆都很疼我，我们确实过了一段非常快乐的日子。我是外地人，嫁给他后才觉得在这个城市里有了归宿感。可惜，他是一个不甘寂寞的人。结婚3年后我怀孕了，他一开始还在家陪着我，不久就常常借口有应酬在晚上出去，有时还打电话回来告诉我，他喝醉了，晚上不回来睡了。要不是有婆婆陪伴，我这孕妇的日子真不好过。

这时，公司里风传他有了新欢，是和我们公司有业务往来的一个单位的女业务员。和那段时间他夜不归宿的情形一对照，我觉得这八卦有可信之处。我留意起他的一举一动，越看越像。为了拿到确凿的证据，我暗暗跟踪他，果然看到他和一个漂亮的年轻女子在共进晚餐。我打电话问他在哪，他说在谈生意呢，如果不回家，就是又喝醉了。我问他那客户是男是女，他说当然是男的啦，别疑神疑鬼的。他的表现十分镇定，我不得不佩服他说谎的水平。

那天晚上我在酒店旁边的一家咖啡厅等到很晚，都没有见他们出来。那时我想了很多很多：妊娠反应让我的脾气变得烦躁易怒，怀孕后我胖了，脸和身材都变形了，也怪不得他对我不上心了。我越想越沮丧，越想越自卑。直到婆婆打电话问我在哪，我才乘出租车回家。

那晚，我不停打他手机，都是关机。我很难过，做了一个重要决定：瞒着他和婆婆，第二天到医院做人工流产。这个结果，让他和家人始料不及，一向疼爱我的婆婆也非常生气和伤心。我是眼里揉不得沙子的人，我向他提出离婚，我告诉婆婆，我不给他生孩子，还是有人帮他生的。心虚的他一声不吭，婆婆也是了解自己儿子的，转过头来骂他，说他的行为毁掉了她的孙子。

为了彻底地忘掉这个伤心之地，我选择了离开这个城市，到另一个地方找工作。他赔偿给我一笔钱，我用它在新工作的地方买了一套房，付了首付。感情上的打击使我很快消瘦，我的身材和容貌也逐渐恢复了。但我的心痛没有恢复，身边空空荡荡，让我觉得无比孤独。

离开，我的空虚在一次偶遇中弥补

习惯了家庭生活的我回归单身，一时无法忍受那种孤独。我后悔了，如果我当初留下孩子，至少我还有所寄托。现在，我只能独自度过那漫漫长夜，而罗凯的背叛给我带来的挫败感，更像毒蛇一样咬着我的心，使我苦不堪言。

以前回家晚了有罗凯接送，如今只能叫出租车；以前重活累活都是他抢着干，而我现在不是请人做就是自己咬牙干完；以前睡觉踏实安稳，现在总怕有坏人从窗户那儿爬进来。家中没有男人帮忙的生活是极其难过的。中秋前夕，公司发了两箱水果和几盒月饼，同事帮我送到楼下，还得赶着给其他人送去。我看着那些东西，正打算分两批搬上去，有个男人路过，向我伸出了援手，帮我把两箱水果搬上了楼。他说他叫方挺，就住在这个单元，如果有需要帮忙的，可以叫他。

我们就这么认识了。我知道他是单身，从外地来工作，暂时租住在这里。一来二往，我对他产生了微妙的感情。我们在聊天中发现，我们有许多观点近似，生活观念也相近，至少在精神上，我们做到了心灵相通。他帮我做些体力活，不久我们搭伙做饭，再到他晚上接我下班，我靠在他怀里看星星……我好像又找到了恋爱的感觉。但我们很自觉，没有问到彼此的婚姻状况，也没有走进各自的生活圈子。我很迷恋和他在一起的感觉，在激情中我可以忘记离婚给我带来的伤痛，逐渐忘记罗凯的那张脸。

春节时他告诉我他要回家了，可能以后不再来了，因为他在老家有妻子，现在妻子快要生了，他必须回去照料妻子和未来的孩子。他对我说抱歉，我却没有怪他，如果没有他对我的帮助，我根本没有办法度过离婚之后那段难熬的日子。我喜欢这种不了解对方底细、不讲求任何条件就在一起爱着的感觉，我相信这是自然而然的情感的碰撞。有了一次婚姻的失败，我已经无意再去触碰婚姻，只要还有人对我感兴趣，对我示爱，我就相信自己还没有一败涂地，还有着吸引男人的魅力。

沉迷，我在短暂的激情中寻找价值

方挺走后，我无聊地上网聊天寻找乐趣，在网上和各式各样的男人打情骂俏，倒也可以消除一些烦恼。很偶然地，在QQ上认识了一个同城的男人。

我们都没有告诉对方彼此的真名实姓，而是用网名来互相称呼。他说他是个寂寞男人，我说那正好，因为我恰好是个寂寞女人。

他说话文绉绉的带点文艺青年的范儿，还把他以前给初恋情人写的情诗发给我看，我曾经也爱好过文学，像这样的小情小调还真有点对我的胃口。聊了几次后，我们说话就往暧昧的方向发展了。他问我长得怎么样，身材如何，我就说，见了面不就知道了。

我是第一次和网友见面，但竟然一点都没有紧张。他说我长得比他想象中的还要年轻漂亮，而我眼中的他，还真是符合标准文青的形象：清秀儒雅，戴着颇有深度的眼镜。我们谁也没有矜持，因为他也是离婚的，他说可以尝试交往，合得来就一起过，合不来就分。我赞同他的想法，毕竟大家都是出来玩的，太执著于感情的忠诚反而束缚了手脚。

他和方挺给我的感觉是完全不一样的，让我有了新鲜的感受。我们在一起谈文学、音乐，喝着咖啡看书，他大声朗诵他的诗给我听……我觉得，那是一种有格调的生活。不过，我怕这样下去自己迟早也被感染成女文青，不太适应这个社会，而他这些情调也并不能给他的事业带来任何帮助。当他写情诗向我表白时，我抽身而退。

不久，我又在一次驴友征集活动中认识了个高大魁梧的旅游兼摄影爱好者，做了他的旅伴和模特，陪他游历西南山水。在旅途中我们彼此欣赏，最后也发展了一段短暂的情侣关系。4年了，我已经记不清自己交往过多少个男人，有些是浅尝辄止，客气相待；有个别发展到了暧昧不清、纠缠不已，但我一发现状况不妙，就立刻想办法离开；更多的是天亮说分手的，甚至连对方的样子，也只是模模糊糊。

网络和酒吧是我结识男人的两个主要场所，因为这里出没的男人，一般都是寂寞的，需要感情慰藉的。我也正是一个需要用短暂新鲜的激情来刺激自己、唤起自信的女人，容易与这类男人一拍即合，而更重要的是，这种关系并不需要彼此承担责任，时间持续可长可短，但最终都与结婚无关。

因为我曾带不同的男人回家，邻居中有几个老太太一见到我，就给我鄙夷的带有深意的目光。我很坦然：在这种关门闭户生活，出了门就不知谁是谁的地方，我想带谁回家，她们管得着吗？

有时我也反省过自己的这种行为。是的，关系很乱，太乱了。但我没有办法阻止自己这么做。我变成了一个水性杨花的女人。但我想要的不过是可以依靠的安全感，和在我心冷的时候一个可以取暖的怀抱。

清醒，留给我的只是一地落寞

这次相见，罗凯很关心我的近况，问我有没有再找对象重组家庭。我说还没有，想再碰碰看，有没有合适的。我不想告诉他，和他那段失败的婚姻已使我不再想踏进围城。

他说，这些年他也在单着，和我离婚后不久，他因为对我愧疚，和那个姑娘分手了。他没有再找，但也没有勇气去找我。这次重逢，可能是上天给他的一次机会，来弥补他的过错。他问我，我们还有没有可能重新在一起——经历过挫折后再复合的婚姻，说不定可以比以前幸福美满。

我笑着问他，还有可能吗？我用4年的时间来愈合的伤口，我不想再回头去触碰。我只想做好现在的自己，单身也好，重新找一个也好，都不会再走过去的路。他失落地点点头，说尊重我的意见。

等他走远，我压抑已久的泪水终于落下。我很后悔，这或许就是命运的安排吧，如果他和那个姑娘分手后就马上回来找我，那时我和方挺还没开始，也许就顺理成章地和他复合了。可是现在，我经历了那么多男人，我还敢重新开始婚姻吗？毕竟这些事情一传开来，对罗凯来说，绝对是个沉重的打击。再说，当年我因他的出轨，冲动地流产，在婆婆心中已经留下了很深的阴影，我不敢保证她会原谅我。

罗凯请求复合，似乎在证明，我在他心里还是有分量的，我在那段婚姻里并没有全输。可在之后的感情世界里，我走失了，为了证明自己不是没人要，我一直在跟男人周旋，也似乎赢了，可是，最终我什么也没有得到。我在公司里工作一直努力，但在感情方面也一直遮遮掩掩，我是怕被人知道我对感情这么随便，影响大家对我的印象。

不知为什么，明知一再地和不同的男人交往不好，我还是忍不住这样做，只有这样才会使我自信倍增。

这几年，家里人也在催我再找一个合适的，结个婚，让生活安定下来。我没有胆量去试，我那些花花绿绿的情感记录，一旦被揭开，哪一件不会令男人立刻弃我而去？如果要重新开始，我必须离开这里，到另一个城市去。我已经30岁了，还能折腾多久？

现在，我开始清醒了，从前的一切，在激情过后，留下的不过是一地的落寞，又有哪一段情，算得上是爱情？不过是互相需要、互相满足的一种放纵而已。

[心理解码] 正视情伤自我增值，新感情别匆忙开始

在女性的心目中，婚姻往往比事业重要。当在婚姻中被人背叛，会导致她们自信心丧失和心生挫败感，所受的打击是巨大的。离婚之后的空虚寂寞，又使她们缺乏安全感，希望尽快找到新的依靠。

在这样的情形之下，有的女性无法忍受离婚痛苦的煎熬，马上寻找转嫁痛苦的途径。有的人为了证明自己并不是因为没有吸引力而被抛弃，便创造机会，使尽招数，重新寻找男人来麻醉自己的伤痛。但快速开始的感情往往只是暧昧不是真情，通过这种方式来体现自己在男人面前还是有价值的，其实是一种自欺欺人的做法。

许月薇便是这类女性的代表，为了尽早从离婚的阴影中脱离出来，她采取了不断地结识男人、不断地开始一段激情的方式，也确实因此而获得麻醉，求得一时的快乐和温暖。但清醒之后她才明白，自己最终又回归原点，还是没有收获到感情，白白浪费了4年离婚之后的光阴，而且还得为维护自己的名声提心吊胆，不敢开始以结婚为目的的爱情，可谓自食苦果。

离婚，可看作是对旧生活的告别，另一方面当然也是新生活的开始。任何时候，女性都应该珍视自己的感情，不应随便地给予他人。在还没有准备好接受新感情时，先给自己愈合情伤的时间，正视自己的伤口，寻找前一段婚姻失败的原因，吸取教训。对方不再爱自己了，是自己在哪些地方做得不好，是不是还可以改进。只有这样，才能避免在下一次婚姻中重蹈覆辙。

因离婚而失去了自信，更没必要通过频繁地更换男人来证明自己的价值。女性的价值不是只通过爱情和婚姻去体现的，既然婚姻暂时失败，为什么就不可以将精力转到事业上，通过工作来分散痛苦，并表现出自己的工作能力，借此来展现自己在事业上的价值呢？这也是提升自信的一种方式。

在颓唐的时候，学会鼓励自己，你其实并没那么差，这只是暂时性的失败，总有一天，你还会遇到更好的人，还会有更好的婚姻，那时你的思想远比

现在成熟，也更懂得如何去经营婚姻。切记不打无准备之仗，千万不要为了证明自己不是没人要，就急匆匆去开始一段新感情。

好的爱情不是说来就来的，特别是对已经历过失败婚姻的离异女性而言。洁身自好，多花时间进行自我增值，善于发现自身的优点，学会独立处理生活中的种种变故，自立自强……如此，你才有机会开始新的婚姻，开始脱胎换骨的变化。

四、失婚，使我沉浸在抑郁之中

口述/梁樱

晒幸福，幸福却轰然坍塌

自从有了博客，我经常把我们一家三口在一起的照片放在上面，还写日志记录我们有意义的生活。生活中，我的家庭也正像博客里展示的一样，郎才女貌，夫妻关系融洽，儿子活泼聪明。我和魏健在彼此的工作领域里都取得了一定的成绩，在朋友中是家庭与事业两不误的模范夫妻。

一天，我把去农家乐郊游烧烤的照片上传到博客，然后像往常一样，查看博友给我的留言和评论。有一个匿名的网友在前一天的日志末尾留下了很不友好的评论：请不要老是晒幸福，幸福晒多了，会有报应的！

朋友帮我抨击了那个人，说他是吃不到葡萄说葡萄酸。我却隐约有了不安的感觉：从恋爱到结婚，我与魏健走过了十几年的时光，一直都很恩爱，婆媳关系也很好，一个家庭有这样的感情基础，按理说是不容易出问题的。可正是这样的一句话，却让我有了心理危机：谁知道这一切的幸福是不是只是表面现象？魏健是稳重又聪明的人，遇到不顺心的事也不会表现出来，就算他有外遇也不会轻易让我发现。那个说话充满了火药味的匿名人，会不会就是那个隐藏在我们感情之间的第三者呢？

我不愿看到的事情，最终还是发生了。那个匿名网友自从发现了我的博客，三天两头留言说些尖酸刻薄带有深意的话，好像很清楚我幸福婚姻背后的内幕似的。我回复他说话要有根据，他就说，等我的“根据”一出来，你后悔也来不及了！

那个人的话仿佛是在向我宣战，但不久后我忙得焦头烂额，再也无暇顾及追究他的话是真是假。等工作告一段落，我再登录博客时，他却不再出现了。

我以为这事就这么过去了，可一个多月后，我参加应酬，在上洗手间时竟然看见魏健亲热地挽着一个20来岁的漂亮女孩从前面经过！那女孩小鸟依人地依偎在他怀里，说他们没关系我可没办法相信！

我想冲上去打魏健一个耳光，但我没有勇气，因为我是一个讲究脸面的人，在大庭广众之下做不出这样的事。但他们已经公开化地出现，只能证明一点：他不想跟我过下去了。

我把用手机拍的视频放给他看，他却镇定得像没事人一样，说："本来这日子就过得挺没滋味的，我对着你也已经厌倦了，不用说那么多了，我们离吧。"

我本想等他求我原谅，没想到等来的却是这一结果。尽管婆婆三番四次做他的思想工作，他却铁定了心要跟我离婚，跟那个女孩过。我想带走儿子，可婆婆却怎么也不同意，说儿子是他们魏家的心肝宝贝，她会好好照顾他的，也不会让魏健委屈他的。她一边说，眼泪一边不停地流淌，我心一软，还是答应了她。为了儿子，我没有要房子，只拿了存款的一半就离婚了。

我把博客里的照片一张张地删除，把日志一篇篇地隐藏。我尝到了晒幸福的恶果，我心目中的幸福，我以为会天长地久的爱情，就这么一下子坍塌了。

全心付出的爱，原来一文不值

我与魏健的爱情和婚姻经历了一波三折，就像一部饱含辛酸泪的爱情剧。所有知道我们走在一起的艰难过程的朋友，以为我们都会珍惜这得来不易的婚姻，也以为他会永远疼爱为了他而甘愿放弃一切的我。

我们的爱情是从大学开始的，母亲得知魏健来自农村，家境也不好，极力反对我和他继续交往。我只好瞒着母亲，经常省下伙食费，帮助魏健维持着本就清苦的求学生活。他的父亲生病，我还把存了好多年的压岁钱取出来资助他。

遗憾的是，魏健的父亲还是走了，留下了不少债务，沉重地压在魏健的身上。他不得不在课余时间在校外打工，我也到两个中学生家里做家教，所有挣的钱都给了他。虽然有人说我傻，但我认为，为了他，一切都是值得的。

这些事不知通过什么途径传到了我哥的耳中，他和母亲联合起来，极力反对我和魏健在一起。我以为他们嫌他穷，就告诉他们魏健是很有才华和能力的，以后一定很有前途。

我哥的看法却不一样，他劝我："好些男人都是只能共患难不能同富贵的，现在你死心塌地地对魏健，谁知道他以后有权或者有钱了，还会不会对你一心一意！"

可我不愿意妥协。毕业之后，家里想方设法给我找门当户对条件不错的对象，但我一律不同意去相亲，把我母亲气得长吁短叹。家里人把我看紧了，规定我一下班就要回家，切断我与魏健的联系。

可是越反对，我和魏健的斗志越强，我换了家公司，偷偷地利用家里没人的机会，把东西收拾好，搬到魏健租住的房子去，让家里人找不到我。我怀孕后才与母亲联系，她是疼我的，最后无奈地答应了我们的婚事。

结婚后我们更加勤奋地工作，在赢得领导认可的同时收入也水涨船高；魏健的债务还清了，我们有了自己的房子，生活一天天地好起来。

在见到魏健搂着那个女孩之前，我一直都以为自己是幸福的。真相面前，我才知道自己是蒙在鼓里的傻子：十几年的付出，在魏健的眼里，一文不值。

恢复单身，我必须逃离过去

当幸福的感觉从云端结结实实地跌落到地面，我一时无法面对生活的变故。我嘱咐儿子要好好听爸爸和奶奶的话，提着属于我的大包小包从住了近十年的房子里走出来。我的眼中蓄满了泪水，除了宾馆，我找不到我的落脚之处。

娘家，我是没有脸面回去的。与魏健结婚，使我与娘家的关系疏远了许多：我很少回娘家，那儿气氛很尴尬，如果不是儿子在其中起着润滑剂的作用，我和父母都找不到什么话题可以聊。

哥哥对魏健只能共患难不能同富贵的断言变成了现实，我不顾一切追求的爱情不过是一场空。离婚的事，我不敢告诉娘家人，否则，只会让父母和哥哥数落，说我不听老人言，后悔也来不及了。

朋友和同事家，我更没有勇气去借宿。之前高调的幸福，变成了可笑的讽刺。我该怎么面对？怎么回答他们“为什么不回家”的疑问？

在宾馆里，我失眠了一整夜，思考着未来该怎么办，却怎么也找不到一个最佳方案。离婚的事情，只能隐瞒一时，我不知道当魏健的车不再等在写字楼下，我再也不去幼儿园接儿子，同事们会怎么看我？在我心目中，婚姻与家庭是第一位的，事业再好，也比不上魏健和儿子在我心中的分量，可如今他们都要从我的生活中离开，我的精神支柱就这么没了，失落感是何其沉重！

第二天，我挣扎着起来去上班。工作一向出色的我，在那天犯了些小错，开会时也一反常态，一语不发。上司显然也看出了我的异常，关心地问我是不是不舒服。我勉强挤出一丝笑容，掩饰着内心的不安，点点头。

下班后，已婚同事说说笑笑地谈论着孩子，交流着回家该买什么菜……我悲哀地发现，从此这些事与我没有什么关系了。

我孤孤单单地在快餐店吃完饭，回到安静的宾馆房间。儿子打电话给我，问我能不能回家，他很想我。我告诉他，妈妈和爸爸已经分开了。婆婆接过电话问，为了孩子，你能不能回来啊？

我尽量让自己的语气平静，说这是不可能的。魏健的心已经不在我身上了，我不想低声下气地哀求，也不想再重新去面对他在我心里刻下的伤疤。婆婆叹了口气，挂了电话。我泪流满面。

我越来越感到未来的渺茫，要重新开始，只能逃离过去，逃离这座城市。我在这里一刻也待不下去了。我要辞职，我要去另一个地方寻找新生活！

这个世界上，如果只剩下一个人可以接纳我，非曾莉莉莫属。她是我的高中同学，大学时也和我在同一个城市读书，是我和魏健的爱情的见证者和支持者。我把自己的经历告诉了她，请她帮我留意工作，并且替我找一个小公寓，我急切地需要换一个新环境。

在同事的惋惜声中，我离开了公司。我的新地址，我没有告诉家里人，我甚至没有勇气走过自己以前的家门，去看一眼我的儿子。我需要彻底地忘掉魏健带给我的情伤。

封存情感，我却无法摆脱忧伤

我以为换了新的城市，一切就会重新开始，不会再有人知道我的过去，我可以轻松地面对新的人，新的工作。曾莉莉也说，这样有利于我平复心情。

可是，当我收拾停当，走向曾莉莉介绍的那个公司的办公楼时，在电梯门前却踌躇了。谁知道面试时，别人会问我什么问题？万一与婚姻家庭有关，我怎么回答？我想了又想，转身离开了那幢大楼。我想，我还没有充分的心理准备去迎接一份新工作，去和一群我不认识的人日日相处，我担心在不知不觉间泄露出内心的秘密。

曾莉莉跑来找我，问我为什么临阵脱逃，我告诉她，我突然什么自信都没有了，对感情至上的我来说，失婚是件天大的事，就算换了环境也没法摆脱它留给我的心理阴影。她说，既然这样，你就转移一下感情吧，我有合适的人选，你去认识一下怎么样？

可我无法进入状态，我已经被深深伤害过了一次，我看到男人对我好，就想起以前魏健对我也不错，我对他更不错，最后还不是分开了吗？男人总是免不了喜新厌旧。我封存了自己的情感，我想这辈子是无法说服自己再去接受感情和婚姻了。

曾莉莉带我去公园散心，看到一脸幸福在拍婚纱照的情侣，我的脑子里却不合时宜地冒出了这样的想法：现在你们笑，以后还不知会怎么哭呢！看到曾莉莉夫妇俩感情很好，我又替她担心，不知他们这样的状态能维持多久。

我知道自己的想法很不正常，可是我没法阻止自己这样想。我的睡眠情况还是很糟糕，经常回想很多事情，后悔当初没有听母亲和哥哥的劝告，付出了太多；后悔对魏健太信任，太容易被表面的幸福蒙蔽，以致在感情变故这一问题上后知后觉；后悔没有认真考虑清楚就来到这儿，又没有勇气出去工作，再这么下去会坐吃山空……

我发愁的事情实在是太多了，我还思念起自己的儿子，不知道现在他的情绪会不会因为我和魏健离婚而受影响，也不知道他的身体怎么样了，成绩如何。父母年老退休了，他们还好吗？会不会因为我的不辞而别而难过？我拨通了娘家的电话，听着电话里母亲熟悉的声音，我未语泪先流。

母亲已经知道我离婚了，她原谅了我，让我回家，可我哪里有脸面回去？我欠她的太多了，直到离婚以后，我才知道爱情不如血缘亲情重要，枕边人会变心，只有亲人才会对我不离不弃。

我不想困守在出租房里，不想让自己的日子被悲伤和泪水浸泡，想早日恢复以前上班时的积极心态，但是，离婚给我的打击实在太大……什么时候它才能从我的心里淡化呢？

[心理解码] 端正认知，走出离婚应激

应激，是指在出乎意料的紧急情况下所引起的情绪状态，往往由心理和社会因素影响而产生。

离婚是一个负面的生活应激事件，特别是对视婚姻为人生大事的女性来说，会造成极大的心理压力，甚至产生痛苦、悲伤、消沉、恐惧、绝望等一系列抑郁状态。如果走不出应激状态，极易形成适应性障碍。

梁樱是历经艰辛——甚至与娘家决裂——才与魏健走在一起的。她为这段感情全心全意地付出，一直以为自己很幸福。魏健对感情的背叛，是对她的沉重打击。离婚，是她编织的爱情梦的破灭，也是对她多年付出的否定。

因这一打击突如其来，梁樱一时难以承受，才会出现一系列应激反应，懊悔、失望、迷茫、逃避，自尊丧失，自我封闭，沉浸在忧伤低落的情绪中不能自拔。她投奔好友，改变环境，企图使自己的心境产生变化，但一时还是无法解脱。

像梁樱这类受情感伤害较深的离婚女性，要医治情感创伤，从应激状态中走出来，首先要端正认知，认识到自己在对待离婚问题上的不良情绪反应，从而摒弃错误认知，建立正确的认知。可以采取写日志的方式，把自己的内心世界袒露出来，查找问题存在的根源，提高对自己、别人和环境的认知，引领自己树立正确的观念，合理地分析离婚的原因，乐观地看待离婚之后的人生。离婚并不意味着一败涂地，还有事业可以追求，有亲友的支持，有新一段感情等着自己开始。

其次，要寻求精神支持。不要封闭自己的内心，要学会倾诉，向心理专业人士和亲友倾吐离婚带来的心理郁结，获得他们的开解和鼓励。旁观者清，他们能够帮助你看到认识的偏差，帮助你理性地看待离婚的挫折。倾诉的方式也能在一定程度上缓解你的心理压力。

再次，要学会转移注意力，暂时忘记离婚带来的种种负面情绪。变换环境是一种方法，但如果在原单位已有一定的事业基础，那么，专注于事业，在事业中寻求成就感也是度过离婚应激期的有益方式。也可以克服逃避心理，多参加各种活动，游览名山大川，在愉悦中洗去离婚对情绪的不良影响。只有度过应激期，才能开始新一段感情。

离婚是一次婚姻情感的失败，但人是在失败中成长的，总结经验教训，

在投入下一段感情时，才会获得成功。

五、相亲成狂，我的坎坷再婚路

口述/周悦

离开他，是我决绝的选择

我决定离开冯耀明的时候，态度非常决绝。他恳求我给他一个机会，我冷冷地说："没什么可挽回的了，你和小三在一起时，为什么就不想想我和孩子？现在的这一切，都是你自找的！"

他被激怒了，不甘示弱："你会后悔的！你再也不会找到条件比我好的人！"

我没有说话，心里却已在和他较劲："好，走着瞧！"当时的冯耀明，因为是过错方，不仅给我留下了一套三室两厅的房子，还没有资格跟我抢五岁的儿子。他的事业虽在上升期，但离婚使他大伤元气。我想，这也正是他要极力挽回我的最主要原因。

于是，我决不妥协——我咽不下这口气。

我婉拒了他请来的或不请自来的说客。我告诉他们我没有办法去容忍一个男人表面上说我和儿子就是他生命里最重要的人，暗地里却对另一个女人说她就是他的心肝宝贝。就算我们是青梅竹马两小无猜又怎么了，感情在他那种花心男人的心里变得实在太快了。

像我这样一头忙工作一头忙家务的已婚妇女，是不会有多少时间坐在电脑面前的。冯耀明不同，他忙完单位的事儿就可以上网玩游戏、聊天、看网文。有一天儿子睡得早了点儿，我上网查收一封重要的业务邮件，他便暂时让位给我，忘了关QQ。

我刚回完邮件，一个美女头像跳了出来，晃个不停。我的好奇心被挑起来了，点开来看，"亲爱的在吗"这五个字刺得我心里生疼。我点开聊天记录，除了这句话，什么都没有。这证明，他把记录删了，心里没鬼会这样做吗？

我不露声色地把这句话删掉，从此对他的一举一动密切注意起来。上天似乎也舍不得让我蒙在鼓里太久，一次我出差办事很顺利，提前一天到家，结果他和那个同事小三被我堵在了卧室的床上。

那天起，我们分居了。我看到他那道貌岸然的样子就想吐。我出差时，儿子就住在外婆家，并不知道发生了什么事。我只解释说，爸爸妈妈在一起不合适了，要分开。

离婚手续办妥后，我把冯耀明在房子里的所有痕迹都抹去了，重新涂了一遍墙漆，换掉大床，把他喜欢的盆栽随手送了路人，将他的照片和书信全部退还给了他。我要和儿子一起，开始全新的生活。首要的任务是，找一个比冯耀明强的人再婚，我要过得比以前好。

母亲搬来和我一起住，帮我照料儿子，她开始发动亲朋好友给我介绍对象，朋友同事见到我也在打听我的个人问题。我刚从前一段婚姻解脱出来，正被冯耀明那句“找不到条件比我好的”刺激着，更要奋力投入相亲的事业。从此，我变成了相亲专业户，走上了向再婚进发的坎坷之路。

不想打折，我的相亲屡战屡败

没想到，介绍人对我的定位是这样的：想找和冯耀明条件差不多的人是不可能了，男人离婚不带孩子还是抢手的，女人拖着个“油瓶”，只能找年纪偏大不想再要孩子的男人，这种男人也往往会拖着自己的孩子。

他们给我介绍的对象大多是这样的人：有钱或有权的人就一把年纪，稍年轻点的就没钱没权，家庭负担也重。我见了一面就不想再与他们联系了——我虽然已经年满30，可看起来比实际年龄年轻，长相也不错，在单位也是骨干，变成二手女人就得打折了吗？我就不信这个邪。

为了提升自己的魅力，我更注重打扮，可我发现，已婚男同事都在避嫌，原来器重我的男上司，也对我有所疏远了。我听到有人私下议论说，周悦不甘寂寞了，打扮得花枝招展的，别不是想勾引人吧？

穿成大妈的样子，连笑容都没有，那就给人安全感了吗？我可不信。我照样化淡妆，穿得美美的，以最好的状态示人，不然，万一在街上遇到一骑白马的王子，那不就错过机会了吗？

一见钟情不过是梦想罢了，我最终还是得继续相亲。由于我多次相亲后都拒绝了相亲对象的再一次邀约，介绍人纷纷通过我母亲或直接向我表示了不满，说再这么下去，他们都不好意思再给我介绍了。我被他们评为“眼光太高”、“不自量力”，还有人说，要是这样条件的你都看不上，那还真没有合适的了。

我知道我再单身下去，就成为异性朋友和同事的妻子的“眼中钉”；已经7岁的儿子也经常催我找个新爸爸，他说他现在还小，不能帮我和外婆干活儿，再说学校的亲子活动，人家都是爸爸妈妈一起参加的，他觉得很没面子……所以我必须尽早再婚。

既然亲友介绍范围太窄，就去婚姻介绍所试试吧，他们服务的面更广，也能按标准提供人选，还有量化的指标，说不定，选择的对象更多。婚介所对我提出的标准也很为难。我说，我个人的条件也摆在这里，还有照片，如果有觉得合适的，请多给我推荐。

红娘面有难色，但她还是很热心，没多久就给我介绍了一个钻石王老五，说他是一家大国企的技术人员，薪水高，还不想生孩子，最好就是能找个带孩子的少妇。我看了他的资料，非常满意，不仅和我年龄相当，衣着也挺有品位的，无论长相还是收入，都比冯耀明高出一个档次。这一回要是成了，我就能理直气壮地向冯耀明证明：离婚了又怎么样，我照样不打折！

一见面我还觉得这人不错，个子高，身材好，长相精神，还特别爱干净，我赶紧打起十二分精神，要表现出自己最好的一面。他给我倒茶，我看到他的手翘起了兰花指，心里咯噔一下：这什么毛病啊，女里女气的。等他站起来走路……我确实无法再忍受了：扭腰晃臀的，哪有个男人的样子！跟红娘表示抗议，她说我挑剔，过三十五了还没结婚的男人，难道还有十全十美的吗！

看来婚介所也没指望了。母亲发愁地问我：“是不是没辙了？小悦，你还是降低条件吧。”

“不！”我的回答斩钉截铁，当初冯耀明刺激我的话又在回响，我是个好强的人，工作上没输给别人，自然，我也不想让自己在感情上的选择输给背叛我的那个男人。

网站相亲，不靠谱的结果令我更焦虑

儿子8岁了，我还在马不停蹄地疯狂相亲。这回，除了偶尔应付一下还没被我的刻薄挑剔吓退的介绍人，我的主要精力放在了征婚交友网站上，互相认为合适的，在网上聊一段时间，就约出来见面。

网上的感觉更是不靠谱。明明是40多岁的人，冒充30多岁，把10年前的照片拿出来充数；收入更是水分很大，房子更是没影的事。不甘心地见了10多个，没有一个合适的，我都快绝望了。有人说，真是条件好的男人，哪里会在网上征婚？在现实中已经很抢手了；反之，找对象不难的女人也不会在网上混。都是被挑剩的人，还有什么好嫌这嫌那的？

听了这话，让我倍感被人歧视的痛苦，更让我不得不继续寻找下去。再婚，是我努力追求的结果。

随着年龄的增长，孩子的长大，我越来越有危机感，觉得再婚没太大的指望了。怪不得有人说，婚姻能凑合就凑合，离个婚伤筋动骨，离了还不知道能不能再结呢。这话在理。当年我年轻气盛不想凑合，现在回过味来了，但已经没有回头路。

此时，传来了冯耀明结婚的消息。他还特意打来电话，叫我一定参加，还托人送来了印着结婚照的请柬。新娘年轻漂亮，听说还是未婚的，这就是男人和女人的区别。这让我心里很不是滋味，我还在寻寻觅觅，他已经成功地甩掉小三，找了新欢。

我没有参加他的婚礼。我心里始终有个伤疤，这回又被狠狠地揭开，痛得厉害。为什么我这么积极地寻找，还是找不到一个比他好的再婚对象呢？

那天晚上，儿子睡了，我却怎么也睡不着。月亮很圆，我在月光下踱来踱去，很久没有复发的心悸感觉又出现了，而且这次比任何一次都要厉害。

我一直认为，女人仅仅有事业是不够的，最能体现女人幸福感的，是婚姻和家庭。但遗憾的是，我的幸福感在七年之痒后彻底地坍塌，随之而来的是强烈的不安。我怕儿子不能健康成长，怕母亲年老多病后我照顾不了她和整个家，更害怕的，是众人的指指点点和异样的目光。

尽管离婚错不在我，但这几年寻找再婚的目标，我都是以高于冯耀明的标准来衡量的，结果，我成了一个在相亲中屡战屡败的女人。再婚，遥遥无期。

我变成相亲狂的后果，一方面是勇敢地去见一个又一个陌生男人；另一方面是羞于重遇与我相过亲的男人。他们往往已经和冯耀明一样，找到了女友或妻子，而我还是孤身一人。我已经忘了一些人的样子，可他们还记得我，还会一边笑着介绍另一半一边问我："你呢，结婚了吗？"我就恨不得找个地缝钻进去。

我心悸的感觉就是在屡次相亲失败后产生的。甚至，一见到有点面熟的男人，先不管我跟他到底是怎么认识的，我就先躲到一旁，省得他们问些让我难堪的问题。我觉得自己现在进入一种病态，特别是得知冯耀明婚讯的那个晚上。想起冯耀明，想起那些与我只有一面之缘的相亲对象，我就浑身发冷，手心冒汗，心跳不已。我想，自己是不是彻底输了呢？到底还有多少人在背后议论着我的失败，在笑话着我的不自量呢？还有没有一个合适的人，能与我携手走完后半生？

[心理解码] 降低对再婚对象的期望值，缓解焦虑

离婚后，女性面临的生活与情感压力更大了。有人不甘心，想找比前夫好的对象再婚，但现实却是不理想的。高不成低不就，成为这类离婚女性再婚路上的一大障碍。离了之后无奈地保持单身，已成为部分离婚女性的感情状态。

周悦便是这类女性的代表。离婚时前夫“找不到比我更好的”这一句话的刺激，使生性好强的她开始了顽强的相亲之旅。相亲对象的外在条件必须超越前夫，成为她衡量对方的唯一标准，结果却是屡战屡败。在此情形之下她产生了心理压力，并伴有心悸、发冷、冒汗等焦虑的现象。如果得不到缓解，发展下去，会对她的身心健康造成不良影响。

在再婚一事上表现出来的着急和好强，促使周悦一次又一次相亲，也是她焦虑产生的根源。她只有正视现实，重新审视自己相亲失败的原因，才能摆脱目前这种尴尬状态。

花点时间忘掉前一个，不要让他在自己心中的阴影变成再次择偶路上的绊脚石。如果放下了他，就不会有一次又一次的衡量与比较，也不会因他而左右自己的选择。正确地看待自身的条件，从而降低对再婚对象的期望值，成功的概率自然大一些。

有句话说得好，婚姻是鞋子，合不合脚只有自己知道。两个人相处是否融洽舒服，不是见一面就可以确定的，也不是只看表面条件就可以确定对方是否适合。找一个人再婚，自然是想和他好好过日子的，那就切忌急躁，要多花一些时间，好好观察并与对方交往。

在寻找对象的过程中，也要正确地对待别人的看法，不必太在乎别人怎么看自己，最重要的是自己的感受。如果为了别人的评价而活，生活还有什么乐趣呢？人不可能事事如意，更不可能为了在人前争一口气，而过于紧张自己是否能找到一个更好的对象再婚。只要抱着一颗平常心，那么无论结果如何，都不会对自己造成太大的心理影响。

离婚后的几年，周悦都是以相亲为生活重心，忽略了许多重要的东西。多与亲友交往，多带儿子参加文体娱乐活动，多接触外面的世界，多培养些兴趣和爱好，或者把对再婚的关注转换成对事业的关注，均可缓解焦虑的情绪，缓解甚至消除心理压力。而且，通过关注更多的人和事，比局限于再婚一事收获大得多，心情也会舒缓许多，何乐而不为？

六、仓促再婚，旧伤未愈又添新伤

口述/华一雯

感情稀释，我被迫离婚

我和吴志明是经人介绍认识的，感情缺乏深厚的基础，走到离婚这一步并不奇怪。

我中专毕业刚工作，我妈就张罗着给我找对象。她说，女孩子书读多了没用，最重要的是找一张长期饭票。我长得还可以，特别是皮肤，白里透红的。我在商场的化妆品柜台做售货员，销售业绩挺好。追求我的男孩子不少，但条件都不怎么样。

晃晃悠悠过了两年，我遇到了吴志明。他大我6岁，看起来挺稳重，无论是家境和工作，都挺不错。他说我单纯的眼神打动了他，他喜欢经历少的女孩，对我很宠爱。我们交往了一年多就结婚了，他怕我与公公婆婆合不来，买房搬出去住。

我妈很注重培养我做家务，刚结婚时，我就能把家里的活打理得井井有条，对吴志明也是照顾有加。怀孕之后，吴志明认为站柜台太辛苦，家里也不缺我挣的钱，叫我辞职专心做全职太太。我们没有共同的爱好，他对我看的肥皂剧不感兴趣；我对他谈论的时政军事和文学也没兴趣。我们最大的共同乐趣就是带着女儿点点，一同去广场或公园玩儿。

我发现吴志明不对劲的时候已经晚了，他和那个女人已经陷得很深了。我查到他的短信和通话记录，一长串的都是那个女人的手机号码。可他就是不肯告诉我那女人是谁。我回想起来，他对我的冷淡已经不是一天两天了，而我一心扑在对女儿的育养上，对夫妻生活也不热衷，忽略了他的变化。他的理由是精神空虚，和我谈不到一块儿，所以就找了个红颜知己，闲时聊聊天，没越轨。我就不信，半夜还在发短信打电话的，就没点什么事?

我们本来就不浓的感情，被这事一稀释，更是淡而无味，纯粹就只是为了女儿和双方父母而维持着这个家了。一个偶然的机会，我知道了那个频繁与吴志明联系的女人就是他大学时的初恋女友，因为是异地恋，女方的父母坚决不肯让她跟吴志明结婚。吴志明消沉了好长一段时间，就听从父母的要求相亲，并且凑合着选择了我。我不过是那个女人的替代品，吴志明从来没有真正爱过我。

被这个真相打击之后，我转而在网上寻找刺激，想尝一尝放纵的滋味。但很快吴志明就知道了，他看着电脑里不堪入目的聊天记录，大吼了一声："离婚！"

我理亏，但吴志明也有错。我本来想答应，但想到女儿还年幼，自己学历又低，找工作不易，离婚之后，我该怎么生活下去？于是，我恳求他给我一个机会，我们以后都好好过，别再三心二意的了。

吴志明却不答应："我对你已经没感情了，就借这个机会分开吧。既然两个人都有错，离婚的原因咱们都保守秘密。"

我无奈地接受了现实。女儿和房子归我，他还给了我一些钱，但我知道，如果只靠这些钱和他付的抚养费来生活，总有一天支撑不下去。我得为自己找一条出路。

不久之后，他再婚了，妻子就是他的那个初恋。听说那个女人一直对他念念不忘，谈恋爱是一吹再吹，熬成了老姑娘，她父母也就由着她了。

重归社会，我茫然失措

我觉得自己上了吴志明的大当，可已经晚了。我跑人才市场，查报纸和DM广告里的招聘启事，到处找工作，可我在家已经超过7年，与社会脱了节，学历又低，找新工作难；想做回老本行，年龄又偏大了，找熟人帮忙也没用，经理说不缺人手。

我只好回到家里，算着存单和存折里剩下的钱，盘算着今后该怎么办。我妈搬过来替我照顾孩子和做家务，看到我混成现在这样，也是长吁短叹的，说再这么下去，可怎么生活呀。

我考虑，还是去学点一技之长，或者进修拿个大专文凭吧，这样工作可能好找一些。可是，孩子会拖我的后腿，这文凭也不是一时半会就能拿到的，再说，以我的水平，能不能拿到还是个未知数。思来想去，我还是放弃了。

我发现了男女离婚之后待遇的不公。吴志明舒舒服服地再婚了，我却拖着女儿，连个工作都找不到。一想到这事，我就怨恨不已。

我妈说，既然已经做惯了全职太太，在家务活上是一把好手，那就做做家政看。我的脸皮可没那么厚，要是遇上熟人，特别是吴志明的朋友同事，我的脸往哪儿搁?

无法就业，那就创业。我把存款取出来，到商场租了个摊位卖服装。折腾了几个月，辛苦不说，还挣不了什么钱，反倒贴了摊位费和各种成本。

这社会变化太快了，等我重新与它接触，已找不到自己的任何位置。被现实碰得头破血流后，我茫然失措，不知道该怎么办才好。女儿又快读小学了，各种费用只会增多不会减少，想起来就头疼。

这时，我妈带来了一个好消息，她有个爱做媒的老同事得知我离婚了，就告诉她有一个带孩子的离异男人在找对象，让我去看看合不合适。

女人没工作，能找个好人家也好。我正眼红吴志明再婚呢，要是那个男人不错，还愿意和我结婚，那我就跟吴志明半斤八两，扯平了。

于是，我打扮得漂漂亮亮的，带着点点到酒店去和那个叫王劲的离婚男人会面。这是和媒人说好的，为了避免以后变成了一家人后出现各种矛盾，还是把孩子带来，看看他们合不合得来。

这次相亲皆大欢喜。王劲的本意就是想找个能照顾孩子、做家务的全职太太，我的模样也很合他的心意；我听说王劲的收入不错，有楼有车，养家不成问题，也很满意；两个孩子一见如故，在包厢里追逐着玩得很开心。不等媒人提醒，我们已经互换了电话号码。

携女再婚，庆幸之后矛盾重重

我和王劲都经历过婚恋，又直奔再婚的目标而来，认识不到两个月就结婚了。我对结婚已经不像以前那样抱着美好的憧憬，吴志明已经彻底颠覆了男人在我心目中深情的形象，我对情爱已经看淡了。

王劲能给我和点点提供良好的生活环境，我也能尽一个妻子的责任，把家庭事务处理得很好。与王劲的父母住在一起，我没让他们操心家务，与他们和睦相处，他们把我跟王劲的前妻比较，认为我是个合格的儿媳。

我庆幸自己选择了一个好的对象再婚，不用再发愁生活该怎么过下去。但平静的生活只过了不到半年，之前隐藏的种种矛盾就爆发了。

点点是个懂事的孩子，小心翼翼地在家里对着陌生的新爸爸和爷爷奶奶。时间一长，王劲的儿子东东再也忍不住了，仗着自己在家里的地位，不把点点放在眼里，经常制造些小麻烦，还欺负点点。看着点点忍着泪的委屈样儿，我寄人篱下的感觉越来越深。东东不是我亲生的，我不能打不能骂，只能好好给他讲道理，可他对我却有敌意，还顶撞我说："我妈说了，你和点点就是来跟我抢爸爸的。"

更头疼的是王劲的前妻，她四处散布我是第三者的言论，说要不是我，王劲不会跟她闹离婚。虽然我声明是他们离婚后我才认识王劲的，可她不管这些，跑上门来骂我是"狐狸精"，说要不是我，她还是有可能和王劲复婚的。她还冷笑着对我说："别高兴得太早，总有一天，你又是另一个我。"

这话让我又回想起吴志明给我带来的感情打击，我越来越觉得男人心是不可测的。对王劲，我了解得不深，谁知道他是不是个专一的男人呢？我留意起他的一举一动。他是个爱上网的人，经常上到半夜，我担心他是和哪个不三不四的女人网聊，就不许他老对着电脑，一定要他陪着孩子们玩，或者陪我看电视，不许熬夜；我查他手机，查看有没有反复出现的号码。

有一次，我发现一个号码与他联系得很频繁，打电话去查问，听到是女声，就和他大闹了一场。后来我得知他说的话不假，那个女人是他的下属，他出差时公司临时有一项检查任务，只能手机遥控，所以和她频繁地发短信通电话。弄清真相后我向他道歉，他却说他很失望，没想到我们之间连基本的信任都没有。我们的关系变得更加淡漠了。

再婚之后，我面对的不再是三口小家，而是六个人的大家庭。四层的楼房，两个孩子的学习和生活，让我一天到晚都在忙碌——简直就是变相的保姆和家庭教师。我得到的是人前的风光，而在家当我做得又累又困的时候就会想：难道我嫁给王劲，就是图一个名声，图有人养吗？再婚，真是如鱼饮水，冷暖自知。

再次离婚，再婚不是避难所

家庭矛盾堆积下来，最后还是没有办法解决。那天，看到点点身上有青紫的瘀痕，我问她怎么回事，她却不肯告诉我。我怀疑是东东掐的，也顾不得那么多了，直接就去质问东东。东东最后承认，是他拿起小木凳砸了点点的腿一下。我忍不住打了他一巴掌，他马上坐在地上打滚哭起来。他奶奶听到哭声，从楼上冲下来，骂我是个狠毒女人，说要知道这样就不让东东爸给他找后妈了。

点点怯生生地对我说对不起，我心疼得眼泪都要掉下来了。我再婚，是希望女儿能过上好的生活，可惜事与愿违……我怕她的性格因此扭曲。

王劲回来后，听了他妈妈的数落，也骂我善于伪装，以前对东东好都是装出来的，现在终于露出真面目了。他的话很伤我的心。我明白了，在他心里，我并不算什么，他总是向着自己的妈妈和儿子的。

我的心彻底冷了下来：即使我付出再多，却依附王劲生活，又没有新的经济来源，在这个家是没有任何地位的。我错就错在，离婚之后缺乏谋生技能，又无法忍受没有依靠的生活，把再婚当成了避难所。

王劲的前妻又一次上门了，我们坐下来好好谈了一次。她说王劲是因为找到新欢而离婚的，她一直认为那个新欢就是我，但最近才发现另有其人。又说，王劲是不会跟那个小三结婚的，因为这一大家子，就是需要我这样能吃苦的家庭妇女来操持。

家里红旗不倒，家外彩旗飘飘，这就是王劲打的如意算盘。我觉得很悲哀，我的生命中经历的两个男人，真爱的都不是我。难道，我真的就如此没有魅力吗？

我和王劲的前妻一直等到王劲回来，和他对质。王劲默认后，我告诉他，我决定跟他离婚。他笑着问我："离婚？那你的日子怎么过？你不是早就不会工作了吗？"

王劲的不屑更让我坚定了离开的决心。我告诉他，我打算用一段时间进修，然后寻找就业的门路。为了女儿，我会好好考虑自己的出路。

在母亲的哀叹声中，我又一次离婚了。虽然与王劲的感情不深，但是，这次离婚照样带给了我伤害，我更不容易相信男人了。有了两次离婚经历的我，再进入围城几乎是不可能的事了。我后悔自己在头一次离婚之后估计不足就仓促再婚，给自己的心再添上了新的伤口。在还没有忘却前一段婚姻带给自己的伤痛时，是不能急匆匆地进入另一段婚姻的，可我清醒得太晚了。

[心理解码] 请给再婚一个心理缓冲期

离婚带来的是或轻或重的心理创伤，特别对女性而言，抚平伤痛需要的时间更长，过程也更艰难。

有的女性因为习惯了依附爱人生活，把婚姻视作生命的全部，婚姻一旦失败，就茫然失措，孤苦无依，急需寻找情感寄托，更想以行动证明，自己并不差，离开原配，照样可以找到更好的。于是仓促地进入下一段婚姻，将之视为避风港。

婚后满足于做全职太太的华一雯，便是这类女性的代表。由于在心理上和经济上都缺乏独立，她为了自己和女儿的未来，在还没有彻底从旧的一段婚姻的阴影中摆脱出来时，就仓促再婚，遭遇了一系列再婚家庭常见的磨合问题，却因为缺乏足够的心理准备，没有采用有效的办法去一一解决，最终再次以离婚收场。

离婚后继续单身的人并不多，大部分人还会收获感情的第二个春天。但是，再进围城，仍会有人像华一雯那样再次冲出来。再婚不是为了显示自己还有人愿意要，也不是为了转移自己的痛苦，更不是把对方视作自己新的一张饭票，这段婚姻仍是要认真负责地去经营的，甚至比初婚的难度更大。

当离婚之后遇到新的感情，请慎重一些，给再婚一个心理缓冲期，做好各项准备再考虑开始新的婚姻生活。

要叩问自己的内心，是否已从上一段婚姻中走了出来，认识到婚姻失败的原因，已学会如何去面对婚姻中的种种问题；是否已消除了消沉挫败的心态，能够正视感情的得失，不再对前夫充满怨恨，不是为了证明自己的下一个伴侣不比前夫差而赌气去追求新恋情。只有心态平衡，头脑清醒，才能正确选择适合的再婚对象。

要学会独立，离婚之后的感情空白期正是让自己摆脱依赖的绝好时机，与其自怨自艾地沉浸在被离弃的失落中，还不如通过学习和工作提升自己，使自己具有在社会中独立生存的能力。只有这样，才不会为了找到新的依靠而仓促再婚，也不会在婚姻中因依赖性太强而受制于人。

要给新的感情以缓冲的时间，即使缘分让新的对象很快来到了你的面前，你也要给双方一个互相了解互相磨合的时间，再考虑结婚。毕竟离过婚的人家庭情况比较复杂，要解决的问题更多。只有做足了准备，才能在处理纷乱的矛盾时游刃有余。

七、重新携手，感情磨合困难重重

口述/尚媛

从争吵到冷战，我们决定离婚

再炽热的爱情，在琐碎的生活中，也会慢慢冷却，甚至凝结成冰。这是我在婚姻中体会得最深的一点。

我们是大学同学里唯一修成正果的一对，别人都以为我们会幸福美满下去，却不知我们之间的矛盾随着时间的推移显现出来，而且越来越深。

易明是个摄影爱好者，读书时我喜欢做他的模特，我的许多漂亮照片都是他拍摄的。但生活是现实的，工作后我更注重提升自己的学历和能力——我积极进修学习和加班出差。看到易明在业余时间还是摆弄着他的照相机，我很是不满。

结婚8年，我已是单位的中层干部，易明却还是个普通职员，薪水也只是按部就班地涨那么一点点。他不爱做家务，没有上进心，不爱学习，工作也是得过且过，如果不是婆婆在家帮忙，我一个人对着女儿丢得乱七八糟的一地玩具和怎么也做不完的家务事，一定会疯掉的。

我的心理越来越不平衡，人家的丈夫个个有出息，为什么易明就这么窝囊？每当看到易明要背着照相器材和旅行包出门，我就满腔怨气。

当家里只剩下我和易明时，我不止一次地数落他：你看，某人又升职了，某人的老公帮她买新车了，我们家还是老样子，易明你惭不惭愧？在报上发几张照片，那几十块钱能干什么？连车费都挣不回来！人家家里都是男的比女的强，我们家是倒过来的！

一开始，易明似乎觉得理亏没说什么，听多了就忍不住和我吵起来，说他认识我的时候就这样了，他也就摄影这个爱好，不像别人那样花天酒地，我还想怎么样。

为了摄影，易明冷落我，冷落女儿，冷落整个家，还好意思反驳我？我气得把他的照相机藏起来，让他找个够。他做惯了甩手掌柜，吃完饭，碗一放就去鼓捣他的图片，没帮我洗过一次碗。过年时我忙上忙下，他也不肯搭一把手。我越想越觉得委屈，越委屈就越要说出来。

我说得再多，易明还是我行我素，把我的话当成耳旁风，在家的时间越来越少。我也说累了，懒得再说他。我们只在女儿面前装得很和睦，说话很客气，但一回到房间，连话都不说了，更是谁也不碰谁。

我妈是个细心的人，看出了我和易明的不对劲。我经不起她追问，把我和易明的矛盾告诉了她。我妈说，老夫老妻了，勺子哪有不碰锅沿的时候，一人让一步就是了。

但我和易明谁也不肯退让。冷战持续了大约半年，我觉得那样的环境很压抑，有种想逃离的冲动。可想到女儿的成长需要一个完整的家庭，就说服自己，还是继续维持下去吧。

这时，有风言风语钻进了我的耳朵，是和易明一块出去参加摄影活动的发烧友传出来的，说是易明这段时间出去外拍都带了个年轻美女，两个人亲热得不得了。

我从电脑里把易明新拍的图片找出来，还真看到了那个新的女主角。这不是他们单位的吗？当她还是个刚毕业的大学生时，曾经来过我们家，对易明的摄影技术相当崇拜。她叫凌晓慧，算起来今年差不多27岁了吧，这个年纪的漂亮女孩还单身，正常吗？

他又一次背着摄影器材出门时，我悄悄地跟着他，看见凌晓慧兴冲冲地走过来抱住他的胳膊，我忍不住冲了出去。

易明那天的外拍泡汤了，凌晓慧也被我气愤得扭曲的脸吓了一大跳。我跟易明说："我们感情不好是一回事，你结婚了还和未婚的女孩子有瓜葛，是你人品有问题。我们离婚吧！我成全你们。”

双方父母轮番上阵劝说，都没有办法动摇我离婚的决心。人在恋爱时总被表象蒙蔽，当婚姻将真实一面剥开来，却是如此不堪。易明的贪玩、得过且过、对我的冷落和对感情的背叛，只会让我们的距离越来越远。如果说争吵和冷战是离婚的前奏，他的外遇彻底将离婚变成了现实。

女儿的泪水，让我考虑复合

易明搬到了单位的单身宿舍，他临走时我不无嘲讽地对他说：“祝贺你恢复单身，你终于可以和凌晓慧光明正大地在一起了。”

女儿不知道我们已经离婚了，问我：“爸爸又去照相了吧？他什么时候回家？”我只得含糊地应付过去。但她很快发现，奶奶也不在家了。她问我为什么会这样，我只能告诉她，爸爸妈妈离婚了，但是，以后爸爸有空还是会来看她的。

女儿放声大哭。对7岁的她来说，离婚却不是陌生的概念，因为她也有同学的父母离婚，她还告诉过我，那几个同学很可怜。可现在，她也变成了可怜的孩子。她问我，为什么离婚没问她，她一定不会同意的。

女儿的哭声让我很心酸，我也后悔当初的选择。或许为了孩子，让他情感怎么走私都无所谓，至少女儿还有一个快乐的童年。但是，我咽不下那口气，我并不是一时冲动啊。

我的父母还没退休，我只能一边忙工作，一边忙着照顾女儿。女儿经常站在教室门口等我接她，一副可怜巴巴的样子。以前，易明下班都比我早，孩子一般是他接的。当我忙得晕头转向的时候，就会想起没离婚时，有易明和婆婆，我的生活还不至于太忙乱。易明虽不爱干家务，但他接送孩子、陪孩子玩、辅导孩子做作业，还是积极的。当什么事都压在我肩上时，我才知道做单身母亲的不易。

一个风雨交加的下午，女儿的老师打电话来告诉我，女儿发烧了，三十九度二，让我赶紧接她到医院治疗。我向领导请了假，急忙叫了一辆出租车赶往学校。抱着浑身滚烫的女儿，我忽然感到很无助。

我陪着女儿输液，她很羡慕地看着坐在对面的一家三口，那对年轻夫妇正笑眯眯地逗着孩子。女儿的眼泪刷地流下来了。我问她是不是不舒服，她说："我想爸爸了。妈妈，我想给爸爸打电话。"

我心一软，把手机递给了女儿。女儿和易明说了几句，然后把手机递给了我。易明告诉我，其实女儿经常在学校给他打电话，说她想他，想叫他回来。他问我到底是什么态度。当着女儿的面，我不好说什么，只说找个时间再和他谈谈。

那天，我是带着女儿到名典咖啡和易明会面的。那是女儿自我们离婚之后最开心的一天。我让她到外面的儿童乐园玩一下，她还依依不舍地不想离开易明。

易明说："我们还是复婚吧，女儿打电话给我的时候老是哭，她是不想我们分开的。"他告诉我，他已经和凌晓慧分手了，女儿的哀求让他心里很难过，他还是想重新和我们生活在一起。

想起女儿的泪水，我的心软了。为了她的幸福，我考虑复合，并且和父母做了沟通，他们也同意。我妈说，她原来还担心我拖着女儿不好再找对象，这回皆大欢喜了。

裂缝再弥补，也无法和好如初

可是，复婚不只是易明搬回家来那么简单。尽管分开仅仅半年，但之前我们的隔阂早已很深，重新在一起，就必须面对那些问题。为了女儿，我们都在小心翼翼地回避着过去，改变着自己。

易明再也不去外拍了，他有空也拿着业务书来看，还和同学联系，打听有哪家公司的待遇比较好。即使对他再看不顺眼，我也尽量掩饰自己的不满，我们学会了没话找话说，充分地表现了"相敬如宾"。

易明陪女儿的时间更多了。周末，我们一家三口经常去郊外玩，易明拍下的照片便成为记录女儿成长的最好资料。可是，从他的表情里，我看到的却是貌合神离。我知道，我们已经无法像刚结婚的那几年那样亲密无间，时间和龃龉已在我们之间撕下了裂缝，再弥补也无法和好如初。

我们努力地维持了半年，我心很累，只有女儿是快乐的。朋友小清约我们一家去她的新家玩，他们家由三房两厅换成了复式楼，女儿看着楼顶的空中花园，羡慕得眼睛发亮，对我说："妈妈，我们要是也能住这样的房子，多好啊。"我看到易明的脸色变了，他知道复式楼也是我的梦想，在结婚后我曾多次提到过。但随着他的安于现状，我也不愿再提及。

那天晚上，易明沉默了许久，没头没脑地问了一句："你没后悔吧？"

"我后悔什么？"我反问他。

易明说："要是你选择了刘建飞，现在住复式楼的就是你了。"

原来他还念念不忘小清的丈夫当初追求过我的事。他的自卑让我很恼火，既然还要跟人比较，为什么就不肯再努力一些？但我没有再说话，怕刺激他。

然而，最让我担心的，还是易明出过轨的事。我听人说，男人出过一次轨，就会产生惯性，还会有第二次、第三次。如果他遇到更有吸引力的人，再次将心思游离于家庭之外，会不会又一次离婚？我对他产生了很重的戒心，有一点风吹草动都高度警惕，但他很小心，就算上卫生间也带着手机，更让我觉得他心里有鬼。

一次，我和我妈到超市买菜，遇到她和婆婆的一个共同朋友，那人像祥林嫂一样，念叨着老公与保姆出轨的事。我实在忍不住八卦之心，回到家跟婆婆提起，还议论了一通。易明也在，我看到他的表情很尴尬，心里却有了种快意：说说也好，还指不定能给他一点提醒呢。

易明很生气，他说我怎么还忘不了那件事，其实他早和凌晓慧没什么了，凌晓慧都回老家和男朋友结婚了，我还在明里暗里提防着他。

我实在忍不住了，一字一顿地对他说："我就是不放心，那又怎么了？凌晓慧走了，说不定还有张晓慧、李晓慧呢。"

易明气得转身就走，一甩手，把门关得山响。那一夜，他直到凌晨才回家。

"相敬如宾"实在太辛苦，我不想再装下去了。

凑合过下去，是我的无奈选择

现在，我还是和易明在一起过日子，我们是同一屋檐下的陌生人。吃饭在一起，但和女儿、婆婆说话时都当对方不存在；在同一个房间睡，但我们早就习惯了脊背对脊背。而且，他宁愿在外面待得很晚才回来，就是想错开清醒时和我面对面的时间。往往是我睡着了他还没回来，我起床时他还在呼呼大睡。唯一能让我们有话可说的，是女儿的成长问题。女儿是联系我们的唯一纽带。

至于事业，对易明来说，已经是毫无起色了。他在单位的表现让领导对他形成了平庸的定位，没有办法翻身了。他想跳槽，想创业，也只是一时的兴奋，说完又回归沮丧。

我不是没有产生过再离婚的念头，可是转念一想，就把这种念头压了下去。我已鼓不起离婚的勇气，这世上，哪有人和同一个人离两次婚的？我丢不起这个脸。再说，我们之间盘根错节的家庭和社会关系，要剥离开来也实在太痛苦，后遗症太多了。

我只能安慰自己，就算离婚了再找个男人结婚又会怎么样呢，这个世界上，感情总会随着时间的推移而变得平淡，最后还不是凑合着过日子？我已经30多岁了，没有什么能力再去改变什么，只能这样日复一日地过下去。

但是，我的婚姻现状让我觉得生活很没意思，我必须拼命地压抑着内心的不忿和痛苦，才能勉强地在人前露出笑脸。我变成了双面人，心理压力很大，不知道什么时候神经就被绷断。我还有办法改变这一切吗？

[心理解码] 离异后复合，必须过好心理关

在离婚后是否复合这一问题上，很多人抱有“好马不吃回头草”的心态，坚决不再复婚。为什么？回头草确实不好吃，选择复婚的人重新开始情感的磨合，或多或少会感到存在着困难。

尚媛与易明基于孩子的哀求，为了给孩子一个完整的家庭，他们选择了复合。可是夫妻之间的隔阂，在复婚之前早已形成，无法释怀，硬凑在一起，必然会带来更多的痛苦和尴尬，这正是尚媛复婚之后的痛苦所在。试想，当联结他们两人的纽带——女儿长大成人，他们是否还能在一起？如果不是顾及面子，他们再次分开的可能性还是很大的。

所以，在复婚前，应该先过心理关，认真衡量，和对方重新在一起生活，真的比离婚后单身或另寻伴侣更好吗？

可以在纸上或文档里列下这些问题的答案：你为什么复婚？这个复婚的理由站得住脚吗？你们的感情是因为什么原因破裂的？还可以修复吗？如果你还犹豫，不妨再做个选择题，把复婚、单身和再婚的可能性一一列出，想象多年以后的生活，然后再确定哪一个选择最符合你的要求。如果确实过不了这一关，大可不必选择复婚，因为这世界不是除了前夫就没有男人可以选择了。

既然已经复婚，谁也不想再走到离婚那一步。在情感的重新磨合中，还有一个个心理关需要跨越：

一是忘却关。当初离婚，有许多不和或伤害，已在心底留下了深深的烙印。如果复合后还念念不忘，并成为两人关系的拦路虎，势必影响婚姻质量。那就宽容一些，将那段记忆封存吧，做个失忆者，忘掉以前的不快，发现新生活的美好。

二是改变关。以前相处的方式有问题，就采取新的应对方式，打造新的自己，在改变的过程中增强自信，也发现对方改变的点滴，发现对方的优点，并将之放大。其实，这是充分利用了人际交往中的“近因效应”和“晕轮效应”。看到他最近往好的方向转变，突出他的优点，淡化他的缺点，慢慢发现他的更多可爱之处。这也需要一个心理适应的过程。

三是调适关。确立适当的期望值，切勿在复婚初期便对婚姻质量抱以太高的期望，也不要给伴侣太大的压力，根据实际情况调适目标，并逐步提高，才能使复合后的感情渐渐走向复苏。

复婚，并不是重复上一段婚姻，而是开始崭新的婚姻生活。别把目光停留在过去，而是用崭新的视角去重新看待你的伴侣；从心理和感情上进行重建，才能摒弃压抑和烦恼，重获新婚一般的幸福。

跋　写给雪落

徐　霖

纵然都生在南方，但只是一个“南”字也有东西南北之分，所以尽管在网络里一直情同姐妹，早就熟得犹如一家人，却从来不曾谋面。

谋面这个问题不是没有说过，心情好的时候曾相约找一处地方，一起面朝大海春暖花开；心情差时，曾相约寻一座山门，拜佛参禅慢慢老去。

因为你学心理学出身，这么多年大家都已习惯把你当成“垃圾桶”，失恋的找你，失婚的找你……如此众多的烦恼到了你这里，全被你温声软语一一化解。哪怕夜再深，你再困，你都会认真地听，认真地出谋划策，直到找你的人，哭天抹泪地来，心情愉悦地回。偶尔会跟你开玩笑：“用不用付咨询费哟？”你笑着摇头说：“如果不介意，我可不可以把你们的故事串在一起写成本书？”

自然没有人反对，毕竟你一直是大家最好的心理医生。大家眼巴巴等着你的书写完，等着你的书出版。

那天，你说书终于写完，语气里透着几分轻松。在恭喜你的同时，当然不忘说等书出版，当讨一本放在床头作为镇心之物。

“雪落无痕”，这是你常用的笔名。雪，是生在南方的你我的一个美丽的梦，曾经相约一起去北方看雪。

我去了北方，看了一场真真切切的雪。从第一朵雪花飘落到地上，到厚厚的积雪。那一刻，我想告诉你，雪落是有痕的。那被它染成的白茫茫的城市、山峦……不正是它的痕迹所在吗？

虽然春天一到，那一片白茫茫终究会从人的视野里消失，可那些草儿、花儿都知道，雪并没有消失，它化成的水正滋润着它们开始复苏、生长、变绿、变红。

一直喜欢叫你“雪落”或者“小落”，一直忽略不记你的本名——“肖宇冰”。

你说我一点也不在乎你，如今我牢牢记住了“肖宇冰”这三个字。